엔지니어를 위한 보고서 작성기술!

HOUKOKUSHO SAKUSEIHOU by NOMURA Toshio
Copyright © 1999 NOMURA Toshio all rights reserved
Originally published in Japan by THE NIKKAN KOGYO SHIMBUN,LTD., Tokyo.
Korean translation rights arranged with THE NIKKAN KOGYO SHIMBUN,LTD.,
Japan and Samyang Media Publishing Co.,
through THE SAKAI AGENCY and PLS Agency.

엔지니어를 위한 보고서 작성기술!

노무라 토시오 지음 | 양영철 옮김

(주)삼양미디어

| 머 리 말 |

기업 내에서 실제로 작업하는 기술자의 입장에서
언제든지 현장에서 활용할 수 있도록 정리!

보고서를 작성하는 것을 좋아하는 사람은 별로 없다. 전에 한 번 테크니컬 라이팅 세미나를 하는 자리에서 물어봤을 때 수강자 전원이 보고서를 작성하는 것을 싫어한다고 대답했었다. 엔지니어들은 보통 자신의 일 가운데 3분의 1 정도를 보고서 작성에 시간을 할애한다. 그 많은 시간을 하기 싫은 작업에 허비한다면 불행한 일이 아닐 수 없다. 싫은데 억지로 작업을 해야 한다면 업무의 능률도 오르지 않는다. 좀 더 즐기면서 보고서를 작성할 필요가 있는 것이다.

이 책은 힘든 작업을 이제 막 끝냈는데 또다시 새로운 보고서를 작성해야 하는 당신을 위해 쓰여진 책이다. 항상 가까운 곳에 두고 보고서를 작성할 때 참고로 하고, 또한 부하의 보고서 작성 능력을 향상시켜 주는 데 이 책이 도움이 되길 바란다.

최근에는 서양인을 고용하는 기업이 많아졌다. 그들은 보고서 작성에 우리나라 사람들처럼 고민하거나 힘들어하지 않는다. 자기 표현이나 주장이 서툰 우리나라 사람들에 비해 서양인들은 자기들이 말하고자 하는 것들을 분명하게 제시할 줄 안다.

솔직히 그들도 우리와 같은 입장일 텐데 보이는 것처럼 보고서 작성이 마냥 즐거운 일만은 아닐 것이다. 다만 그들은 학교에서 표현과 주장의 기본 자세를 몸에 익혔기 때문에 리포트 작성을 당연하게 생각하고, 그러다 보니 남들보다 수준 높은 보고서를 쓸 수 있는 것이라고 생각한다. 따라서 업무 수준이 올라가는 것은 당연한 일인 것이다.

우리는 학교에서 이러한 교육을 받지 못했기 때문이라고 치부해 버리지 말자. 유능한 후배들은 보다 좋은 교육을 받고 일신우일신하며 선배들을 따라 잡고 있다. 특별히 보고서 작성에 대한 교육을 생각하고 있지 않으며, OJT(On the Job Training)에서 끝낸다고 말하는 기업이 많은데 OJT 이전에 보고서 지도자를 육성해야 하는 것이 옳은 일일 것이다.

많이 작성하다 보면 당연히 쓸 수 있게 된다는 거짓말은 믿지 말자. 보고서를 제대로 작성하지 못하는 상사와 자기 표현과 주장을 제대로 못하는 선배 밑에서는 절대 OJT가 가능할 수 없다.

문서 작성도 현장 작업과 마찬가지다. 먼저 기술(테크니컬 라이팅)의 기본을 배우고 응용하는 절차가 필요하다. 학교 교육에서 훨씬 철저하게 교육한다고 하는 기술 분야조차 학습 효과가 부족하기 때문에 표현법이나 표기법과 같은 소프트한 분야는 기업 차원에서 학습시켜야 할 필요가 있다.

무도에 수파리守破離라는 말이 있다. 먼저 기본을 배워서 지키고 이를 바탕으로 자신의 아이디어를 가미한 다음 가르침의 수준을 뛰어 넘는다. 결국에는 이러한 단계적인 의식을 초월해 자연스럽게 행동으로 표출되는 명인의 경지에 도달한다는 의미다. 우리 평범한 사람들에게는 '리離'의 경지는 둘째로 치고 '수守'에서 '파破'에 이르는 것만이라도 노력했으면 한다.

지금까지의 테크니컬 라이팅은 연수 교육자나 기업 내부에 있는 문서 전문가의 지도를 통해 이루어져 온 게 사실이다. 이 책은 이러한 보고서 작성 기술의 향상 과정을 참고하면서 기업 내에서 실제로 작업하는 기술자의 입장에서 썼으며, 언제든지 현장에서 활용할 수 있도록 정리했다. 읽는 사람의 입장이 되어 보고서를 작성하는 테크니컬 라이팅 기술과 업무의 일환으로써 실무적인 테크니컬 라이팅 기술을 함께 병용하여 작성하는 방법을 기술했다. 또 알기 쉽고 혼동되지 않게 쓰는 방법에 대해 풍부한 해설과 예제를 통해 설명하고 있다. 도입 부분의 제1장을 먼저 읽은 후 자신이 관심 있는 분야를 찾아 먼저 읽어도 상관없다.

이 책을 읽고 난 후에 보고서 작성이 조금이라도 즐거운 업무가 되기를 바란다. 전문 서적에 조금은 황당한 말이 될 수도 있겠지만 결국은 '매뉴얼보다는 마음'이다. 보고서도 읽는 사람과 마음이 통하면 즐겁게 작성할 수 있다. 부하 직원과 서로의 생각이 통하면 즐겁게 지도할 수 있을 것이다.

노무라 토시오

| 목 차 |

머리말 _5

Chapter 1 | 서론 : 보고서의 기본을 알자

01 읽는 사람이 최고로 만족할 수 있는 보고서를 작성하자 _14
　　1. 작성자의 고충을 보답 받을 수 있는가? _14
　　2. 읽는 사람도 할 말이 있다! _16
　　3. 기업 활동에 활용한다 _21
　　4. 테크니컬 라이팅은 작성자의 도우미다 _23

02 테크니컬 라이팅을 업무에 활용한다 _25
　　1. 업무 효율을 개선한다 _25
　　2. 문서 수준을 향상시킨다 _28
　　3. 고객과의 커뮤니케이션을 개선한다 _30

03 테크티컬 라이팅 _37
　　1. 읽는 사람에 대한 정보를 갖고 있어야 한다 _37
　　2. 주제를 직설적으로 전달한다 _40
　　3. 필요를 충족시킬 수 있도록 표현한다 _41
　　4. 사실과 의견을 확실히 구별한다 _43
　　5. 쉬운 표현을 사용한다 _46

04 보고 목적에 맞는 화법을 선택한다 _49
　　1. 전달과 설득 _49
　　2. 서술법 선택으로 문서의 가치가 달라진다 _50
　　3. 문학과 어떻게 다른가? _57

05 기술문서 작성 환경을 분석한다 _59
　　1. 왜 표현력이 서투른가? _59
　　2. 우리말은 기술문서에는 적당하지 않은 언어인가? _60
　　3. 퇴고가 문서의 수준을 높인다 _64

Chapter 2 | 이해하기 쉬운 보고서를 작성한다

1 보고 목적에 맞는 서식을 선택한다 _68
   1. 전달형 보고서로 정확한 정보를 전달한다 _68
   2. 설득형 보고서를 통해 행동으로 옮기게 한다 _69

2 일상의 업무 보고서를 재점검하자 _71

3 일일 보고로 문서 작성 능력을 기른다 _75
   1. 일일 보고는 사람을 키운다 _75
   2. 5W1H를 쓴다 _76

4 주간 보고로 업무를 관리한다 _78
   1. 업무 관리 수단으로 이용한다 _78
   2. 작업 평가와 계획을 기술한다 _79

5 중간 보고를 통해 과제를 추진한다 _82
   1. 중간 보고에서 무엇을 기대하고 있는가? _82
   2. 제목 부분 : 읽는 사람의 손에서 걸러진다 _83
   3. 머리말란 : 사내 공식 문서로서의 위치를 갖는다 _89
   4. 목적란 : 작업의 임무를 선언한다 _93
   5. 목표란 : 목적 달성의 과정을 제시한다 _97
   6. 결론란 : 목표 달성도를 평가한다 _107
   7. 조건란 : 보고서의 신뢰도를 높인다 _111
   8. 자료란 : 더 자세히 알고 싶은 사람을 위하여 _113

6 상세 보고서로 문제를 완결한다 _116
   1. 상세 보고서는 어떤 경우에 작성하는가 _116
   2. 표지 : 읽는 사람의 관심을 끌도록 한다 _118
   3. 요약(발췌) : 정보 서비스를 제공한다 _120
   4. 목차 : 정보원을 찾는다 _128
   5. 기호 : 읽는 사람에게 편리하도록 _133
   6. 서론 : 자연스럽게 본론으로 인도한다 _137
   7. 본문 : 이해하기 쉽고 필요를 충족시키도록 _140
   8. 결론 : 새로운 지식을 제시한다 _142
   9. 감사 : 실질적으로 공헌했던 사람에게만 _148
   10. 문헌 : 출전을 밝힌다 _148
   11. 부록 : 상세 보고서의 요구에 응한다 _150

07 비상시에는 문제 대책 시트로 대처한다 _151
    1. 문제 대책 시트를 도구로 사용한다 _151
    2. 문제 대책 시트에는 다섯 가지 항목을 충족시킨다 _152

Chapter 3 | 명확한 문장을 구성한다

01 문장 작성의 성공 여부는 구성 단계에서 결정된다 _158
    1. 계층 구조로 정리한다 _158
    2. 하나의 문서에는 하나의 주제 : 읽는 사람을 혼란스럽게 하지 않기 위한 것 _161

02 단락을 설계한다 _164
    1. 단락 설계란 무엇인가? _164
    2. 한 단락·한 논제 : 옆길로 새지 않도록 하기 위해 _165
    3. 단락을 이해하기 쉽게 배치한다 _167
    4. 요점에서 상세한 내용으로 전개한다 _169
    5. 논제문에서 단락의 내용을 예고한다 _170
    6. 전개문을 혼동되지 않게 배열한다 _172
    7. 전개문의 기술 순서로 설득력을 높인다 _178
    8. 읽기 쉽게 통일법으로 통일시킨다 _183

03 논리에 맞는 문장을 구성한다 _187
    1. 문장의 역할을 이해한다 _187
    2. 하나의 문장·하나의 논리 : 장문병에 걸리지 않기 위해 _188
    3. 주어의 생략이 가능한가, 불가능한가 _190
    4. 주어와 서술어를 대응시킨다 _196
    5. 구두점(, .)으로 논리를 명확하게 한다 _198
    6. 가운뎃점(·)을 이용해 배열을 쉽게 읽을 수 있게 한다 _202
    7. 콜론(:)으로 데이터의 조건을 나타낸다 _203

04 뜻이 명확한 단어를 사용한다 _205
    1. 단어의 역할을 이해한다 _205
    2. 하나의 단어·하나의 의미 : 애매한 여운을 남기지 않기 위해 _206
    3. 기술 용어로 전문 지식을 간결하게 표현한다 _218
    4. 합성어로 서술 능률을 높인다 _221

Chapter 4 | 표현의 기술을 갈고 닦는다

01 '쉽게 이해시키는 방법'을 분석한다 _226
    1. 한눈에 읽을 수 있다 _226
    2. 쉽고 혼동되지 않게 이해할 수 있다 _229
    3. 읽는 사람의 이해도에 수준을 맞춘다 _230

02 문장을 명쾌하게 기술한다 _232
    1. 꾸미고 꾸밈을 받는 수식어를 정확히 표현한다 _232
    2. 무의미한 수동태를 사용하지 않는다 _237
    3. 부정문의 남용은 논리를 애매하게 한다 _238
    4. 비교문의 대상을 누락시키지 않는다 _241

03 조연 역할의 단어를 활용한다 _243
    1. 대명사를 헷갈리지 않게 사용한다 _243
    2. 조사로 논리를 정리한다 _245
    3. 접속사로 논리를 매끄럽게 이어간다 _253
    4. 비유는 거짓말이라는 사실을 자각하면서 사용하라 _255
    5. 장황한 설명을 어떻게 자를까? _257

04 효과적인 표기법을 궁리한다 _262
    1. 지면을 보기 쉽게 레이아웃한다 _262
    2. 제목으로 강조한다 _265
    3. 읽기 쉬운 작문법을 연구한다 _267
    4. 공간을 활용한다 _270
    5. 글자체나 기호를 사용해 강조한다 _272
    6. 괄호를 적절하게 사용한다 _275
    7. 주석으로 이해를 돕는다 _276
    8. 표를 만들어 자료를 정리한다 _278
    9. 숫자를 정확하게 표기한다 _280
    10. 범위를 정확하게 표현한다 _282

맺음말 _286

engineer report

서론 : 보고서의 기본을 알자

1 _ 읽는 사람이 최고로 만족할 수 있는 보고서를 작성하자
2 _ 테크니컬 라이팅을 업무에 활용한다
3 _ 테크니컬 라이팅
4 _ 보고 목적에 맞는 화법을 선택한다
5 _ 기술문서 작성 환경을 분석한다

엔지니어를 위한
보고서 작성기술!

Chapter

1

STEP 01 읽는 사람이 최고로 만족할 수 있는 보고서를 작성하자

보고서는 작성자의 습관적인 작업이 아니라 읽는 사람 즉, 보고 받는 자에 대한 최상의 기술 서비스가 되어야 한다.

1 작성자의 고충을 보답 받을 수 있는가?

● 작성자의 입장

　일을 취미로 여기는 기술자들도 보고서를 작성할 때는 갑자기 생기를 잃는다. 그 이유는 무엇일까? 기업에서 보고서를 작성하는 사람은 실무 담당자에서 상위 기술자에 이르기까지 어떤 형태로든 현장 업무에 참여했던 작업자이다. 작업자는 작업 목적을 달성해야만 한다. 작업 결과가 제품 또는 새로운 지식으로 달성되었다면 작업은 완성되었다고 본다. 관계 부서에는 그냥 구두로만 전달해 마무리를 짓고 싶어한다. 우리나라의 직장 풍토는 보고서에 대한 관심이 일반적으로 낮고 보고서를 작성하는데 들인 작업 시간을 정당하게 인정 받기도 어렵다. 좋은 보고서를 쓰려고 시간을 할애해 노력하는 사람보다는 작업 중간에 재빨리 작성한 사람이 칭찬을 받는다.

● 써야 하는 현실

　그러나 현실에서는 정보를 필요로 하는 사람이나 부서가 많기 때문에 모든 작업 결과를 구두로 끝낼 수는 없다. 정확하고 올바르게 전달되지 않으면 모처럼 달성한 결과를 인정받기는커녕 제대로 평가조차 받지 못한다.

　뿐만 아니라 작업 결과를 문서로 남기지 않는다면 이후의 업무에 차질이 빚어질 수도 있다. 현실적으로 조직 내에서 활동하는 이상, 문서에 의한 커뮤니케이션은 필수적이다. 즉, 보고서는 작성하기는 싫지만 반드시 해야만 하는 업무인 것이다.

미국이나 유럽과 같은 선진국은 우리보다 문서가 갖는 가치가 훨씬 높다. 그들은 간단한 기술 협상에서도 정식 문서를 제출한다. ISO 9000시리즈 인증을 받기 위해 제출하는 문서에 대해 작성하기가 어렵다고 말하는 기업이 많은데 서양에서 이 정도의 문서는 특별히 어려운 수준이 아니다. 늦은 감은 있지만 정보화 사회로 나아가기 시작한 우리나라도 근본적으로 문서에 대한 사고의 전환이 필요한 시기가 되었다고 본다.

● **여러 번 작성하다 보면 잘 쓸 수 있게 된다는 말은 거짓말이다**

보고서는 서툴고 쓰기 싫지만 직접 작성해 보아야 한다. 보고서를 어떻게 작성하느냐에 따라 작업 효과나 작업에 대한 평가가 좌우된다. 그렇다면 어떻게 보고서를 작성해야 하는 것일까?

학교에서는 보고서 작성법을 가르쳐 주지 않는다. 직장에서 실시하는 OJT도 업무 처리 방법이라면 모르지만 문서 작성법을 지도해 주는 선배나 상사는 별로 없다. 우리나라의 경우 일단 서식의 항목을 채워가면서 오랜 기간 작성해 보는 사이에 자신의 스타일을 만들어 내는 것이 일반적인 흐름이다. 하지만 자신의 스타일이라고 만들다 보면 너무나 개인적인 보고서가 작성되기 십상이다.

그러한 보고서를 읽는 일도 결코 쉬운 일이 아니다. 읽는 사람이 알아서 이해할 것이라고 기대하는 자세는 너무 무성의한 태도이다. 이러한 업무 자세는 고스란히 업무 성과에 반영된다는 것을 명심해야 한다.

● **키워드는 '알기 쉽게 · 혼동되지 않게 · 필요를 충족시키는'**

작업의 목표 달성 성과를 정확하게 전달하려면 보고서를 읽는 사람이 어떤 의문 사항도 없이 이해할 수 있어야 한다. 다시 말해 보고서의 전체 내용을 완전히 이해해야 한다는 이야기이다.

한마디로 말해 '수준 높은 보고서' 란

>> 알고가자

이해하기 쉽고
명확하고*
필요충분 조건에 맞게 표현한

'명확하고' 라는 의미는
이 책의 주 슬로건으로 내놓고 싶은 단어이다. 단순히 '헷갈리지 않게' 라는 의미에서 한 차원 더 나아가 '해석을 혼란시킬 것 같은 문장 구성이나 언어를 사용하지 않는다' 라는 보다 적극적인 의미를 말한다.

보고서라고 정의를 내릴 수 있다.

어떻게 하면 이와 같은 보고서를 작성할 수 있을까? 현장 작업 시간을 쪼개어 중간 시간에 작성하는 식으로 몇 년간 경험을 쌓았다고 해도 수준 높은 보고서를 작성하는 것은 결코 쉬운 일이 아니다. 보고서 작성의 시작은 기계나 인력을 사용하는 현장 작업과 마찬가지로 그 중요성을 인식하는 자세에서 출발한다.

이 책은 작성자가 실제로 연필을 쥐고, 혹은 키보드를 두드릴 때 어떻게 하면 좋을까, 또 완성된 보고서를 스스로가 어떻게 평가하면 좋을까를 제대로 판단할 수 있도록 도와주는 것이 목적이다.

이러한 방법과 기술을 테크니컬 라이팅이라고 한다. 이 기술을 몸에 익히면 괴로운 보고서 작성이라도 여러 번의 연구를 거듭하면 만족스러운 성과를 얻을 수 있을 것이다.

2 읽는 사람도 할 말이 있다!

● 보고서를 다시 제출하는 악순환의 연속

작성자 입장에서는 힘들게 작업을 해서 얻어 낸 결과를 작성한 보고서이기 때문에 상대방이 성의 있게 읽어 주었으면 하는 마음을 갖게 되는 것이 당연하다. 그리고 작업 결과에 대한 보고서가 읽는 사람의 지지를 받아 건설적인 방향으로 발전한다면 이보다 기쁜 일이 없을 것이다.

하지만 실제로는 작성자가 기대하는 만큼 상대방이 열심히 읽어 준다는 보장은 없다. 하물며 한눈에 들어오지 않는 보고서는 거의 읽지 않는 것이 현실이다.

물론 상대방에게도 나름대로의 이유가 있다. 보고서를 받는 사람은 조직의 관리 책임자나 전문가가 많은데 이들은 대개 바쁜 사람들이다. 자신의 업무 자체만으로도 쉴 틈이 없는데 그 와중에 무슨 말을 하고자 하는지 주제를 정확히 알 수 없는 두터운 보고서가 도착한다면 신경을 곤두세우고 읽어야 한다. 그나마 작성자를 불러 이것저것 질문하는 등의 수고를 한다면 친절한 편에 속하지만, 무책임하게 사인을 한 후 팽개쳐 두거나 이해할 수 있게끔 수정해서 다시 제출하라고 반려하는 경우가 다반사일 것이다.

읽는 사람은 작성자가 다시 분발할 것을 기대하며 수정을 지시하지만 작성자는 무엇이 잘못되어 반려되었는지 이해할 수가 없다. 만약 수정하는 방법을 알고 있다면 바로 착수하겠지만 처음부터 작성법을 몰랐기 때문에 반려된 것은 수정 보고서 제출 기간이 길어지고, 나중에는 의욕 상실로 이어지는 악순환이 계속된다.

작성하는 사람을 기준으로 보고서를 쓴다면 아래의 그림처럼 되기 십상이다.

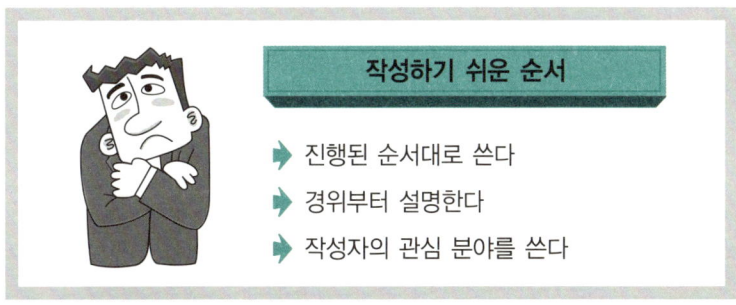

▲ 작성하는 사람의 편의만 우선시한(writer-based task) 악순환 보고서의 작성 순서

작업한 순서대로 서술하기 때문에 자칫 초등학생 일기 수준이 되어 버린다. 무엇을 전달하고 싶은지, 주장하고 있는 내용이 무엇인지 알 수가 없다.

다음으로 처음부터 경위만 장황하게 설명하는 보고서는 다 읽고 나서도 결론을 알 수 없어 읽는 사람의 짜증만 불러일으킬 뿐이다. 보고 받는 자가 무엇을 알고 싶어하는지를 제대로 알고 써야 한다.

작성하는 사람이 자신의 관심사 중심으로만 서술해서는 곤란하다.

● 읽히는 보고서로 바꾸는 방법

그렇다면 어떻게 해야 읽히는 보고서로 바꿀 수 있을까? 작성자와 읽는 사람 중 어느 쪽에 책임이 있는 것일까? 물론 당연히 작성자에게 있다.

보고서는 읽는 사람을 위해서 쓰는 것이지 예술이나 취미로 만드는 작품이 아니다. 따라서 읽는 사람의 입장을 무시한다면 보고서라고 할 수가 없다. '읽는 사람을 위해', '알기 쉽고 혼동되지 않게'는 보고서를 쓰는 사람의 가장 기본적이 자세이다. 즉, 보고서가 작성자의 습관적인 작업이 아니라 읽는 사람에 대한 기술 서비스라는 사실을 잊지 않는 것이 테크니컬 라이팅의 출발점이다.

보고서를 작성하는 사람은 자기에게 주어진 업무를 해결하기 위해 많은 좌절과 시행착오를 겪으면서 이런저런 난관을 헤쳐 왔을 것이다. 그러한 과정과 노력을 전달하고 싶은 것이 엔지니어들이 갖고 있는 기본적인 심정일 것이다.

그러나 이러한 과정을 보고서로 정리했을 때 지금까지의 수고를 노골적으로 드러내지 않고도 자연스럽게 상대방이 느끼도록 해야, 작성하는 사람도 그렇고 보고 받는 입장에서도 최상의 관계가 형성되는 것이다.

▲ 읽는 사람을 우선시한(reader-based task) 읽히는 보고서의 작성 순서

위의 그림은 작성자와 읽는 사람 간에 좋은 관계를 이끌어 내기 위한 기술 방

법이 요약되어 있다.

처음에는 주제를 명확하게 밝혀서 읽는 사람이 혼동되지 않게 한다. 두 번째로는 이 보고서를 왜 썼는지, 그 목적과 결승점은 어디인지를 나타낸 목표를 선언한다. 그래서 목표와 결론을 비교함으로써 달성도를 예측할 수 있도록 한다. 이와 더불어 마지막으로 읽는 사람의 최후의 관심사, '앞으로 어떻게 할 것인가(방향)?'에 대한 답으로 마무리를 짓는다.

결론과 방향을 이해한 상사는 더 많이 알기 위해 보고서 내용에 깊은 관심을 보일 것이다. 당연히 보고자에게 정보를 물어보며 논의를 하는 단계로 접어들게 된다. 결과적으로 보고서를 작성한 사람과 읽는 사람의 사이가 더욱 건설적인 관계로 발전해 가게 되는 것이다.

● **읽는 사람들의 요구**

'독자를 위해 쓴다', '알기 쉽고·혼동되지 않게 쓴다'는 것은 독자가 요구하는 사항을 먼저 잘 이해하고 어떤 보고서를 보고 싶어하는가를 파악하는 것을 의미한다.

▲ 읽는 사람의 요구

그렇기 때문에 읽는 사람이 체크할 것이라고 여겨지는 포인트를 예상해서 확실하게 대응해야 한다.

읽는 사람(보고받는 사람)이 체크하는 포인트

1. 적절한 보고 대상자에게 제출했는가?

    책임도 권한도 없는 사람이 기술적인 분야의 보고서를 받게 되면 보고를 받는 사람은 곤혹스러울 것이 틀림없다. 또, 불필요한 사람에게 회람시켜서 당연히 보고를 받아야 될 사람에게 늦게 도착하면 중요한 판단 시기를 놓치게 된다.

2. 최적의 타이밍에 맞춰 제출하고 있는가?

    업무는 조직 안에서 톱니바퀴처럼 굴러가고 있기 때문에 타이밍이 맞지 않으면 보고의 의미가 없어진다. 떠난 버스를 보며 발을 동동 굴리는 것과 마찬가지다.

3. 지시받은 작성 목적(과제)에 제대로 대처했는가?

    핀트가 어긋난 보고서는 아무도 읽어 주지 않는다.

4. 결론이 명확하고 보고 받는 자가 이해가 가능한가?

    읽기 힘든 방대한 문장 속에서 결론을 찾아내야 한다면 정말로 힘든 일이다. 읽는 사람에게 그러한 부담을 가중시켜서는 안 된다.

5. 과제에 대한 판단 자료가 적합한가?

    읽기 전과 비교해서 읽는 사람의 지식을 풍부하게 하고 보다 올바른 판단을 내릴 수 있는 근거를 제시하지 않는다면 보고서를 읽는 의미가 없다.

3 기업 활동에 활용한다

'이해하기 쉽게', '명확하게', '필요충분 조건에 맞는' 보고서를 작성하기 위한 방법과 기술이 테크니컬 라이팅이라고 했는데 그렇다면 이것은 회사 실무에서 어떻게 활용할 수 있을까?

기업 문서 활동에 테크니컬 라이팅 방법을 도입하는 목적은

- 업무 효율 개선
- 문서 수준 향상
- 고객과의 커뮤니케이션 개선

이 세 가지로 정리하여 설명하겠다.

● 업무 효율 개선

현장의 업무 효율 개선은 마른 걸레를 짜는 것과 같이 개선의 여지가 거의 없지만 이에 비해 파트는 개선할 가능성이 많이 남아 있는 부분이다.

우리나라는 현장에서 실제적으로 움직이는 작업에 비해 문서 작성을 소홀히 생각하고 현장 작업의 자투리 시간에 처리하는 부차적인 업무로 취급하는 경향이 짙다. 그렇지만 여전히 엔지니어들은 업무 시간의 3분의 1 정도를 문서 작성에 보내고 있는 실정이다. 누구나 평소에 다 실감하고 있을 것이다.

문서 작성을 소홀히 해서는 안 된다. 문서 작성은 엔지니어들이 현장에서 활동한 작업을 명문화시키는 것이다. 많은 시간을 허비하고 있는 문서 작성의 효율화를 꾀한다면 기업 전체의 능률이 개선될 가능성은 확실히 많다. 그리고 현장 작업 시간을 반으로 줄이는 것은 어렵지만, 비효율적인 문서 작성 기술은 요점만 정확하게 파악하고 있다면 누구라도 반으로 줄일 수 있을 것이다.

● 문서의 수준 향상

문서에는 기업의 업무 수준이 고스란히 나타나 있다. 현장에서의 노력은 그 결과가 문서로 명확하게 쓰여져 전달되어야 성과로 인정을 받는다. 먼저 복잡하고 다양한 기업의 문서에는 어떤 것들이 있는지 그림을 통해 살펴보자.

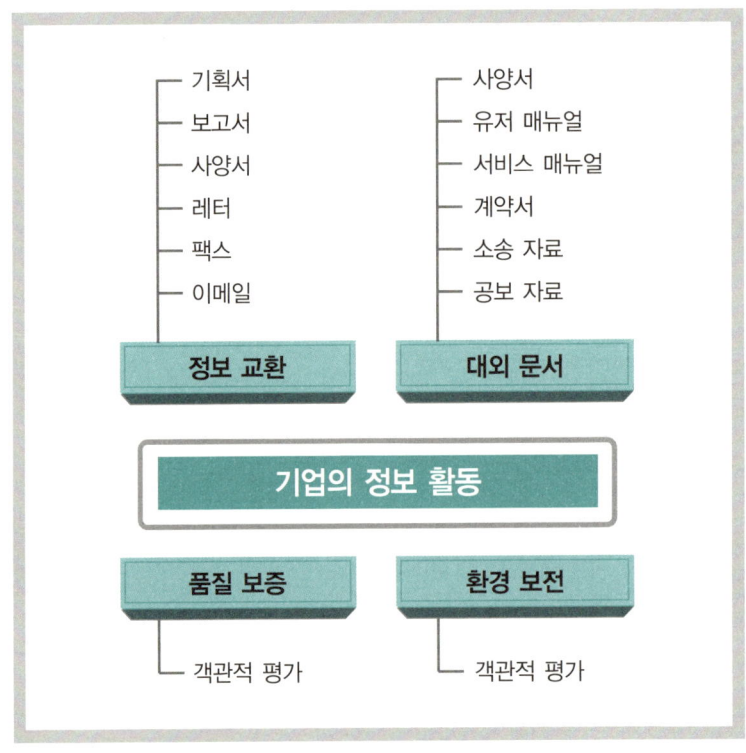

▲ 기업의 문서

기업의 정보 전달은 주로 문서 작업을 통해 이루어지기 때문에 문서를 정확하게 이해하지 않으면 원만하게 업무를 추진할 수가 없다. 기업 내에 컴퓨터가 보급되기 시작했으나 이것은 어디까지나 문서 작성과 정보 교환의 도구에 지나지 않는다. 컴퓨터가 문서를 작성하는 것은 아니기 때문이다.

전자메일만 해도 기획적이고 빠른 정보 교환에 일조를 했지만 그만큼 보다 효율적인 문서 작성 능력을 강하게 요구하고 있다. 전자메일의 문장을 전화로 확인하면서 수정해야 한다면 효율적인 개선이라고 할 수 없기 때문이다.

제조물 책임(PL) 소송에 있어서도 제품 자체의 결함뿐 아니라 매뉴얼이나 기술 자료의 부족을 이유로 소추(訴追) 대상이 될 수 있다. 문서의 중요성과 두려움을 다시 한 번 일깨워 주는 경우이다.

● 고객과의 커뮤니케이션 개선

문서 작성의 수준은 고객의 만족도와 직접적으로 연결될 뿐만 아니라 고객의 안전과도 밀접한 관련이 있기 때문에 기업 경영에 커다란 영향을 준다.

고객과 기업의 커뮤니케이션은 대부분 문서의 형태를 취하고 있다. 이러한 문서가 제대로 준비되어 있지 않거나 이해하기 어렵다고 한다면 개발·제조·품질·관리·영업에 이르는 모든 노력이 수포로 돌아갈 수 밖에 없다. 최악의 경우, 문서 작성이 제대로 되어 있지 않아 고객에게 물적·인적 손해를 입히게 된다면 기업은 신용을 잃게 될 뿐만 아니라 분쟁에 휘말릴 수도 있게 된다.

그런 의미에서 문서는 제품의 부속물이 아니고 제품 가치의 중요한 부분을 차지하고 있다는 것을 알 수 있다. 이렇게 중요한 문서 작성을 현장 작업의 자투리 시간에 처리하는 부차적인 업무로 취급한다면 스스로 위험을 자처하는 일이나 마찬가지다.

4 테크니컬 라이팅은 작성자의 도우미다

테크니컬 라이팅(technical writing)이란, 테크니컬 커뮤니케이션(technical communication) 중의 한 수단인 기술문서를 작성하는 방법을 말한다. 이 책에서 말하는 테크니컬 커뮤니케이션이란 '과학·공학 기술을 전달하는 자와 이를 수용하는 자 사이에서 이루어지는 유용한 정보 전달 및 교환'이라고 볼 수 있다(다음 쪽의 [테크니컬 라이팅의 정의] 그림 참조).

그러면 주는 자와 받는 자가 유용하다는 말은 무슨 의미인가? 보고를 받는 사람이 요구하는 정보를 보고하는 자가 정확하게 전달함으로써 보고 목적을 달성할 수 있다는 뜻이다.

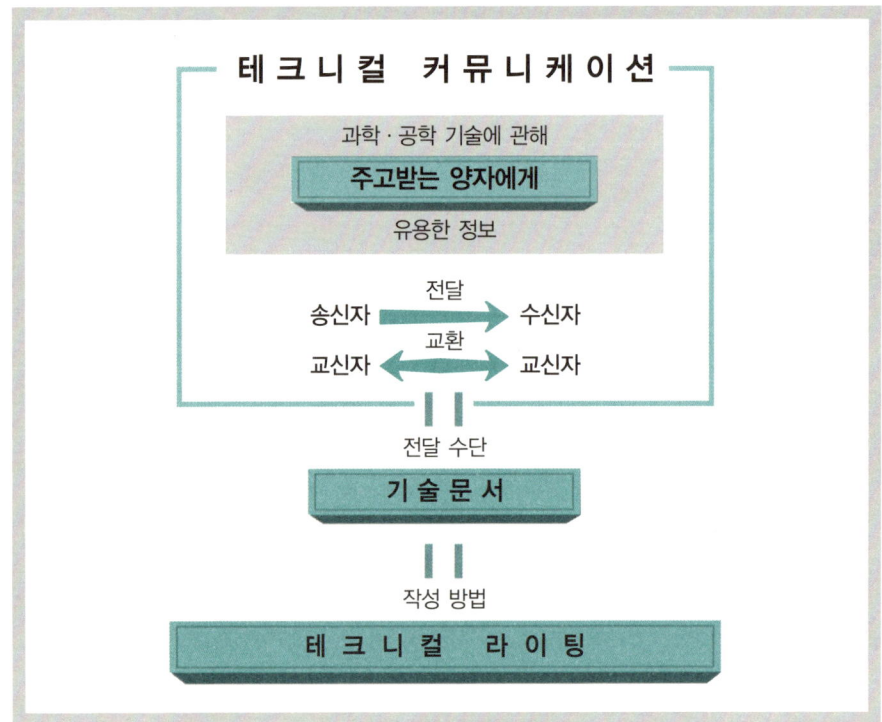

▲ 테크리컬 라이팅의 정의

누구라도 보고 받는 사람을 고려하지 않고 자신이 쓰고 싶은 것만 서술한다면 편할 것이다. 하지만 그것은 작성자의 주장이나 요구로만 보여질 뿐 읽는 사람의 입장에서는 아무런 정보도 얻지 못하고 곤혹스럽고 짜증나는 일일 것이다.

보고서를 작성할 때는 보고 받는 사람의 입장이나 요구를 충분히 분석해서 이해하기 쉽고 명확한 문서를 작성하는 것이 중요하다. 이때 작성자의 강력한 도우미 역할을 해 줄 수 있는 것이 테크니컬 라이팅이다.

02 STEP 테크니컬 라이팅을 업무에 활용한다

업무 효율의 개선, 문서의 수준 향상, 고객과의 커뮤니케이션 개선은 테크니컬 라이팅이 업무에 주는 3가지 효과이다.

1 업무 효율을 개선한다

● 우리나라의 강함은 어디에서부터 오는가?

선진국 대열에 힘찬 도약을 하고 있는 우리나라의 힘의 원천은 무엇일까? 토지도 좁고 이렇다 할 지하자원도 없는 우리나라에서는 근면하고 높은 수준의 실력을 지닌 노동력이 유일한 자원이다. 우리나라의 산업을 지탱하고 있는 책임감 강한 작업자들이 자발적으로 문제를 발견하고 대책을 마련하는 현장 작업 풍토를 해외 경영자들은 너무도 부러워한다.

● 과연 생산성은 높을까?

그러나 이러한 낙관적인 세계의 시선에도 불구하고 우리나라의 산업이 21세기에도 그대로 통용될 수 있는가 하는 질문에는 의문이 앞선다. 2005년 경제협력개발기구(OECD)의 자료에 의하면(다음 쪽 그림 [세계의 노동 조건] 참조) 여전히 우리나라는 '세계에서 가장 오래 일하는 나라'였다. 근로자 1인당 연평균 2,351시간(주당 45.21시간)으로 미국 1,809시간, 일본 1,802시간에 비해 무려 500시간 넘게 일하는 것으로 생산성 문제에 커다란 오점을 보이고 있음을 알 수 있다.

선진국과 비교한다는 점에서 다소 무리가 있겠지만 많은 부분에서 비효율적인 산업 활동을 하고 있음을 보여 주는 자료이다. 일례를 들어 고능률의 전자 기기나 자동차 생산 라인, 거대한 제철소나 제련소의 자동화 설비에 관심을 빼앗겨

최신 설비의 배경이 되는 관리나 커뮤니케이션의 부재가 생산성의 걸림돌이 될 수 있는 것이다. 문서 정보의 빈약함이나 공개도의 저하가 우리나라 산업 발달에 커다란 저해 요소가 될 수도 있다는 사실을 주목했으면 한다.

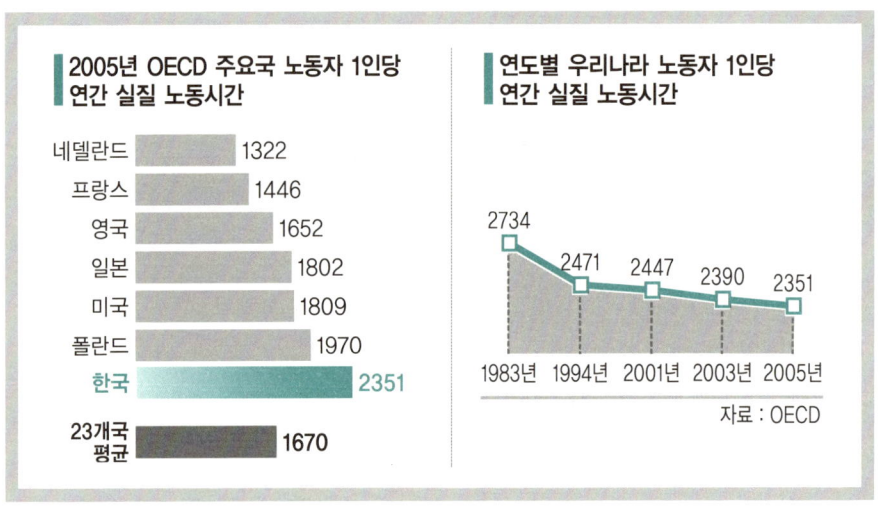

▲ 세계의 노동 조건(노동백서 1992, 1997)

● 작업은 전달되어야 비로소 성과로 이어진다

　업무의 효율 개선은 자동화나 혁신적인 설비 도입만으로는 이루어지지 않는다. 업무의 소프트적인 부분, 커뮤니케이션 부분이 개선되지 않으면 종합적으로 생산성이 향상되지 않는다. 생산성 향상을 위한 유력한 수단 가운데 하나가 바로 테크니컬 라이팅이다.

　그림 [전달 효과와 성과(27쪽)]는 정보 전달 효율이 업무 성과에 영향을 미치는 결과를 숫자로 환산한 것이다.

　A군은 실제 활동하는 업무는 빠르게 처리하지만 책상 앞에 앉아서 작업하는 사무 업무는 매우 서툴다. 장인 기질이 있는 그는 '알 만한 사람은 다 아는 실력자'이고 일에 대한 프라이드도 강하지만, 안타깝게도 그의 성과는 발전적으로 활용하기 어려운 상황에 놓여 있다.

B군은 실제적인 업무 처리가 그렇게 높은 수준이라고는 할 수 없지만 언제나 잘 정리된 보고서를 제출한다. 회의에서도 적극적인 발언을 통해 업무 성과가 상부 조직이나 다른 부문에서 활용되는 경우가 매우 많다.

　　이 두 사람을 비교해 볼 때, 잠재적 작업 능력의 여부를 떠나서 모든 사람들이 B군이 업무에 공헌하고 있다고 생각할 수밖에 없다. 직원이 작업한 결과를 최대한 효과적으로 활용하는 것이 기업 전체의 작업 효율을 향상시키며 이득을 가져오는 것이다.

> 작업 결과 × 전달 효과 = 성과

이런 관계에서 보면 그림 [전달 효과와 성과]의 예는

A군 : 10 × 0.3 = 3.0
B군 : 8 × 0.7 = 5.6

이 되어 A군의 업무는 그다지 성과를 보이지 못하는 것으로 보인다. 작업을 많이 해도 전달이 잘 이루어지지 않아 효율이 제로라면 일을 제대로 하지 않은 것으로 보인다. 이렇듯 작업은 전달됨으로써 비로소 성과로 이어지는 것이다.

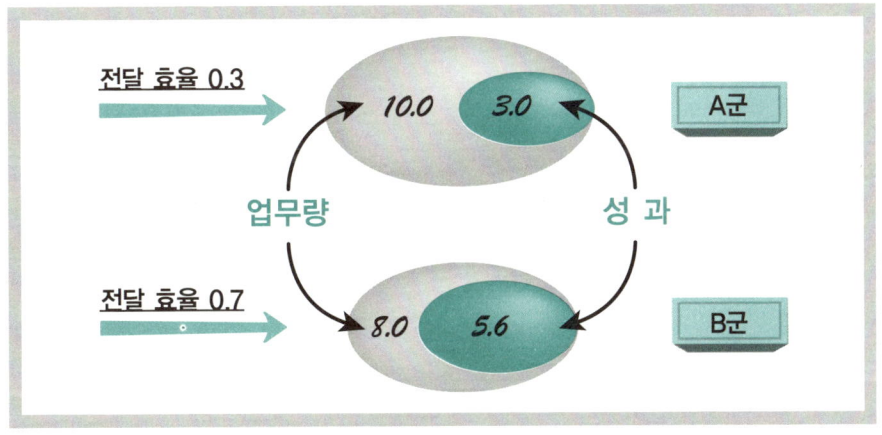

▲ 전달 효과와 성과

여기서 상기의 도식에 있는 기호 '×(곱하기)'를 '+(더하기)'로 착각하지 말라. 실제 업무 처리 능력이 높은 작업자는 일만큼은 확실히 했다는 생각을 하게 된다. 그러나 정확하고 효과적인 보고를 통해 자신이 한 일이 정확하게 평가 받을 수 있는 기회를 놓치고 있음을 간과하고 있다.

기업의 입장에서는 A군과 같은 실제적인 실력자를 잘 지도해서 자신이 처리한 작업 능력을 최대한 잘 보고할 수 있게 만드는 것이 기업 성장의 핵심이다.

2 문서 수준을 향상시킨다

● 시간을 허비하는 문서 수준 문제

보고서는 어떤 요구가 동기가 되어 작성하게 되는데 작성에 걸리는 시간은 항상 제한되어 있다. 보고 대상자가 꼭 봐야 할 타이밍을 놓치면 이제껏 열심히 준비한 보고서가 가치를 잃게 되므로 신속하게 완성하는 것이 무엇보다 중요하다. 따라서 라이팅 기술이 필요하고 이에 따른 연습이 절실한 것이다.

허접한 보고서를 제출해서 상사에게 수정할 것을 지시 받는 쓸데없는 시간은 줄여야 한다. 이것은 작성자가 수정을 하는 데 시간을 허비할 뿐만 아니라 읽는 사람의 시간까지 낭비하여 업무 효율을 저하시킨다. 게다가 보고 받는 상사는 이와 같은 부하를 많이 거느리고 있을지도 모르는 일이다.

문서의 작성 수준은 업무 효율에 큰 영향을 미친다. 그런데 우리나라에서는 문서의 중요성에 대한 인식이 낮고, 수준 높은 문서를 작성하기 위한 기업 자체의 훈련이나 작업자 개인의 자각 역시 부족한 실정이다.

모두들 너무 오래된 국내 관습에 젖어 자각하는 자세가 보이지 않는다. 우리나라의 높은 기술력은 하드웨어의 품질이나 성능 면에서 구미와 견주어도 절대 뒤떨어지지 않는다고 자부할 수 있을 것이다. 그러나 문서를 작성하는 수준은 세계 속에서 어떻게 보여지고 있을까? 미국에서는 이렇게 말하고 있다고 한다.

'OO 제품의 하드웨어는 엑셀런트다. 소프트웨어는 베리 굿. 하지만 매뉴얼은 … 죠크(웃음밖에 안 나온다)다.'

● 문서의 수준을 높이려면

그렇다면 어떻게 하면 수준 높은 보고서를 신속하게 작성할 수 있을까?

먼저, 문서 작성의 중요성을 자각하는 것이다. 문서를 작성하는 일이 주요한 업무의 일부라고 인식해야 한다. 아울러 기업의 경영진을 포함한 직속 체계가 문서 작성의 중요성을 이해하고 그 업무에 대해 높은 비중을 두고 평가하는 회사 풍토를 만들어야 한다.

보고를 받는 사람을 만족시키는 보고서 작성 기술이 테크니컬 라이팅이다.

본책에서는 '이해하기 쉽고', '필요충분 조건을 만족시키는' 보고서 작성 방법과 '명확한' 문장 작성법과 표현의 기술'에 대해 설명하겠다(그림 [문서 수준 향상 기술] 참조). 이러한 기술은 이론으로만 이해해서는 안 되며 실제적으로 작성하는 법을 익혀야 한다. 항상 자신이 직접 시도해 보며 몸에 익히는 자세가 필요하다.

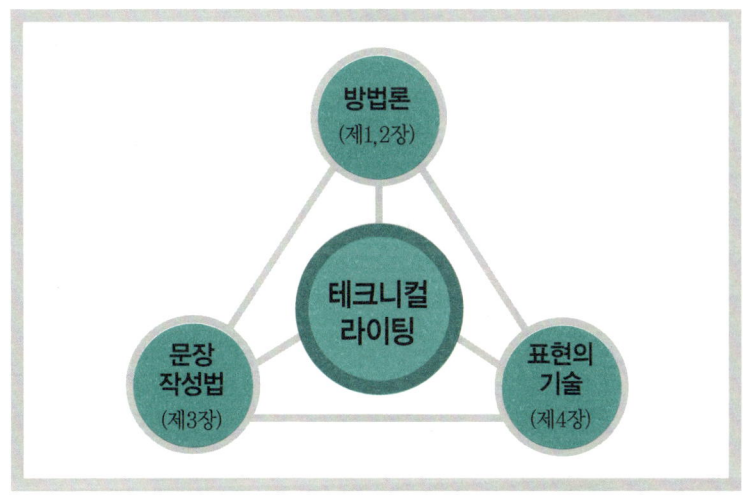

▲ 문서 수준 향상 기술

3 고객과의 커뮤니케이션을 개선한다

● **고객의 안전을 지키는 문서**

모든 업무에 가장 우선시되는 것은 고객의 안전이다. 고객의 안전을 지켜줄 수 있는지, 피해를 주게 될 것인지는 문서를 어떻게 작성하느냐에 달려 있다.

고객이 제품을 사용하려고 할 때 막상 믿을 수 있는 것은 제조자가 첨부한 취급 설명서뿐이다. 이것이 명확하지 않고 필요를 충족시키지 못한다면 고객은 제품이 가지고 있는 본래의 성능과 품질을 활용할 수 없다. 이러한 이유로 열심히 연구 개발하고 빈틈없는 관리 하에 제조한 고품질의 제품이 정당하게 평가를 받지 못해 계약이 성립되지 않는다면 큰 손실이다. 뿐만 아니라 취급 설명서가 준비되지 않아 고객의 안전에 위험을 준다면 기업은 법정에 서게 되고 당연히 사회적으로도 신용을 잃게 된다.

1991년, 해외 요트 레이스에서 8인승 타카호가 조난을 당해 3주 만에 일본의 사노 씨 한 사람만 구조되었던 끔찍한 사건이 있었다. 이 사건이 일어나고 정확히 1년 뒤 '생명의 바다'라는 타이틀로 게재된 아사히신문의 연재 기사가 이 때의 일을 상세히 전해 주고 있다.

연재 3회째 기사에서 '불명확한 취급 설명서, 전원 접속 불량'이라는 머리기사가 실렸다. 사실 이 요트에는 조난에 대비한 '이파브(EPIRB : 비상위치 지시용 무선 표지)'가 있었다. 이파브는 일본외양범주협회(NORC)가 미국의 ACR 일렉트로닉스 사로부터 수입 알선한 제품으로 비상시에 조난 신호가 발신되는 장치이다. 그런데 취급 설명서에 명시된 문장의 표현이 애매해 제대로 사용할 수가 없었던 것이다. 취급 설명서를 제대로 읽어 올바르게 사용할 수 있었다면 구조될 기회가 있었을지도 모른다. 왜 제대로 사용할 수 없었을까? 과거 기사를 보면 그 이유를 알 수 있다.

사노 산지 씨(22)는 이파브의 스위치를 켰다. 그러나 몇 번을 켜 봐도 「조난 신호 발신」을 표시하는 램프가 켜지지 않았다. 사노 씨는 이파브의 아래쪽을 열어 들여다보았다. 「전극 사이에 전기절연지가 껴 있을지도 모른다」고 생각했기 때문이다.

거무스름한 내장 같은 선들이 스르륵 빠져나왔다. 10센티미터 정도 뺐을 때 더 이상 빼면 뭐가 나올지 모른다는 생각에 불안해졌다. 베테랑이었던 타케치(당시 56)가 "옆에서 빼면 안 돼. 전처럼 해 둬"라고 말했다.

내장처럼 보인 것은 바로 배터리였다. "5센티미터만 더 뽑았다면 커넥터가 보였을 것이고 그것을 접속했다면 상황은 달라졌을 텐데" 사노 씨는 지금에 와서야 이렇게 말하고 있다.

- 아사히신문(이하 같은 신문에서 발췌)

이 기사만 읽으면 단순히 취급상의 실수처럼 보일 수 있다. 그러나 NORC가 일본어로 번역한 취급 설명서 표지에 「이파브는 모두 출하 시에 배터리 접속 및 동작 시험이 끝났습니다」라고 써 있었다는 기사가 이어지고 있었다. 타카호 승선원들 전원이 배터리는 접속되어 있다고 굳게 믿었던 것도 이상할 것이 없다. 게다가 이 문장은 원문이 아니고 번역문만 추가로 기재되어 있었던 것이다.

안테나에는 "BATTERY DISCONNECTER!!!(배터리는 접속되어 있지 않음)"이라는 주의 사항이 써 있었다.

한편 본문에는 이런 대목도 있었다. "EPIRB는 배터리를 장착하지 않고 출하됩니다!".

승선원이 본문을 잘 읽어 보았다면 당황하지 않고 배터리를 빼서 접속했을 것이라는 말은 취급 설명서의 역할을 모르는 데서 나오는 너무도 무책임한 말이다. 본문의 내용보다 겉표지에 있는 한 줄의 문장이 갖는 영향력이 훨씬 크다. 이 한 문장은 일본어 번역판의 편집자가 친절한 의도를 갖고 덧붙인 것이지만 취급 설명서와 같이 기술적인 문서에서는 가장 위험한 불명확한 문장이다.

> 타카호 측에서는 출항 전에 NORC 사무국에 전화를 걸었다. "사용서에 대한 설명은 표지와 본문 중 어느 쪽이 맞습니까?". "6년 전부터 판매해 왔는데 아무런 문제가 없었습니다. 만약 걱정이 되신다면 2, 3초 동안 스위치를 켜서 파일럿 램프가 들어오는지 확인하십시오." 질문과 대답이 어긋나 있었다. 결과적으로 타카호는 출항 준비를 하는 어수선한 상황에서 이파브 테스트를 하지 않고 출발했다."

취급 설명서를 작성할 때의 경솔함과 사건 당일에 발생하는 돌발적인 사건으로 인해 이런 비참한 결과를 낳게 되었다. 이 사건이 PL법이 시행된 1997년 이후에 일어났다면 큰 소송에 걸렸을 것임에 틀림없다. 고객을 상대로 한 문서의 중대성을 강하게 어필하는 사건이었다.

● 경영 전략을 뒤흔든 PL(Product Liability : 제조물 책임) 문제

우리나라의 PL법은 2000년 1월 법제정이 이루어져 2년 6개월 뒤인 2002년 7월 시행되었다. 사실 우리나라에서는 규약이나 취급 설명서에 무엇이 써 있는지 법적으로나 관습적으로 중요시 여기는 경향이 있어 내용 자체를 어렵게 쓰려고 했다. 반면 PL 선진국인 미국은 한 재판에서 '취급 설명서는 누가 읽어도 이해할 수 있게 써야 하며 그렇지 않다면 쓰지 않는 것과 마찬가지다' 라고 판정했다. 공업 제품에 관한 소송이라면 압도적으로 기업 측이 유리하다. 원고나 변호사는 초보자에 지나지 않는다. 그래서 원고 측 변호사는 자신 있는 문서 분야에서 싸우려고 한다. 개발·품질·제조·판매에 관한 문서를 요구하고 그 가운데서 실마리를 찾는다. 이제 기업에게 있어 문서 작성법은 그냥 지나쳐서는 안 되는 중대한 요소라고 할 수 있는 시대가 온 것이다.

미국에서는 1990년 한 해에만 결함 제품 소송이 약 1만 9천 건에 달했고 배상액이 100만 달러를 넘는 판결이 수십 건이나 났다. 이 수치는 연방지방법원의 판례에 지나지 않고 주 법원 수준의 재판을 포함한다면 그 숫자는 헤아릴 수 없을 정도이다.

포드 사 제품인 소형차가 핀트에 관해 소송에 걸려 있을 때 한 보고서가 공개되어 1억 2천 5백만 달러라고 하는 거액의 벌금형 배상금을 지급하도록 평결을 받았다. 보고서에는 "시장에서 판매되고 있는 핀트를 회수해 안전 대책을 세우는 것보다 그대로 방치해 화재 사고가 발생했을 때 피해자에게 배상금을 지불하는 편이 더 경제적으로 처리할 수 있다"라고 써 있었다(일본 경제 신문 1995. 7. 4, 미츠이 토시히로 「실천PL대책」).

미국의 변호사 케네스 로스 씨에 의하면 가슴 확대용 실리콘 소송에서도 "품질이 의심되는 가슴 확대용 실리콘을 시장에서 판매한다고 해도 만일 사고가 발생했다고 할 때 그 상황에 맞는 변명거리는 충분히 찾을 수 있을 것이다"라는 내용의 회사 문서가 존재하고 있었다고 밝히고 있다(과거 인용 기사).

1996년에 최종적으로 해결을 보게 된 일본 쇼와 전공의 건강식품 L-트립토판을 둘러싼 미국과의 PL분쟁에서는 배상액이 약 2천 50억 엔에 달했다. 이 판결의 결정적인 역할을 했던 것은 검찰 측의 개시 요구에 제조사가 제시한 방대한 기술 자료 가운데 모순점이 있었는데 이를 발견해 내어 추궁을 했기 때문에 승소를 할 수 있었던 것이다.

PL법 시행과 관계없이 사용자 보호라는 입장에서 봐도 미국의 문서에 대한 엄중한 태도가 옳다는 것은 두말할 것도 없다. 현재 미국의 상황은 우리나라에서도 문서가 나아가야 할 향후 방향을 분명하게 제시하고 있다. 모든 애매한 표현이나 독자를 무시하고 작성자의 입장만 생각해 작성한 문서는 사용자가 먼저 등을 돌릴 뿐만 아니라 권리·의무·소송 면에서도 위험을 내포하고 있다는 것을 명심해야 한다.

● 지적재산권 주장

우리나라 사람은 타인과 협조하는 마음을 미덕으로 삼고 자라났으며 서구식의 디베이트(논쟁) 교육도 거의 받지 않았기 때문에 권리를 주장할 때는 약한 모습을 보인다. 그렇기 때문에 전통적으로 문서나 자료 준비가 불충분해 *지적재산권 분쟁에서 불리한 위치에 놓이는 것은 어쩌면 당연한 것인지도 모르겠다. 그래서 기업은 이를 대비해 법무 담당 부서를 강화하거나 현지의 숙련된 전문가를 고용하는 것이 보통이다.

그러나 자료를 제공하는 작업자의 문서·자료 작성 능력이 뛰어나지 않으면 법적으로 문제가 발생한 상황에서 싸울 여지가 없다. 앞에서 언급한 PL분쟁과 마찬가지로 결국 믿을 수 있는 것은 보고서를 중심으로 한 사실에 근거한 자료뿐이다. 자료가 불충분하거나 혼동을 불러일으킬 만한 불명확한 문장이 있어서 스스로를 불리한 처지에 빠뜨린다면 권리는 주장할 수가 없다.

기업에서 테크니컬 라이팅 교육은 단순히 교양 과정의 연수 과목이 아니라 필수 과목이어야 한다. 미국의 대학이나 기업에서 실시하는 교육의 현실은 가까운 미래에 한국이 지향해야 할 모습을 제시하고 있다.

● 문서 문화의 신개념 ISO 9000

한국 기업이 국제적으로 진출하는 전제 조건으로 여겨지는 ISO 9000시리즈 (통상적으로는 지적소유권이지만 이 책에서는 법적인 호칭을 사용한다)의 인증을 취득하기

》 알고가자

지적재산권
지적소유권(知的所有權)이라고도 하며 발명·상표·의장(意匠) 등의 공업소유권과 문학·음악·미술 작품 등에 관한 모든 저작권을 말한다.

위해서, 또 이를 유지하기 위해서는 테크니컬 라이팅이 무엇보다 중요하다. 인증을 취득하기 위해서는 품질 보증 체제를 문서화하여 인증기관에 제출할 필요가 있지만 종래의 한국에서는 이와 같이 광범위하고 상세한 규정을 문서화하는 습관이 없었다.

종합적 품질 관리(TQC) 활동을 해도 사내 시책으로만 실시할 뿐 외부 심사에 대응할 수 있는 문서 정비로 이어지지 않았던 것이 보통이다. 세계에서 자랑하는 한국 제품의 품질은 교육 수준이 비슷하고, 훈련 강도가 높은 노동력에 의해 지탱해 왔던 것이지 매뉴얼이 완비되었기 때문은 아니다.

그래서 먼저 규정에 따라 문서를 작성할 필요가 있다. 지금까지 국내에서만 사용하고 있었던 문서 수준 방식으로는 유럽연합이나 미국에서 통용되는 문서로 번역하는 것조차 어렵다. 정확하게 번역을 하기 위해서 높은 언어 능력을 지닌 번역가가 있다고 해도 구성이 확실하고 표현이 명확한 원문을 작성할 수 있는 사내 작업자가 필요하다. 바로 이 작업에서 전제가 되어야 하는 것이 테크니컬 라이팅의 기초가 있어야 한다는 것이다.

ISO 9000시리즈

ISO 9000시리즈란, 1987년에 제정된 이후 유럽을 중심으로 보급된 국제적인 품질 규격을 말한다.

유럽연합(EU) 안에서 시장 통합이 달성되어 자유로운 역내 무역 환경이 정비되면서 가맹국 간의 기술 수준의 격차가 문제로 부상되었다. 이 격차를 줄일 수 없으면 구매 상품에 대한 품질을 신용할 수 없기 때문에 안심하고 거래를 할 수가 없다.

그래서 국제표준화기구(ISO)는 공식적인 제3자 기관을 조직하여 통일된 규격으로 작업장 단위의 품질 보증 능력을 심사하고 인증하는 권한을 주었다. 인증은 한 번 취득했다고 해서 언제까지나 효력이 있는 것이 아니고 매년 의무적으로 심사를 받아야 한다(그림 [ISO 9000 심사등록 제도의 구조] 참조).

현재는 ISO 9000시리즈의 인증 취득을 구매 조건으로 하는 관습이 EU뿐만 아니라 남부 미주·개발도상국까지도 확산되고 있다.

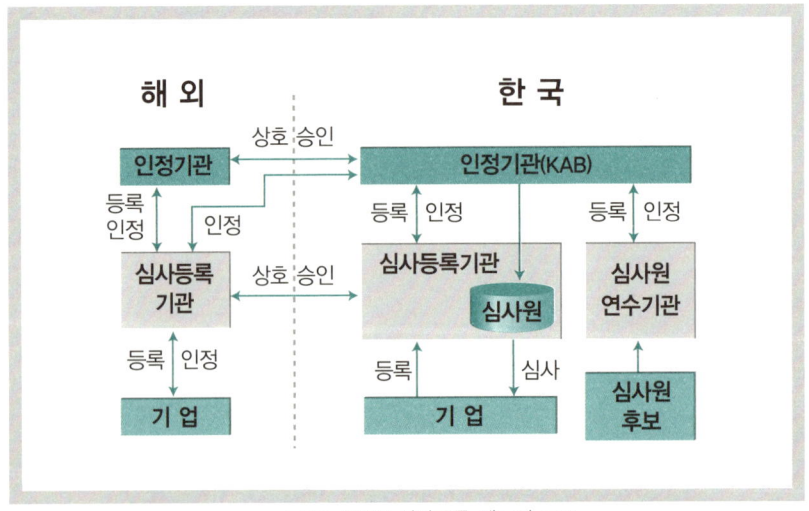

▲ ISO 9000 심사등록 제도의 구조

03 테크니컬 라이팅

STEP

테크니컬 라이팅은 보고 대상자를 아는 것부터 시작한다. 그 다음은 주제가 혼동되지 않게 전달될 수 있도록 문장을 구성해 필요충분 조건에 맞는 설득력 있는 표현으로 다듬어 완성시킨다.

1 읽는 사람에 대한 정보를 갖고 있어야 한다

● **보고 대상자 분석 방법**

작성자는 한 사람이지만 읽는 사람은 여러 사람이다. 이 사실을 이해하고 작성하지 않으면 누구도 읽어 주지 않는다. 보고를 받는 사람이 원하는 정보를 충분하게 전달하지 못하면 무언가 부족함을 느끼고 당연히 작성자는 꾸중을 듣게 된다. 읽는 사람이 요구하지도 않은 정보를 열심히 작성해서 보고서를 올린다면 핀트를 맞추지 못하는 사람이라고 낙인 찍힌다. 먼저, 보고 대상자가 누구인가, 무엇을 원하고 있는가를 아는 것부터 필요하다. 이것을 독자 분석(audience analysis)이라고 한다.

그림 [보고 대상자 분석]에 제시한 예를 보면 이렇게 많은 사항을 고려해야 되는가라고 매우 놀라는 사람이 있는가 하면 이 정도는 알게 모르게 신경을 쓰고 있었다고 말하는 사람도 있을 것이다. 신경을 많이 쓴 사람이든 그렇지 않은 사람이든 의식적으로 분석을 하다 보면 목적에 맞고 불필요한 것이 없는 보다 좋은 테크니컬 라이팅이 가능하게 되는 것이다.

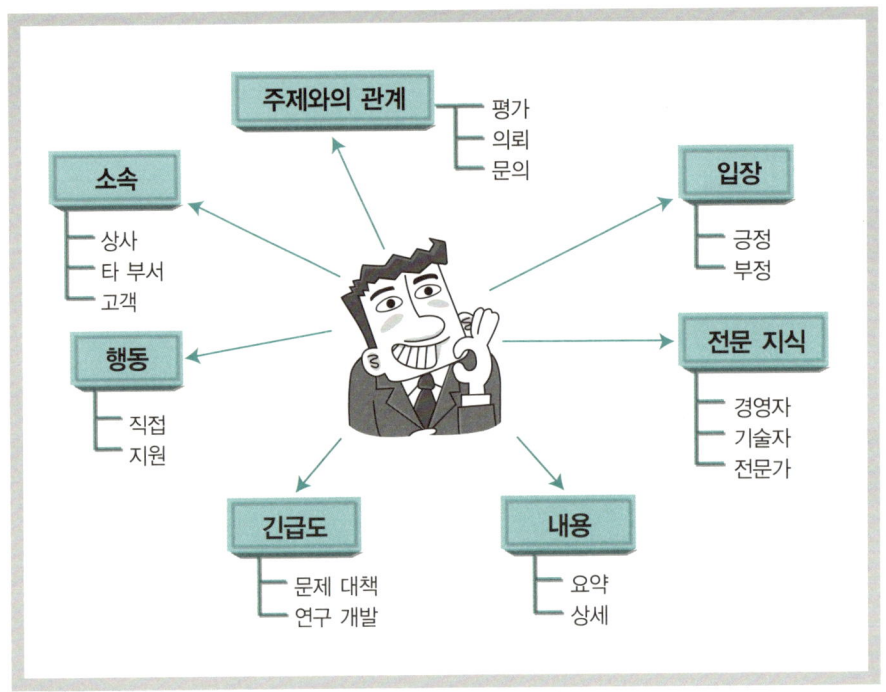

▲ 보고 대상자 분석

● 올바른 보고 대상자는 누구인가?

　독자 분석을 끝낸 작성자는 당연히 자신이 작성하는 보고서의 대상을 정확히 알게 될 것이다. 올바른 보고 대상자를 정확히 알았다면 그 대상자에게 신속히 전달할 수 있도록 회람자를 지정해야 한다. 상사에게 보고만 하면 끝이라고 생각하면 안 된다. 보고서는 직속 체계에 따라 회람이 되어 시간도 오래 걸리고 그러다 보면 올바른 보고 대상자에게 전달되는 시기를 놓쳐 기껏 작성한 문서가 목적한 바를 이루지 못하게 된다.

보고서를 제출하기 전에 보고 대상자에 대해 알아야 할 기본적인 사항은 다음과 같다.

1. 보고 대상자가 어느 그룹에 속해 있는가?
   관리직, 전문 기술자, 타 기술 부서, 고객, 일반 독자 등

2. 보고 대상자는 이 주제와 어떤 관련이 있는가?
   지시, 의뢰, 평가, 문의 : 어떤 목적을 갖고 있으며, 무엇을 기대하고 있는가?

3. 보고 대상자는 이 주제에 관해 어떤 지식을 갖고 있는가?
   전문용어를 어느 정도 사용해야 좋은가?

4. 보고 대상자는 내용을 자세히 알고 싶어 하는가? 개요만 파악하고 싶어 하는가?
   보고 대상자의 필요를 충족시키는 범위는 어디까지인가?

5. 보고 대상자는 주제를 어느 정도 긴급하게 생각하고 있는가?
   가장 먼저 알고 싶은 사항은 무엇인가?

6. 보고 대상자는 주제에 대해 긍정적인 입장인가, 부정적인 입장인가?
   선입관을 갖고 있는가, 그렇지 않은가?

7. 보고 대상자는 이 보고서를 읽고 어떤 반응을 보일 것인가?
   보고를 받고 바로 행동으로 옮길 것인가, 작성자에게 행동을 지시할 것인가?

2 주제를 직설적으로 전달한다

● **주제를 놓쳐서는 안 된다**

　보고서의 역할은 주제를 '명확하게'하고, '정확한 보고 대상자에게' 전달되도록 하는 것이다. 작성자들은 흔히 상대방의 심리적 부분을 필요 이상으로 신경을 쓰기 때문에 정서적이고 예의 바른 문장 수식을 많이 쓰게 된다. 테크니컬 라이팅에서 이런 문장은 사용해서는 안 되며, 보다 논리적이고 구체적인 표현을 쓸 수 있도록 해야 한다.

　아름답고 세련된 문체라고 해도 주제에서 벗어난다면 파악하기가 힘들고, 보고서 본래의 역할을 다하지 못한다. 돌려서 말하기 식이나 한시에서 유래하는 기승전결 등의 전통적인 문장 구조는 서구어에는 없는 풍부한 표현력을 지니고 있지만 기술문서에서 이런 문체를 사용하면 표현상 애매해질 수가 있다.

● **목적과 목표의 규정**

　주제가 헷갈리지 않게 전달될 수 있는지의 여부는 문서의 준비 단계에 달려 있다. 시간의 순서대로 처음에는 주제를 정의하고 그 다음은 보고 받을 대상자를 염두에 두고 논제의 초점을 잡아낸다. 이렇게 함으로 문서 작성의 목적과 그 목적을 달성할 수 있는 요건이 성립되는 것이다. 항상 목적과 목적 달성 요건을 참조하면서 경과, 결론, 제안, 설명으로 진행해 나가면 주제를 벗어날 일이 없다.

● **요점에서 세부 사항으로**

　혼동되지 않게 전달하기 위해서는 요점에서 시작하여 세부 사항으로(general to particular) 들어가면서 작성하는 방법이 바람직하다. 즉, 절의 주제(subject)나 단락의 논제(topic)를 먼저 명기하고 그 후에 설명을 해나가는 방법이다. 생각나는 대로 나열하게 되면 주제나 논제가 어디에 있는지 알 수도 없고, 읽는 사람이 힘들게 주제를 파악하게 만드는 수고를 강요하게 된다.

3 필요를 충족시킬 수 있도록 표현한다

● 필요 없는 내용은 쓰지 않는다

작성자는 데이터에 애착을 가지고 있기 때문에 여러 가지 자료 중에서 쓰고 싶은 것을 취사선택하는 데 고심을 하게 된다. 그러나 필요한 내용만 작성해야지 친절한 마음으로 첨부했다고 생각한 정보가 오히려 읽는 사람을 혼란스럽게 만들 수 있다. 읽는 사람의 입장에 서서 불필요한 내용은 쓰지 않는 것이 주제의 이해도를 높일 수 있는 것이다.

다시 말해 '불필요한 내용은 쓰지 않을 것'이 주제의 이해도를 높인다는 것이다. 문장의 *SN비가 없어지므로 주제를 바로 파악할 수 있기 때문이다. 이 필요·불필요의 범위는 작성자 입장에서 고려하는 것이 아니라 보고를 받는 사람의 요구(독자 분석)에 의해 결정해야 한다.

● 기대하고 있는 정보는 충분히

'충분'이라는 말은 '읽는 사람이 기대하는 모든 정보(데이터)'를 문서 내에 포함시킨다는 말이다. 작성자가 보고서를 읽는 사람에게 불려가 꼬치꼬치 질문을 받고서야 겨우 "그것은 그러니까…"라고 설명을 하는 상황을 연출하게 된다면 처음에 작성했던 문서가 불충분했다는 말이다. "그러니까…"로 시작되는 내용이야말로 보고 받는 사람이 알고 싶었던 내용인 것이다. 재촉당하기 전에 반드시 써야 될 내용이다.

>> 알고가자

SN비(signal to noise ratio)
신호(S)와 잡음(N)의 비를 말한다. 라디오, 텔레비전과 같이 전기적으로 정보를 보낼 때 정보 신호의 크기와 전기적인 잡음 크기의 비를 얘기하지만, 이 책에서는 필요·불필요의 비율을 의미한다.

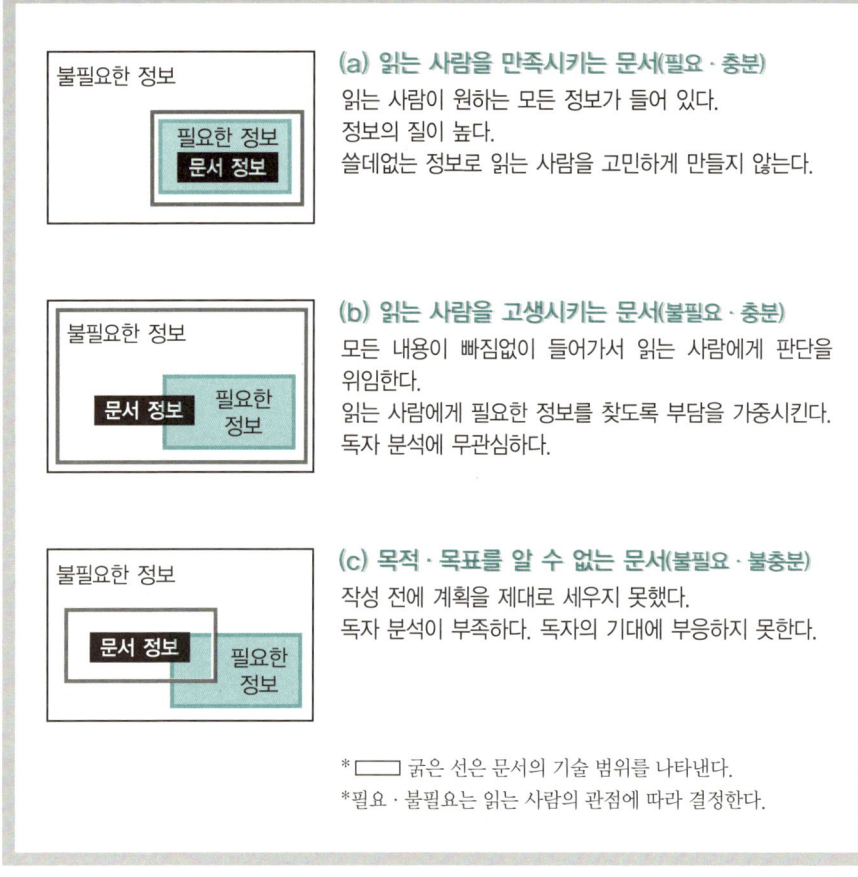

▲ 필요를 충족시키는 문서와 불필요하며 불충분한 문서의 대비

　내용을 충분히 포함시키기 위해서는 보고 받는 사람을 정확히 분석하여 그의 요구를 제대로 파악해 두는 것이 필요하다. 예상하는 범위보다도 약간 더 많이 데이터를 첨부하고 문서 작성 단계에서 좁혀 나가는 것이 바람직하다.

4 사실과 의견을 확실히 구별한다

● 사실과 의견의 구별

　보고서에서는 사실과 의견을 정확히 구분해서 써야 할 필요가 있다.

　테스트나 조사 결과를 기술할 때 작성자의 의견을 생각나는 대로 써 나가는 보고서가 많다. 읽는 사람은 모든 내용이 사실이라고 생각하면서 읽기 때문에 갑자기 '…라고 생각한다', '…임이 틀림없다'라는 맺음말을 보면 혼란스러워진다.

　어디서부터 어디까지가 사실인지, 혹은 의견으로만 참조하면 되는 것인지 알 수가 없다. 게다가 사실에 근거하지 않은 의견을 그럴 듯하게 기술하고 있으면 판단을 흐리게 만든다.

　결국 이렇게 되면 보고서 전체에 대한 신용도가 저하되어 정당한 평가를 받지 못하게 된다.

● 미국의 언어 기술 교육

　키노시타 씨는 일본인이 영어로 기고하는 학술지 편집장에게 열독(閱讀, 게재할 만한 가치가 있는가 여부를 판단하고 수정하는 것)을 의뢰 받을 때가 있다고 한다. 하지만 영어를 체크하고 수정하려고 하면 여러 가지 문제에 부딪치곤 한다. 사실과 의견이 구분이 안 되게 섞여 있고 중요 사항에 대한 서술이 누락되고, 내용의 전후 맥락이 맞지 않는 것이다.

　일본어 논문의 구성 자체가 수준이 낮기 때문에 처음부터 손을 대지 않으면 안 되는 것이다. 비영어권의 다른 나라에서 온 원고는 영어는 형편없지만 잘못된 영어 표현만 수정하면 된다고 한다. 논문 자체를 손봐야 하는 예는 별로 없다는 것이다.

　도무지 의아한 생각이 든 키노시타 씨는 미국의 초등학생들이 사용하고 있는 언어 기술 교과서를 접할 기회가 있었다.

5학년 교과서를 손에 든 나는 우연히 펼친 페이지에

「조지 워싱턴은 미국의 가장 위대한 대통령이다」,

「조지 워싱턴은 미국의 초대 대통령이다」

라는 두 개의 문장이 서술되어 있고 그 아래에

「어느 쪽 문장이 사실을 기술한 것일까? 다른 한 개의 문장에서 이야기하고 있는 내용은 어떤 의견일까? 사실과 의견은 어떻게 다른가?」

라고 묻는 것을 보고 충격을 받았다. 그 페이지 옆에는

「사실이란 증거를 들어 뒷받침할 수 있는 것이다. 의견이란 어떤 사실에 대해서 어떤 사람이 내리는 판단이다. 다른 사람은 그 판단에 동의할 수도 있고 동의하지 않을 수도 있다」

라는 두 개의 주석이 네모 안에 각각 인쇄되어 있었다.

- 키노시나 코레오 「이과계 작문 기술」, 「리포트 구성법」

어렸을 때부터 받게 되는 교육이 전혀 다른 사람으로 만들어 버린다. 감성을 기르는 교육에 중점을 두는 국어 교육이 인간 형성에 공헌한다는 사실에는 틀림이 없지만 정보화 시대에는 언어 기술 교육에 힘을 쏟는 일을 간과해서는 안 된다.

● 사실의 기술

키노시타 씨는 사실의 기술에 대해 다음과 같이 정의하고 있다.

> • 사실이란, 자연에서 일어나는 사실과 현상(어느 날, 어느 곳에 떨어지는 낙뢰)이나 자연 법칙 즉, 과거에 일어났던 사건, 또는 지금 계속 일어나고 있으며 인간이 관여하는 사건의 기술을 말한다.
>
> • 사실이란, 알맞은 테스트나 조사에 의한 진위를 객관적으로 판정할 수 있는 것을 의미한다.
>
> (키노시다 코레오 「이과계 작문 기술」, 「리포트 구성법」)

누군가의 발언, 또는 문헌에서 인용한 경우는 출처를 확인할 수 있는 방법이 표기되어 있으면 사실로 간주한다. 발언한 내용, 문헌에 있는 내용의 사실 여부는 묻지 않아도 된다.

● **의견 표현 방법**

키노시타 씨는 진위가 객관적으로 밝혀지지 않은 생각들에 대해서 다음과 같이 설명하고 있다.

> **추론 (inference)** : 어떤 전제에 근거한 추리의 결론 또는 중간적인 결론
> 예 : 그는(숨을 헐떡이고 있기 때문에) 달려온 것이 틀림없다.
>
> **판단 (judgment)** : 사물의 상태·내용·가치의 진위를 가려내어 결말을 내린 생각
> 예 : 이 단편은 그녀가 쓴 소설 중에 최고의 걸작이다.
>
> **의견 (opinion)** : 상기의 의미에서의 추론이나 판단 또는 일반적으로 자기 나름대로의 생각, 느낌을 통해 도달한 결론의 총칭
> 예 : 역 또는 차내 방송은 필요에 따라 최소한으로 제한해서 소음 방지에 노력해야 한다.
>
> **가설 (hypothesis)** : 진위 여부는 알 수 없으나 테스트 결과를 보고 판단하기로 하고 잠정적으로 주장하는 생각. 정당한 절차를 거쳐 선입관을 갖지 않고 조사한 결과가 가설을 지지하면 가설은 이론으로 승격한다.
> 예 : 우주의 팽창 가설
>
> **이론 (theory)** : 증명할 수 있는 사실은 상당히 많이 있으나 아직 만인에게 용인될 만한 수준까지는 도달하지 않은 가설
> 예 : 진화론

의견 표현 방법 중 모든 사람이 용인할 수밖에 없는 충분한 근거가 있는 이론을 법칙(law)이라고 하며(예를 들어 에너지 보존의 법칙), 이것은 의견이 아니고 사실의 카테고리로 분류된다.

의견이 올바른지 그렇지 않은지를 알려면 의견을 기초로 실행한 결과와 비교했을 때 합치하고 있는가 아닌가에 따라 평가된다.

5 쉬운 표현을 사용한다

● 기술문서 용어

기술문서는 전문용어를 많이 사용하고 있기 때문에 아무래도 문장이 딱딱하고 난해해지기 쉽다. 그렇기 때문에 내용의 이해를 돕기 위해 쉽게 표현하려는 노력이 필요한 것이다.

"배탈이 나서 저녁을 먹지 않았다"를 "현재 복부에 이상이 발생해 야간에 행하는 정기적인 식음 행위를 불이행했다"라고 표현한 우스운 이야기가 있다.

그러나 실제로 1998년 2월에 각료 회의에 제출된 법률 제목은 웃을 일이 아니다.

'원재료의 공급 사정 및 수산 가공품의 무역 사정의 변화에 즉각 대응한 수산가공업 시설의 개량 등에 필요한 자금의 대출에 관한 임시 조치에 관한 법률의 일부를 개정하는 법률'

이런 식의 문장은 표현뿐만 아니라 논리 구조의 구성 자체에 문제가 있다.

● **쉬운 말**

한편 일본의 난해한 문장의 전형적인 예인 형법이 1907년에 제정된 이래 처음으로 수정되었다. 1995년 2월 13일, 법제 심의회가 법무장관에게 제출한 형법 평이화 안의 요점은 264개의 조문 모두에 제목을 붙여 본문을 구어체로 바꾸는 것이었다(아사히신문 1995. 2. 14). 이것은 같은 해 4월 28일에 국회에서 채택되었다.

> **전 규정**
> 제38조
> 2. 중범죄에 해당하는 사실이 있으나 범죄를 저질렀을 때 행한 범죄가 중범죄라는 사실을 몰랐을 경우에는 저지른 범죄 행위의 내용에 따라 처벌할 수 없다.
>
> **현행 규정**
> 제38조
> ② 중범죄에 해당하는 행위를 저질렀으나 범죄를 저질렀을 때 그 행위가 중범죄에 해당한다는 사실을 몰랐던 사람은 해당 죄에 따라 처벌할 수 없다.

미국에서는 이같은 운동이 훨씬 먼저 일어나 1987년에 카터 대통령에 의해 다음과 같은 내용으로 대통령령으로 공포되었다. 대통령이 발포하는 법령을 중학교 2~3학년의 학력으로도 충분히 이해할 수 있는 쉬운 영어(plain English)로 작성할 것을 지시한 것이다. 많은 주에서 이 법령에 따라 보험 계약이나 매매 계약서에 쉬운 영어를 사용하도록 규정한 법령을 통과시켰다.

미국 전역에서 일어난 이 운동이 딱딱한 기술문서를 쉽게 이해할 수 있도록 쓸 수 있는 습관을 기르게 했다는 것은 말할 것도 없다.

다음 예제는 고전적인 문체의 논문을 현대식으로 바꾸면 어떻게 될 것인가에 대한 연습이다.

> **원문**
>
> 연료 중에 포함된 회분은 자주 연소 가스와 병행해서 배출된다. 미분탄연소微粉炭燃燒의 경우는 말할 것도 없고 화격자연소火格子燃燒에 의한 연소 중일 때도 파쇄회破碎灰가 비산飛散한다. 수분을 다량으로 포함한 저석탄화도低石炭化度의 석탄이나 아탄, 목재를 연소할 때는 재의 비산이 증가한다. 미분포함비율微粉包含比率이 큰 연료를 사용하는 경우도 재 또는 연소회의 비산이 증대한다.

> **수정문**
>
> 연료에 함유된 회분은 연소 가스와 함께 배출되는 경우가 많다. 미분포함비율微粉包含比率이 큰 연료를 사용하게 되면 재 또는 연소회의 비산飛散이 증가한다. 수분이 많은 저석탄화도低石炭化度 석탄이나 아탄·목재를 연소할 때도 마찬가지다. 화격자연소火格子燃燒에서도 파쇄회가 비산한다.

전문용어(밑줄)는 그대로 두고 보조적인 표현을 수정한 것만으로도 문장이 확연히 달라진다. 문장 구성도 네 번째 문장과 두 번째 문장의 전반부는 주어가 동일하기 때문에 통합시켰다.

보고 목적에 맞는 화법을 선택한다

목적·작성 상황·보고 받는 사람에 따라 보고서 작성법이 달라진다. 이에 알맞은 문서 작성 기술을 연구하자. 작문 솜씨가 없어서 보고서 작성이 힘들다는 말은 변명일 뿐이다.

1 전달과 설득

● 기술의 발전을 가져온 전달

근대 기술은 정보의 전달에 의해 빠른 속도로 발전을 해 왔다. 정보의 전달은 지식을 쌓게 만들고 이를 토대로 보다 양질의 새로운 정보들이 생겨났다. 이렇듯 나선형으로 발달하게 된 정보 환경이 기술 사회로의 성장을 더욱더 가속화시켰다.

은밀히 전해지는 기술은 자기 자식이 아니면 실력이 출중한 제자에게 계승되었으나 전승자가 나타나지 않으면 기술은 사라지고 만다. 전달을 제한하는 기술은 언젠가는 사라져 버리는 운명을 맞이하게 되는 것이다.

그러나 어떤 분야보다 전달이 빠르고 그 효과가 배로 나타나는 기술 공동체에서는 전달을 통해 장래의 획기적인 발전을 기대할 수 있다.

● 행동으로 옮기게 하는 설득

그렇다고 정보를 단순히 전달의 수단으로 생각해서는 안 된다. 보고자에게는 설득을 동반했을 때 비로소 보고하는 자의 뜻이 전달되고, 보고 받는 자도 그것을 받아들여 판단을 하게 되어 행동으로 이어지는 것이다. 설득의 과정은 설명의 단계부터 시작해서 보고 받는 자와의 논의 단계로 이어져야 한다.

구미에서는 이런 과정을 유치원 때부터 교육하고 있다. 우리나라에서는 본 대로 느낀 대로 솔직히 쓰라는 작문 지도 외에 설득에 관한 교육을 하는 학교는 거의 없다.

우리는 주위의 사람이 어떻게 생각하고 있는가를 알기 전에는 자신의 의견을 전달하는 행동을 되도록이면 피하는 풍토에 젖어 있다. 이렇듯 주장이나 설득은 우리나라 사람이 가장 자신 없어 하는 부분인 것이다.

경제 마찰이나 국제 분쟁, 지적재산권 분쟁 등에서 우리나라 사람은 매번 지는 것을 보게 되는데 전세가 불리해지면 딴청을 부리며 얼렁뚱땅 넘어가거나 결론을 유보시키면서 하염없이 때만 기다리는 모습은 한심하기까지 하다.

앞으로 서구인과 당당하게 논쟁하기 위해서라도 설득에 관한 꾸준한 연습을 통해 라이팅 기술을 익혀야만 하고, 이러한 노력들을 통해 우리나라 기업 경쟁력을 강화하는 밑거름을 마련해야 할 것이다.

2 서술법 선택으로 문서의 가치가 달라진다

주제를 설명하는 서술 방법은 전개법·유도법·대비법 세 가지로 나누어 볼 수 있다. 세 가지 방법은 주제와 보고 받는 자가 어떤 사람인가에 따라 선택하면 된다. 상황에 따라 여러 가지 방법을 조합해서 서술해도 된다.

● 직선적으로 전달하는 전개법

주제를 처음 단락에 명시하고 이어서 그에 대한 근거나 설명을 중요한 순서 또는 논리의 흐름에 따라 전개하는 방법이다(그림 [전개법] 참조). 이것은 라이팅의 기본적인 구성법인 '요점에서 세부 사항으로'에 해당하는 방법으로 논지를 파악하기 쉬워 보고 받는 자에게 빠르게 잘 전달될 수 있는 방법이다. 기술문서 작성에 적당한 합리적인 서술 방법이라고도 할 수 있다.

전개법에서는 각 절의 처음 단락만 골라서 읽어도 장 전체에서 이야기하는 큰 의미를 파악할 수 있다는 이점이 있다. 읽는 사람은 그 가운데서 특히 주의를 끄는 단락의 상세 설명 부분만 읽으면 되므로 부담을 느끼지 않는다.

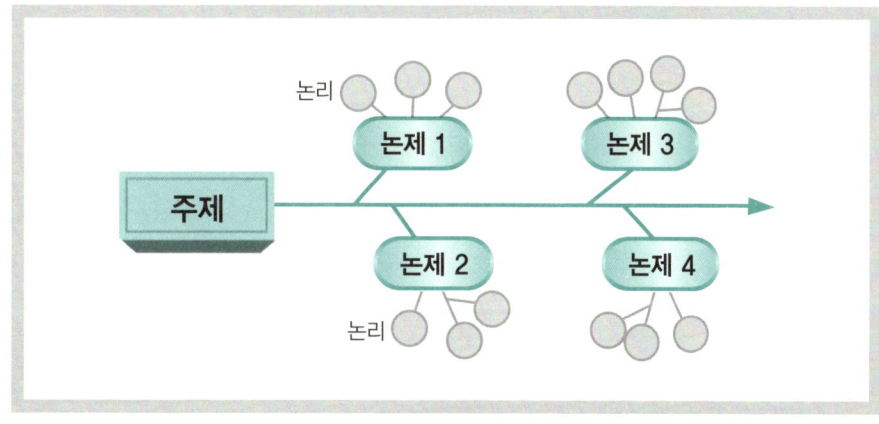

▲ 전개법

이 스타일은 한 개의 단락만 있는 문장 전개에서도 마찬가지 효과가 있다. 이 경우 처음에 배치한 논제를 전달하는 문장을 논제문이라고 하며, 논제문을 받아서 설명하는(보통은 여러 개이다) 문장을 전개문이라고 한다. 전개문의 논리 흐름에도 항상 신경을 써 작성해서 논제에서 벗어나 옆길로 새는 문장이 섞이지 않도록 주의해야 할 필요가 있다.

> **전개법의 예문**
>
> 뉴럴 네트워크(신경회로망)는 초병렬 분산 처리와 학습을 특징짓는 정보처리 시스템이다. 큰 장점은 항상 변화하는 자연 환경 속에서 일어나는 직접적인 관계를 능숙하게 처리하는 로봇 시스템에 적합하다는 것이다. 처리 면에서 본 장점은 첫 번째로 동시에 패턴 인식과 정보 제어 및 처리를 하면서 평행으로 실행할 수 있다는 점이다. 두 번째로는 미처리 데이터의 관찰을 바탕으로 인과 관계를 학습하거나 인과 관계를 이용해 추측하고 행동에 관한 지식 처리 조작을 실시간으로 실행할 수 있는 가능성을 모두 구비하고 있다는 점이다.

> 이러한 특색을 이용하여 로봇 팔의 시각 제어나 멈춤을 실현하는 뉴런 제어가 연구되고 있다.

한편, 위의 서술 방법은 단정적으로 들리기 때문에 주제에 반대되는 의견을 가진 사람에게는 반감을 살 가능성이 있다. 이런 반감을 피하기 위해 상황에 따라서는 앞으로 설명하게 될 유도법적인 서술법과 혼용하면 된다(54쪽 참조).

서술법을 설명할 때마다 혼다의 소이치로 씨가 생각난다. 기술자들은 그가 나타나면 땀을 뻘뻘 흘리며 당황해 식은땀을 흘리거나 주저거리며 보고를 하다가 스패너 롤을 얻어맞기도 한다는데 사실 그는 명쾌한 사람이다.

매일의 작업 결과를 상사에게 보고할 때 작업자는 늘 긴장을 하기 마련이다. 더군다나 결과가 좋지 않을 때는 더욱 그러한데 실패했다고 호통부터 치는 상사가 있는가 하면, 일의 배경부터 차근차근 설명을 해보라는 상사가 있다.

사실 소이로치 씨는 후자 쪽에 해당되는 상사로 그로부터 스패너 롤을 맞는 경우는 그럴 만하기 때문이다. 소이치로 씨의 다음의 일화를 보자.

● **소이치로 씨와 주고받는 대화의 재미** (Q : 소이치로 씨, A : 담당자)

Q : 그거는 어떻게 되었어?

A : 말씀하신 것은 잘 안 되었습니다.

Q : 그래? 왜 그렇게 되었지?

A : (데이터를 보여 주면서 설명)

Q : 그러면 어떻게 할 거야?

A : 그 작업은 결과가 안 좋았지만 덕분에 ○○○○라는 사실을 알게 되었습니다. △△△△을 수정하도록 조치를 취해 놓았으니까 내일 오후 2시쯤에는 제품이 완성될 것 같습니다.

Q : 아, 알았어, 고마워. 그러면 내일 그 시간에 다시 오지.

위와 같이 빠르게 대응을 하면 된다. '요점 → 상세'의 순으로 설명을 하고 있어서 앞서 설명한 전개법의 좋은 예를 보여 주고 있다.

반면 나쁜 대응법을 살펴보자. 문제가 어찌되었든 요점부터 말하지 못하는 성격을 지닌 사람들이 있다.

Q : 그건 어떻게 되었어?
A : 그것은 어제 3시경부터 테스트를 시작해서 지금 계속 진행되고 있는 중입니다만 a항목에 ○○○○라는 문제가 있어서 보류하고 b로 계속하고 있습니다만 c도 포함해서 △△△△ 문제가 아닐까라는 생각이 듭니다. 이론적으로는…
Q : 결국 안 된다는 얘기잖아! 그래서 어떻게 할 건데?
A : 설계 부서에 의뢰해서 수정 설계도를 제출했는데 시험 작업이 지금 레이서에 걸려 있어서 좀처럼 진행되지 않아서…, 관리부에 부탁해 외주를 주는 쪽으로도 생각하고 있습니다만…
Q : 그러면 도대체 언제 가능하다는 거야!

스패너가 날아가는 것은 이런 경우일 것이다.
두 가지 예를 보면 묻는 사람이 어떤 정보를 필요로 하고 있는지를 이해하고, 질문하는 사람의 최대 관심사에 대해 직설적으로 대답해야 한다는 사실을 파악할 수 있다. 소이치로 씨는 때로는 거친 대응법을 취하기도 했지만 이런 대화 방법을 가르치기 위해서가 아니었을까 생각한다.

● 돌려서 이야기하는 유도법

배경이나 에피소드 등 단서가 되는 사항부터 차례로 얘기를 풀어나가면서 읽는 사람의 흥미가 절정에 달했을 때 주제를 제시하는 방법이다(그림 [유도법] 참조).

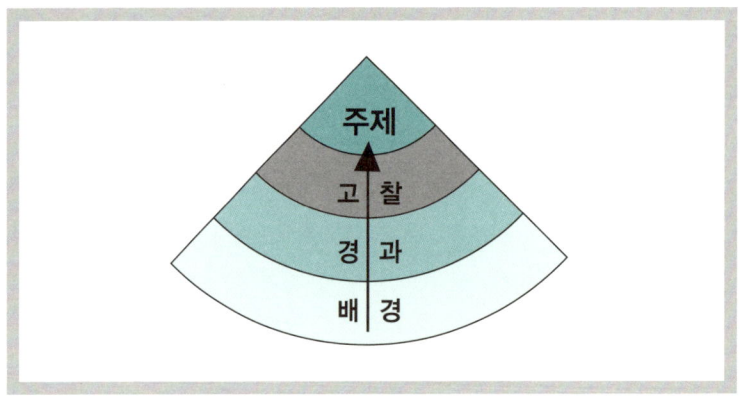

▲ 유도법

유도법은 앞에서 말한 논리적인 서술법에 비해 감성적인 서술 방법이라고 할 수 있다. 읽는 사람의 생각을 주제 쪽으로 자연스럽게 이끌고 가서 논의를 유리하게 진행해 가는 방법이다. 읽는 사람 자신도 모르는 사이에 결론으로 유도해 납득시키는 노련한 레트링크(화술)라고 할 수 있다.

유도법의 장점은 논제나 주장에 대해 거부감을 갖고 있는 사람의 생각을 완화시키며 설득하는 데 효과가 있다.

그러나 전체의 문서를 읽어 보지 않으면 주제를 명확하게 파악할 수 없기 때문에 전달 효율이 낮고, 바쁜 보고 대상자는 읽지 않을 확률이 높다. 그런 의미에서는 기술적인 문서를 작성할 때는 유도법은 피하는 것이 좋다.

따라서 유도법에 의한 서술법을 이용한다면 명확하게 요약한 내용을 가장 처음에 서술하고 그 다음에 기술 의도를 제시하는 것이 필요하다. 단, 그렇게 되면 유도법의 특징인 부드러운 기술법이라는 장점이 퇴색되는 단점이 있다.

> **유도법의 예문**
>
> 　평소에 우리들이 주위 세계를 둘러보았을 때 물체의 뒤쪽에 놓여 있는 숨겨진 부분을 보는 것은 불가능하다. 이것을 빛의 성질로 '당연한' 현상이다.
> 　그러나 3차원 컴퓨터 그래픽에서 다루는 물체라는 것은 이러한 형상에 의한 표현을 중심으로 형태를 가지지 않는 '가상'의 물체를 말한다. 이에 대해서는 '당연히' 표시할 때에는 각각의 물체에 어느 부분이 보이고 어느 부분이 보이지 않는가를 일일이 상세하게 조사하여 당연히 보이는 부분만을 표시해 두어야 할 필요가 있다. 이러한 처리를 은면 소거隱面消去라고 한다.

● 설득력을 높이는 대비법

　종래의 설이나 기존의 작성자가 쓴 주장을 부정하고 자신이 펼치는 논의가 우위에 있다고 주장하기 위해서는 다른 사람의 주장에 나타난 사실이나 문제점을 정확히 판단하는 능력이 있어야 한다. 아울러 자신의 주장에서 발견될 수 있는 문제점도 생각하고 대처법도 제시해야 할 것이다. 이러한 주장을 펴기 위해서는 용기도 필요하지만, 보고 받는 이를 납득시킬 만한 자료와 증거가 필요하다.

　논쟁은 다음의 그림 [대비법]에서처럼 '정正'과 '반反'의 논점을 명확히 하고 서로 다른 두 가지 주장을 하는 것이다. 이렇게 함으로 한층 더 높은 '합合'으로의 진보를 낳게 되는 것이다.

　구미의 거래처나 협상 상대 사이에서는 항상 이와 같은 자세가 요구된다. 또 학술논문이나 특허 출원서 작성에서도 자주 사용된다. 많은 선행 연구나 출원에서도 반대되는 주장을 논파하지 않으면 자신의 설에 대한 독창성·진보성을 주장할 수 없다.

　한편, 이 방법은 격렬한 논쟁을 부르기 때문에 대립이 한층 첨예해진다. 사전에 충분히 보고 받는 자를 분석하는 것이 무엇보다 중요하다.

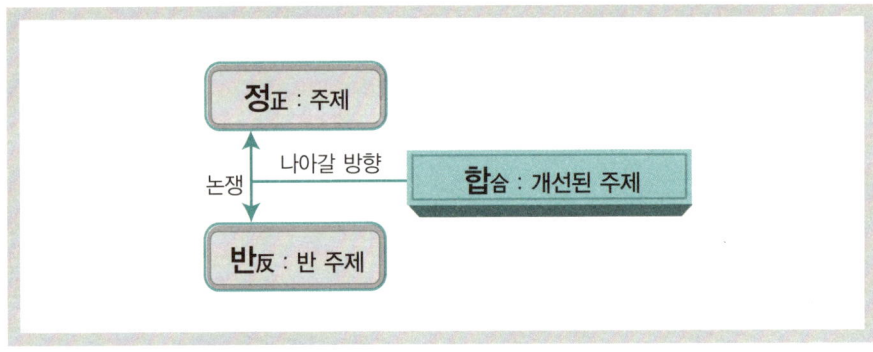

▲ 대비법

대비법의 예문

　정리법에 관한 책을 읽으면 '자료나 서류를 그 내용에 따라 분류하라'고 되어 있다. 즉, 개인용 정보 시스템에 있어서도 도서관 방식의 정확함을 아무런 의심 없이 수용하고 있는 것이다.

　이 생각에 따르면 정리·정돈은 다음과 같이 구별된다. '정리는 기능의 질서에 관한 문제이고 정돈은 형식의 질서에 관한 문제다'라고. 즉, 정리란 내용이나 중요도를 고려해서 분류하고 질서를 세우는 것이며, 정돈이란 형식적으로 정리하여 보기 좋게 만드는 것이다. 그래서 필요한 것은 정리이지 정돈이 아니라는 이야기다.　　- 중략 -

　이 책에서는 위와 같은 생각에 의문을 갖고 '정리는 분류됨'이라는 고정관념에서 탈피할 것을 주장하고 싶다. '분류하다'라는 속박에서 해방되었을 때 새로운 세계가 열린다.

　다음에서는 '정보를 분류한다'는 생각을 비판하는 것에서 출발한다. 정보의 분류는 불가능하고 위험하다. 그래서 쓸데없는 작업이라는 사실을 지적한다.

(노구치 유키오 : '빠른' 정리법, 츄코신쇼)

위의 예에서는 첫 번째·두 번째 단락에서 '반反'을 소개하고 세 번째·네 번째 단락에서 '반反'을 부정하는 주장이 '정正'으로의 출발점으로 이어지고 있다.

3 문학과 어떻게 다른가?

● 문장에 재능이 있어야 하는가?

기술문서와 문학은 전혀 다른 분야이다. 하지만 타니자키 준이치로의 「문장독본」에서는 문장의 실용적인 면과 예술적인 면에 대한 구별은 없다고 말하고 있다. 실용문이나 예술문이나 '필요 이상으로 꾸미려는 생각을 버리고 실제로 필요한 단어로만 작성한다'는 점에서 어떤 쪽의 문장이든 대립되지 않는다. 즉, 장황한 설명은 빼고 필요를 충족시키는 내용으로 작성하라는 테크니컬 라이팅 사상이 똑같다는 얘기이다.

"나는 문장력이 너무 없어서"라는 핑계를 대고 문서 작성을 멀리하는 사람이 있다. 좋은 문장을 쓸 수 있는 능력이 일종의 재능이라고 한다면 문장력이 없는 사람은 보고서도 쓸 수 없고 업무를 추진하지 못한다는 말이 된다. 그러나 이 말에 대해 혼다 카츠이치씨는 『일본어 작문 기술』중에서 다음과 같이 일침을 가하고 있다.

> 문서 작성은 재능이라기보다는 기술의 문제다. 기술은 학습이 가능하고 전수할 수도 있다.

문학 쪽의 문장이나 기술 쪽의 문장이나 꼭 필요한 단어를 정확하게 구사해야 한다. 단지 소설이나 시를 쓸 수 있는 감성적인 부분을 지니고 있는 사람은 좋은 작가가 되는 것이고 그쪽 방면의 재능이 전혀 없더라도 기술 분야의 문서는 얼마든지 훌륭하게 작성할 수가 있는 것이다. 기술적인 보고서를 작성하는 데는 테크니컬 라이팅만 연마하면 충분히 가능하기 때문이다.

● 해석이 분산되는가, 수렴되는가?

　예를 들면 미스터리 소설에서 작가는 독자에게 배경과 줄거리만 제시할 뿐 해결은 마지막까지 수수께끼에 쌓이게 만든다. 대단원에서 탐정이 멋지게 수수께끼를 푸는데 이때 반전이 있다면 독자들은 되려 좋아한다. 하지만 보고서에서 이런 반전이 있다면 읽는 사람은 화를 낼 것이 틀림없다.

　기술문서에서는 조금의 여운도 없이 한 가지 문체로만 해석되는 문장이 요구된다. 시나 소설처럼 여운과 함축을 통한 읽는 사람의 자유로운 해석을 즐기는 것을 허락하지 않는다. 기술문서에서는 이러한 예술 작품들이 제시하는 상상력에 대해서 '그래서?(And so What?)'라는 질문을 던질 수밖에 없는 것이다. 기술문서는 하나의 결론 또는 행동으로 수렴되는 것이 목적인 것이다(그림 [문학과 테크니컬 라이팅의 차이] 참조).

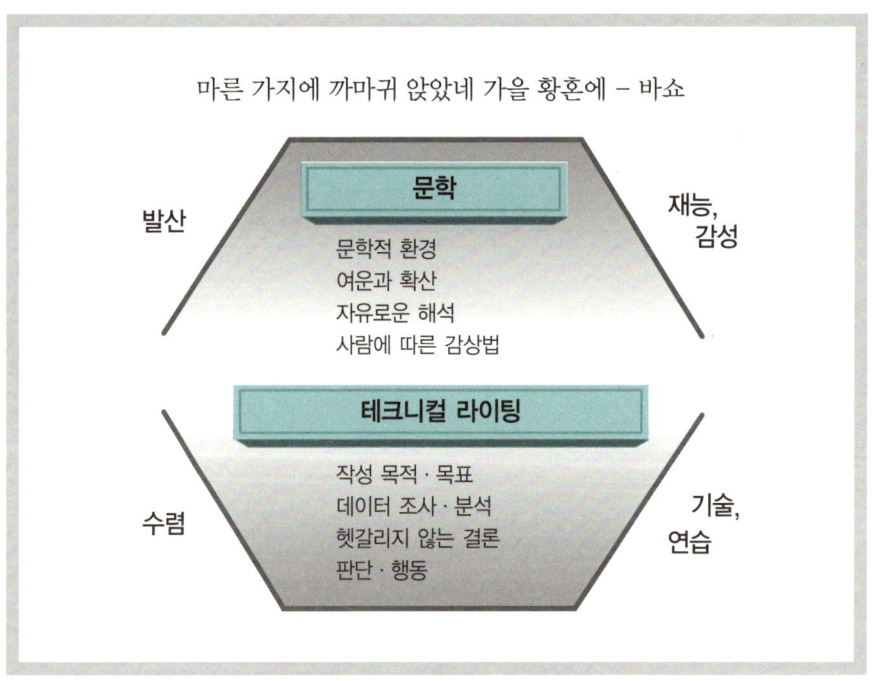

▲ 문학과 테크니컬 라이팅의 차이

기술문서 작성 환경을 분석한다

STEP 05

우리가 표현하는 데 매우 서투른 이유는 교육 환경 탓이 크다. 적극적으로 설득력 있는 교육을 시켜 우리의 글로 최상의 기술문서를 작성하자.

1 왜 표현력이 서투른가?

● 기술과 독해

기술문서의 기능은 작성자가 문서를 서술하고 읽는 사람이 서술된 문서를 해독함으로써 성립된다.

> 기술 : 언어에 의한 발신 → 사실이나 상황을 전달하고 의견을 말한다.
> 독해 : 언어에 의한 수신 → 문서를 읽고서 이해하고 판단한다.

● 수신 교육에의 편향

우리나라의 교육은 수신 교육에 편중되어 있다. 독해 교육은 확실히 실시하고 있으나 표현력 교육은 충분히 이루어지지 못하고 있다. 정보·의견·감정 등의 전달 방법 중 작문 교육을 채택하고 있는데 본 대로 느낀 대로 쓰는 감정의 전달이 주된 교육이다. '솔직한 마음을 잘 표현했다'라는 평가가 최고의 찬사가 되어 버린 것이 현 교육의 실정이다.

그러나 이런 교육은 기업의 현장 실무에서는 전혀 도움이 되지 않는다. 업무를 처리함에 있어서는 사실이나 상황을 객관적이며 정확하게 전달하고 자신의 생각을 논리 정연하게 주장해서 상대방을 설득하는 과정이 가장 중요하다. 이와 같은 능력을 키우기 위한 테크니컬 라이팅 훈련이 학교나 기업에서 실시되어야 한다.

● **전달과 설득**

테크니컬 라이팅은 정보나 의사의 '전달과 설득'을 문서 형식으로 전달하는 기술이다. 현재의 교육 시스템에서 자란 우리로서는 선뜻 자신이 생기지 않는 분야이지만 기술 업계에서 일하고 있는 이상 피해 갈 수는 없다. 문서를 제대로 작성하지 못하면 실체인 기술 자체까지 오해와 무시를 받게 된다.

그뿐 아니라 본인이 소속된 조직의 평가까지 떨어뜨릴 우려가 있다. 지금부터 전달과 설득의 표현력을 부족하게 만든 배경에 대해서 알아보자.

2 우리말은 기술문서에는 적당하지 않은 언어인가?

● **정말 적당하지 않은 언어인가?**

지금 세계는 기술의 국제 교류가 활발해지고 있다. 해외 거래처나 학회에서도 빈번하게 프레젠테이션이 이루어진다. 또 수출된 기술이나 상품과 함께 대량의 자료와 매뉴얼이 세계 각국에 뿌려지고 있다.

그러나 앞에서 언급했던 것처럼 우리나라에서 수출된 하드웨어와 소프트웨어는 높게 평가되지만 문서는 웃음거리가 되고 있다. 뿐만 아니라 문서가 미비해 오해를 낳고 그로 인해 인명과 관련된 사고가 발생하거나 경영을 뒤흔드는 소송이 일어나고 있다. 이것을 언어장벽 탓이라고 책임을 전가하는 태도는 너무 단면적이다. 외국어 실력이 부족하기 때문에 문제가 발생되는 경우는 오히려 적은 편으로, 한글 원문 자체에 대한 구성이 나쁘고 논지가 불명확하기 때문에 발생하는 경우가 많은 것이다.

이러한 이유로 우리말은 '기술문서 작성에 적당하지 않은 언어'라고 말하는 사람도 있다. 주어가 명확하지 않고 애매한 표현이 많이 사용되어 영어로 번역하기 힘들기 때문이라고들 한다. 그러나 정말로 우리말이 기술문서 작성에 있어서 구미의 언어에 비해 뒤떨어진 언어인가? 첫 번째로 우리말을 구미 쪽 언어의 관점에서 평가하는 것이 올바른 것일까?

먼저, 우리말 문서의 문제는 어디에 뿌리가 있는 것일까? 두 가지 문제, **한글의 전통화법과 한글의 구조**에 대해 생각해 보자.

● 전통화법에서의 탈피

우리나라 사람이 무의식적으로 사용하는 정보 전달과 설득 방법은 우리의 역사나 고유 문화를 반영하고 있어 구미인들은 이해하기 힘들다고 느끼곤 한다.

우리나라에서는 무미건조한 구미식 전달법, 즉시 결론을 말하고 이어서 근거를 설명하는 화법은 직장에서는 상사에 대해 버릇이 없다고 인식되기 쉽다.

이에 반해 숙련된 전통화법으로 대화를 하는 사람은 문제의 배경·주변 묘사부터 시작해서 경과나 상황을 설명하면서 듣는 사람을 자신이 바라는 결론 방향으로 잘 유도해 간다. 듣는 사람은 강요당하고 있다는 느낌을 받지 않으면서 자연스럽게 결론을 받아들인다. 오히려 듣는 사람이 자율적으로 판단하여 결론을 내리고 결론에 따라 보고자에게 지시를 했다는 생각이 들게 만들 정도이다. 물론 보고자는 기쁘게 지시에 따르면 되기 때문에 마찰 없이 합의에 도달하게 되는 것이다.

이와 같은 전통화법은 우리나라 사람들의 마음에 깊이 뿌리박힌 유교 정신의 표현이거나 봉건 시대의 유물일지도 모른다. 물론 이 방법의 좋은 점은 팀의 화합을 이루어 내기 쉽다는 점이다. 그러나 멀리 돌려가면서 설명하는 사이에 결론이 애매해지고, 바쁜 상대방은 이야기를 들어 줄 여유가 없어 커뮤니케이션이 제대로 이루어지지 않을 우려가 있다.

생활에 깊이 뿌리 박혀 있는 습관에서 탈피하는 것이 쉽지만은 않다. 그중에는 상사가 결론부터 말하도록 지시하는 등 개선의 움직임이 보이기 시작하는데 이런 변화를 가속시킬 수 있는 것이 테크니컬 라이팅 교육이다.

● 한글의 불리한 구조적 문제

영어와 비교해 볼 때 한글의 구조적인 문제에 대해서 알아보자. 주어와 서술어를 보면 문장이 뜻하는 핵심을 알 수 있는 것은 어느 언어나 마찬가지다.

영어의 경우는 서술어가 보통 주어 바로 뒤에 배치되기 때문에 문장의 논리를 파악하기가 쉽다. 그 뒤에 수식어구가 이어져 논리의 이해를 도와주는 구조다.

이에 비해 한글 문장은 주어와 서술어가 떨어져 있고 앞뒤에 수식 어구가 부수적으로 붙는다. 수식어구가 많으면 서술어가 어디에 있는지 알 수가 없고, 문장의 논리를 이해할 수 없게 된다. 글을 쓰는 본인조차 주어와 서술어의 관계를 연결하지 못하고 일관성 없는 문장을 만들어 버리고 마는 경우가 허다하다. 그렇게 되면 읽는 사람은 엄청난 부담을 느낀다.

다음의 단문에서는 그런 장점이 잘 나타나고 있다.

영어 : An air cycle [s] is a cyclic process [v] in which the medium is a perfect gas having under all circumstances the specific heat and molecular weight of air at room temperature.

한글 : 에어 사이클이란[s], 모든 환경에서 상온 시의 비열과 분자량을 가지고 있는 완전 가스를 매체로 하는 반복 프로세스를 말한다[v].

s)는 주어, v)는 서술어를 나타낸다.

한글 번역문에서는 주어와 서술어 사이에는 여러 개의 수식어가 있기 때문에 주종 관계가 빨리 파악되지 않는다. 특히 장문이라면 읽는 사람은 인내에 한계를 느껴 읽을 수 없게 되고 쓰는 사람도 혼란스러워진다. 주어가 어느 새 바뀌어 버리고 마는 미로 같은 문장이 되어 버리는 것이다.

그러면 한글에서도 주어와 서술어를 근접하게 배치해 알기 쉽게 문장을 작성할 수는 없는 것일까? 전혀 불가능한 것만은 아니다.

다음의 번역문은 무미건조하지만 훨씬 이해하기 쉽다는 느낌을 받을 것이다.

> **주어와 서술어를 근접하게 만든 문장의 예**
>
> 에어 사이클이란[s], 완전 가스를 매체로 하는 반복 프로세스를 말한다[v]. 여기서 말하는 완전 가스란 모든 환경에서 상온 시 공기의 비열과 분자량을 유지하는 가상의 가스를 말한다.

● **한글 표기의 장점**

한글은 단조로운 알파벳 표기와는 비교할 수 없을 정도로 좋은 지면 구성이 가능하다. 한자를 섞어 쓰므로 혼용 문장만이 표현할 수 있는 변화가 풍부한 지면 구성이 가능한 것이다. 정보량이 많은 한자나 한자숙어가 하나의 덩어리가 되어 기억 속에 저장되기 때문에 문장의 인지성이 더욱 좋아진다는 장점도 있다.

또한 한글은 숫자 표현이 매우 합리적이다. 예를 들어 한글은 '백·구십·칠'로 큰 단위부터 순서대로 읽으면 되는데 영어에서는 '백 그리고 구십·칠(one hundred and ninety-seven)'로 and를 삽입한다. 프랑스어는 '백·이십의 네 배·십칠(cent quatre-vingt-dix-sept)'이 된다. 또한 구구단에서는 더욱 편리함을 엿볼 수 있다. 한글의 '육·사·이십사'는 영어에서는 'six times four equals twenty-four'로 매우 복잡해지는 구조를 가진다.

● 교육에 의한 문서 작성 능력의 향상

한글 문서에서 나쁜 문장이 많다고 해서 한글 탓으로 돌리는 너무 안이한 발상은 문제의 본질에서 많이 벗어나 있다. 전통적인 사고방식이나 문서에 관한 인식에 문제가 더 큰 것으로 가장 먼저 이에 대한 개혁이 급선무일 것이다.

기본적인 대책은 교육이다. 학교와 기업 등의 조직에서 테크니컬 라이팅의 실천적인 교육을 실시하는 것이 필요하다. 테크니컬 라이팅을 배우고 또 실천함에 따라 문서 작성 사고와 기술을 개선시킬 수 있다.

미국에서는 20여 년 전부터 테크니컬 라이팅 기술 운동을 시작했고 성공을 거두고 있다. 이제 우리도 테크니컬 라이팅 기술 교육을 실시하여 문서의 질적 향상이라는 결과를 이루어야 할 시기가 되었다.

3 퇴고가 문서의 수준을 높인다

● 효과적으로 퇴고하는 방법

라이팅의 방법론이나 기술의 습득과 함께 세심한 퇴고가 수준 높은 문서를 작성하는 열쇠다. 완성시킨 직후에 다시 읽으면 머릿속에는 작성했던 때의 이미지가 들어 있기 때문에 문맥이 안 맞는 곳이나 오자, 탈자를 보지 못하는 경우가 많다.

다른 사람이 체크해 주는 것도 좋겠지만 다른 사람이라고 해서 누구나 다 괜찮다는 말은 아니다. 게다가 적격자가 항상 대기하고 있는 것도 아니기 때문에 생각한 것만큼 쉬운 일이 아니다. 그래서 자기 스스로 다른 사람의 관점, 특히 읽는 사람의 시점에서 퇴고하는 의식을 갖는 것이 무엇보다 효과적이다. 시간을 두고, 가능하다면 날짜를 두고 머리를 쉬게 한 다음에 다시 읽으면 한층 내실 있는 퇴고를 할 수 있다.

● 퇴고 횟수

퇴고는 몇 번을 하면 좋을까? 원고의 양과 질이 따라 다르기 때문에 일괄적으로 말할 수는 없지만 일반적으로는 3~5회이다. 특히 신뢰도가 중요하게 생각되는 문서는 5회 이상 퇴고 할 필요가 있다. 누구나 다 영어 단어를 암기하고 나면 잊어버리는 경험을 반복하곤 하는데 인간의 작업 패턴에는 능률적인 것도 중요하지만 '반복' 작업 역시 필수적인 요소라는 점을 잊지 말자.

● **체크 포인트**

　퇴고해야 할 체크 포인트를 정리한다.

문서
1. '한 문서 · 한 주제'로 되어 있는가?
2. 목적 · 목표가 뚜렷한가?
3. 결론이 혼란스럽지 않고 이해가 쉬운가?
4. 이후의 방향이 제시되어 있는가?

단락
1. '한 단락 · 한 논제'로 되어 있는가?
2. 주제를 바르게 전달하는 단락 배열로 되어 있는가?
3. 단락의 논리를 잘 파악할 수 있는가?
4. 생략해도 되는 문구는 없는가?

문장
1. '한 문장 · 한 논리'로 되어 있는가?
2. 논제를 바르게 전달하는 문장 배열로 되어 있는가?
3. 문장의 주어 · 서술어가 명확한가?
4. 생략해도 좋을 문장이나 어구는 없는가?

단어
1. '한 단어 · 한 의미'로 되어 있는가?
2. 용어가 정확하게 사용되고 있는가?
3. 문법 · 글자가 틀린 곳은 없는가?
4. 애매한 단어 · 오자 · 탈자는 없는가?

그 외
1. 기호 · 숫자 · 수식에 오류는 없는가?
2. 그림 · 도표의 내용에 오류는 없는가?

engineer report

이해하기 쉬운 보고서를 작성한다

1 _ 보고 목적에 맞는 서식을 선택한다
2 _ 일상의 업무 보고서를 재점검하자
3 _ 일일 보고로 문서 작성 능력을 기른다
4 _ 주간 보고로 업무를 관리한다
5 _ 중간 보고를 통해 과제를 추진한다
6 _ 상세 보고서로 문제를 완결한다
7 _ 비상시에는 문제 대책 시트로 대처한다

엔지니어를 위한
보고서 작성기술!

Chapter

2

보고 목적에 맞는 서식을 선택한다

보고서는 작성 목적에 따라 사실 관계를 알려주는 전달형과 행동을 촉구하기 위한 설득형이 있다. 전달형 보고서는 업무 보고서, 조사 보고서로 나누어지며, 설득형 보고서는 제안서와 문제 대책 시트 형식의 보고서가 있다.

1 전달형 보고서로 정확한 정보를 전달한다

먼저 작업 결과를 전달하는 업무 보고서와 조사 결과를 전달하는 조사 보고서에 대해 살펴보자. 이 두 가지 보고서의 기술 방법은 내용을 직설적으로 전달하는 '요점에서 세부 사항으로'의 전개법(50쪽 참조)이 기본이다.

● 업무 보고서

업무 보고서는 업무상의 중요한 과제나 회사 내외에서 요구되는 질문의 연구·개발 또는 고찰한 결과를 보고한다. 그 결과는 업무의 최소 단위부터 넓게는 조직 전체에 관련된 결정에 기여한다. 업무 보고서는 기술문서 중에서 가장 많이 작성되기 때문에 작성자의 훈련을 통해 업무의 효율과 수준 향상에 커다란 효과를 올린다.

업무 보고서는 작성 동기에 따라 여러 가지 형식(스타일)을 갖는다. 이에 대해서는 뒤에서 구체적으로 설명한다(71쪽).

● 조사 보고서

조사 보고서는 상사의 지시·타 부서의 의뢰·회사 외부에서 받은 질문 등이 조사 활동의 동기가 된다. 따라서 긴급도가 높고, 보고 시기가 지정되어 있는 경우가 많다.

(1) **목적·목표의 정의** : 무엇을 위해 조사를 실시하는가, 결과가 어떤 요건을 갖추면 되는가를 간결하게 쓴다.

(2) **자료 수집** : 조사 범위나 조사 레벨까지 지정되는 경우가 있다. 지정하지 않은 경우는 조사 목표에 맞춰 담당자가 계획을 세워 필요에 따라 자료를 수집한다.

(3) **자료의 편집** : 조사 목적에 대해 자료를 취사 선택하거나 압축한다. 그 다음에 이들을 목적 요건의 순서에 따라 편집한다. 자료의 출전은 각주 또는 마지막 부분에 기재한다.

(4) **분석** : 편집된 자료에서 알게 된 새로운 정보를 정리하고 분석한다. 목적 요건의 순서로 배열한다. 지시 내용에 따라서는 이 단계가 생략되는 경우도 있다.

2 설득형 보고서를 통해 행동으로 옮기게 한다

설득형 보고서는 정보를 전달하는 것뿐만 아니라 바로 행동으로 옮길 것을 요구하는 문서이기 때문에 설득력이 중요하다. 설득형 보고서의 대표적인 유형인 제안서와 문제 대책 보고서에 대해 살펴보자.

● **제안서**

회사 내부적으로는 프로젝트 기획 제안서나 업무 개선 제안서가 있다. 고객에 대해서는 공동 프로젝트 기획 제안서나 생산중인 상품의 개선 제안서가 있다. 제안에 대한 표현의 성공 여부는 제안서의 완성도를 크게 좌우한다. 특히 고객에 대한 제안서에서 실수를 하면 수정할 수 없는 경우가 많기 때문에 정확한 내용을 기재하는 것이 중요하다. 또, 사용자 분석에 기초해 고객에게 어필하는 설득력도 필요하다.

제안서에서는 먼저 제안 목적과 요점을 기술한 다음에 그에 대한 근거를 중요한 순서 또는 논리의 흐름 순서로 설명한다. 그리고 앞에서 언급한 명쾌한 전개법을 사용한다.

다음으로 제안에 대한 반론을 예측하고 제안한 내용이 반론보다 적절하다는 사실을 증거 자료를 이용하여 논리적으로 설명한다. 이것은 자신이 주장하는 내용의 문제점에 대한 대응책을 사전에 강구함으로써 자신의 주장에 대한 공격을 미연에 방지하는 효과도 있다. 이 부분의 서술법에는 대비법을 활용한다.

(1) 제안의 요점 : 읽는 사람에게 지지 받고자 하는 제안의 요점을 제시한다.

(2) 제안의 뒷받침 : 제안에 대한 근거를 중요한 순서로 기술한다.

(3) 반론 예측 : 반론을 예측해서 열거하고 이에 대해 제안의 타당성을 증명한다.

(4) 실시 계획 : 결론을 정리하고 이후의 방침과 일정 계획을 언급한 후 조직·비용·설비 등의 계획을 덧붙인다.

● 문제 대책 보고서

문제 대책 보고서는 문제를 제기하고 그 원인·결과를 분석하여 대책을 제안한다. 기업 내부의 개발 과정에서 일어나는 문제·제조 라인에서 생기는 트러블·시장에서의 고객 컴플레인 등 긴급히 대처할 필요가 있을 때 작성한다. 구체성·신속성과 함께 작성만 하고 방치하는 것이 아니라 대책 경과나 결과를 처리하는 체계가 중요하다.

일상의 업무 보고서에 비해 비상시의 행동 루트로써 중요하기 때문에 뒤에서 (116쪽) 상세하게 살펴볼 것이다.

02 일상의 업무 보고서를 재점검하자

STEP

전달형의 업무 보고서는 작성 목적·시기·제출 부서·긴급성 등에 따라 스타일이나 규모가 달라진다. 대표적으로 일일 보고·주간 보고서·중간 보고·상세 보고서 등이 있는데 각각의 보고서에 대해 살펴보기로 한다.

● 보고서의 흐름

일일 보고·주간 보고서는 상사 또는 프로젝트 팀장에게 제출하고, 중간 보고·상세 보고서는 타 부서나 경영층 또는 조직 밖으로 전달되는 것이 대부분이다.

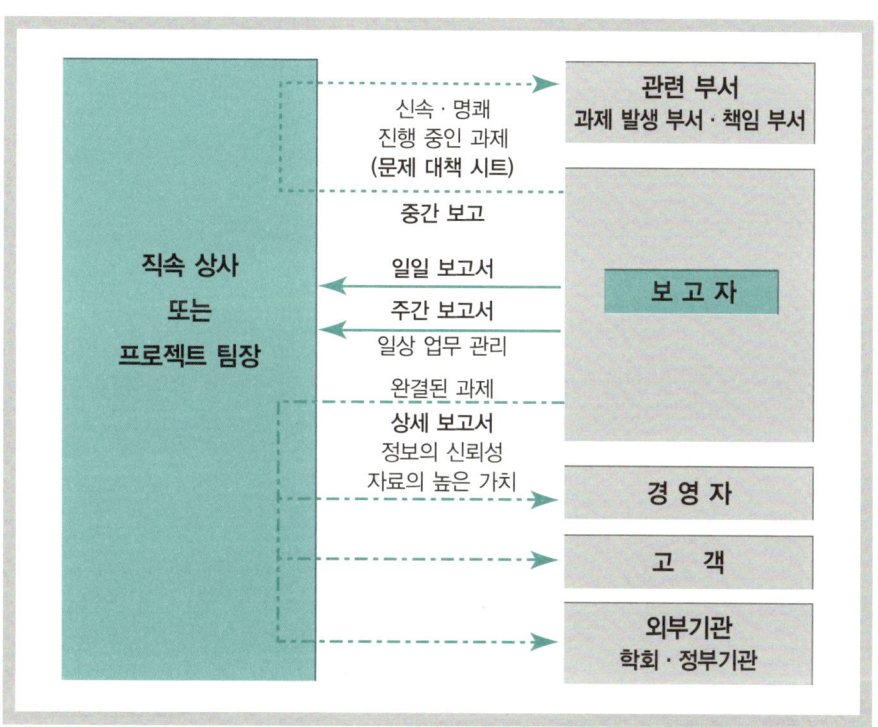

▲ 보고서의 흐름

앞의 [보고서의 흐름]은 일반적인 업무 보고서의 흐름을 설명한 개념도이다. 이를 통해 보고서의 목적과 제출 부서에 따라 스타일(형식)이 달라지는 이유를 이해할 수 있을 것이다.

● **일일 보고서**

일일 보고(daily report)는 당일의 작업을 정리하는 보고서로, 새로운 업무 상황을 관리하는 데 도움이 된다. 동시에 작업자의 정리 능력과 문서 작성 능력을 기르는 데도 큰 효과가 있다.

● **주간 보고서**

주간 보고(weekly report)는 한 주간의 업무 내용을 되돌아보고 다음 주의 계획을 세우기 위한 보고서다. 직장 내에서의 업무 관리 능력을 높이는 데에 있어 일일 보고 이상으로 중요하다.

● **중간 보고서**

중간 보고(informal report, short report)는 기술 통신문과 함께 일상에서 가장 빈번하게 쓰고 또 읽게 된다. 중간 보고를 작성하고 있을 현 시점에서의 작업 과제는 보통 진행 중인 경우가 대부분이기 때문에 작성 시점에서의 중간 결론이 도출된다. 중간 보고는 신속하게 작성하고 명쾌한 결론과 방향을 제시하는 것이 가장 중요하다.

중간 보고의 구성은 기본적으로 다음과 같다. 이것은 업무의 진행도나 보고의 긴급도에 따라 생략이나 변형도 가능하다.

1. 표제 (title)
2. 머리말
3. 목적 (purpose)
4. 목표 (targets, goal)
5. 결론 (conclusion)
6. 조건 (conditions)
7. 자료 (data)

서식은 조직 단위에서 사용하기 편한 형식을 선택하여 작성하면 된다.

● 상세 보고서

상세 보고(formal report, long report)는 큰 과제가 완결되었을 때 상층 관리자, 또는 조직 외의 관계자에게 배포하는 보고서이다. 따라서 내용에 실수가 있거나 바로 정정해야 하는 내용이 발생하면 회수할 길이 없다. 상세 보고서는 정보의 신뢰성이 높아야 하고, 문서를 보관해 두고 필요시마다 참고할 수 있을 정도로 내용적 가치가 뛰어난 보고서여야 한다.

상세 보고서를 작성할 때에는 중간 보고와는 달리 반드시 충분한 준비 기간과 작성 시간을 계획에 포함해야 한다. 이를 무시하고 쉽게 처리하려고 하면 문제투성이 보고서로 전락하여 고생하여 얻은 작업 성과가 참담한 취급을 받게 될 우려가 높다.

앞에서 말한 것처럼 개발 결과에 대한 전달성이 극대화되는 효과를 올리기 위해서는 보고서 작성 시에도 현장 작업과 동일하게 중요한 업무라는 사실을 인식할 필요가 있다.

상세 보고서에 포함된 구성 요소에는 기본적으로 아래의 항목이 포함되어야 한다. 페이지 수가 적어서 혼동되지 않고 읽을 수 있는 경우라면 *표시가 없는 부분은 생략하거나 다른 장에 포함시켜도 지장이 없다. 그리고 여기서 대표적으로 사용하는 명칭 외에 일반적으로 잘 사용되는 이름도 함께 표시해 놓았다.

* 1. 표지 (title page)
  2. 요약 (abstract) - 발췌
  3. 목차 (contents)
  4. 기호 (list of symbols) - 용어 (terminology)
* 5. 머리말 (introduction) - 서론, 첫머리
* 6. 본문 (body)
* 7. 결론 (conclusion) - 정리, 맺음말, 끝맺음
  8. 감사 (acknowledgement)
  9. 문헌 (references) - 참고자료, 인용, 출전 (bibliography)
  10. 부록 (appendix, 복수로는 appendices)

가장 일반적인 기술논문이나 학술논문에서도 상세 보고서의 구성이 이용된다. 이 경우는 *표 이외의 단원은 생략하지 않는 것이 일반적이다.

03 STEP 일일 보고로 문서 작성 능력을 기른다

일일 보고는 업무 관리에 상당한 효과가 있을 뿐만 아니라 작업자의 자료 작성 능력과 라이팅 능력 향상에도 많은 도움이 된다.

1 일일 보고는 사람을 키운다

● 일 단위의 의미

작업 일정의 최소 단위는 '일'이다. 일 단위로 기록과 체크를 거르지 않으면 작업의 추진과 이후에 중간 보고를 정리할 때에도 도움이 된다.

● 일일 보고의 목적

일일 보고는 다음의 두 가지 효과를 기대할 수 있다.

(1) 업무 관리

관리자는 각 작업자의 매일의 진도와 다음 날의 작업 계획을 파악할 수 있다. 일일 보고를 기초로 각각의 작업자에 대한 적절한 어드바이스가 가능하다.

(2) 문서 작성 능력

작업자의 계획성 · 자료 작성 능력 · 문서 표현력이 길러진다. 상사나 관련 부서에 신속하고 확실하게 정보 전달과 문제 제기를 할 수 있다.

2　5W1H를 쓴다

● 기재 내용

매일의 기록이기 때문에 쉽고 빠르게 작성하도록 하는 것이 중요하다. 형식은 자유롭지만 다음의 6가지 항목을 반드시 기재해야 한다(그림 [일일 보고 서식의 예] 참조).

1. 작성자란(소속 이름)	누가 썼는가	(who/where)
2. 회람자란	누가 읽는가	(who)
3. 작성일란	언제 썼는가	(when)
4. 항목란	무엇을 쓰고 있는가	(what)
5. 결과·고찰란	알게 된 사실과 그 이유	(what/why)
6. 익일 계획란	내일은 어떻게 하나	(how)

연구개발부 일일 보고		· (체크자 사인 란)			
소속	작성자	날짜	년	월	일
항목	결과. 고찰 (도표를 쉽게 기입할 수 있도록 복사할 때 나타나지 않는 5~6 미리미터 정도의 가는 실선 모눈종이를 인쇄해 둔다)				
	익일의 계획				

▲ 일일 보고 서식의 예

04 주간 보고로 업무를 관리한다

STEP

일주일의 작업 실적을 평가하고 문제점을 명확하게 파악하여 이후의 작업을 진행시킨다. 그리고 다음 주의 작업과 필요한 작업을 계획하여 업무 관리에 도움이 되도록 한다.

1 업무 관리 수단으로 이용한다

● 주간 단위의 의미

일주일이라는 단위는 하나의 정리 단위로 작업량을 실행할 수 있는 기간이다. 참고로 유럽과 미국의 기업들의 보고 형태를 보면 작업량을 3주간, 7주간(3W, 7W)과 같이 일주일 단위로 체크하는 것이 보통이다. 일주일 단위의 편리함 때문에 서구에서는 일과를 월일이 아니고 연초부터 몇 주간 째라는 식으로 구분한다 (예를 들면 2007년의 27W는 5월의 세 번째 주간에 해당한다).

● 주간 보고서의 목적

(1) **작업 결과** : 일주일간의 작업 결과를 정리한다.
- 결과를 고찰하고 현 단계에서의 결론을 정리한다.
- 일주일의 작업 목표에 대해 자기 평가를 한다.

(2) **작업 추진** : 문제점(곤란한 상황)을 밝혀낸다.
- 원인을 추측한다.
- 대책안을 제시한다.

(3) **작업 계획** : 다음 주의 작업 계획을 세운다.
- 요원·자료·설비·회의 등의 작업과 방법을 준비한다.

● **주간 보고서의 효과**

업무 관리자(실장·과장·프로젝트 팀장)는 주초에 있을 미팅에서 주간 보고서를 활용할 수 있다. 주간 보고서를 통해 문제를 구체화시킬 수 있기 때문에 논의가 활발해지고 회의 능률이 오르고 효과도 향상된다.

업무 관리자는 주간 보고서의 기재 내용에 대한 조언이나 지시를 내리고 OJT 수단으로 이용할 수도 있다. 또, 주간 보고서를 토대로 중간 보고나 상세 보고서의 작성 시기를 결정하는 판단도 쉽게 내릴 수 있다.

2 작업 평가와 계획을 기술한다

● **기재 내용**

작업량이 많고 복잡한 상황을 해결해 왔기 때문에 일일 보고에 비해 기재 내용이 많아진다. 그래서 서식의 구성을 읽기 쉽게 함과 동시에 작업 추진에 효과가 있는 형식이 될 수 있도록 고민할 필요가 있다.

보고서 아래에 기입란을 마련하여 한눈에 내용이 파악되고 작성하기 쉽도록 배치하도록 한다.(그림 [주간 보고서 서식의 예] 참조)

1. 두서란 – 작성자(소속), 회람 대상자, 작성일을 기재
2. 항목란 – 다른 항목은 반드시 줄을 바꾼다(하나로 겹치게 쓰지 않는다).
3. 목표란 – 정해진 분량의 목표치를 기입
4. 결과란 – 목표에 대한 평가 기입(상세 자료는 별지에 첨부)
5. 고찰란 – 곤란한 상황이나 문제점을 구체적으로 지시
7. 다음 주 계획란 – 예정 작업, 보고·회의·출장 등을 기재
8. 순서란 – 무엇을(what)·언제까지(when)·어떻게 한다(how)를 기입

● 문서 관리

　　업무상 중요한 기록인 주간 보고서를 제대로 관리하기 위해 문서 관리상의 규정을 정비할 필요가 있다. 즉, 작성자 서랍에 처박혀 있거나 분실되지 않도록 조직적으로 관리하는 시스템이 필요한 것이다. 보관된 문서는 언제든지 다른 관련자가 열람할 수 있도록 하여 업무의 연속성을 가하도록 한다.

　　한편, 주간 보고서는 가장 생생하게 현장의 정보를 전달하기 때문에 PL문제에 걸리는 표현에는 신경을 써야 한다. 이에 대해서는 뒤에서 예를 들며 설명하고 있다(91쪽 참조).

품질관리부 주간 보고서			
소속		작성자	(체크자 사인란)
날짜	목표	결과	고찰/문제	방향

※ 위 표는 실제 서식의 구조를 옮긴 것임.

결 과: (도표를 실제 기입할 수 있도록 부사항 때 나타나지 않는 5~6 미리미터 정도의 가는 실선 모눈종이를 인쇄해 둔다)

다음 주 계획

항목	수	목	금	토

비 고

▲ 주간 보고서 서식의 예

05 STEP 중간 보고를 통해 과제를 추진한다

중간 보고는 진행 중인 작업의 정보를 상사나 필요한 부서에 전달하기 위한 것으로, 일상에서 가장 빈번하게 작성되고 읽게 되는 보고서이다. 중간 보고는 요점을 신속하고 헷갈리지 않게 전달하기 위해 쓰기 쉽고 일목요연한 보고서양식을 준비한다.

1 중간 보고에서 무엇을 기대하고 있는가?

● 과제 추진의 역할

작업 추진 중에 보고서를 쓰는 것은 현 단계의 성과를 상부나 관계 부서에 전달할 필요가 생기기 때문이다. 경우에 따라서는 보고의 내용 성과가 아니라 문제 발생에 대한 것일 수도 있다. 어느 쪽이든 발생 직후에 정보를 전달하는 것이 중요하며 시간을 끌면 아무런 가치가 없다.

● 명쾌한 중간 결론

중간 보고의 내용에서 요구되는 사항은 작업 과정에서 얻은 가장 따끈따끈한 결과와 분석이지 완벽한 결론이 아니다. 작업이 끝나지 않았다는 것은 손에 들어오는 정보가 한정되어 있다는 것을 의미한다. 최종 목표보다 달성도가 불충분한 것은 당연하다.

너무 신중한 성격을 지닌 사람은 중간 결과에 대한 보고를 주저하여 정보 제공을 아깝게 생각한다거나 애매한 표현을 사용한다. 그러나 작업자의 그러한 성향 때문에 판단을 미루려는 태도는 읽는 사람을 매우 곤란한 처지에 빠뜨릴 수 있다. 문서의 책임을 떠안고 현 단계에서 알고 있는 정보, 고려할 수 있는 사항, 진행 방향을 명쾌하게 정리하는 자세가 작성자의 의무다.

● 중간 보고 서식

　중간 보고에서는 신속함과 명쾌함이 제 1관문이다. 앞에서 제시한 일일 보고와 주간 보고서에서 예시한 요지를 사용한다. 서식 안에 필요한 사항을 기입하는 방식이어서 읽기가 쉽다. 그렇다고는 해도 완성되는 형태는 작성자에 따라 10인 10색이다. 보고 대상자를 만족시키는 중간 보고를 작성하기 위해서는 각각의 항목란이 의미하는 내용을 잘 알고 있어야 한다. 이하의 내용이 각 항목란에 대한 설명이다.

2　제목 부분 : 읽는 사람의 손에서 걸러진다

● 예고 효과

　제목에는 보고 대상과 목적을 간결하게 표현하는 예고 효과가 필요하다.

　작성자가 기대하는 것만큼 읽는 사람이 보고서를 잘 읽어 줄지는 알 수 없는 일이다. 읽는 사람이 항상 바쁘다는 것도 읽지 못하는 이유일 수 있지만, 보다 근본적인 이유 즉, 선택되어 읽히지 못하는 데는 다른 어떤 이유가 있다.

　보고서가 손에 들어왔을 때 사람들은 무엇을 근거로 읽을 것인가의 여부를 판단을 하는 것일까? 판단을 좌우하는 가장 첫 번째 조건은 제목의 내용이다. 제목은 1차적으로 시선을 모으는 요소이다. 읽는 사람은 제목을 보기만 해도 보고서의 대략적인 내용을 예측한다. 제목의 초점이 맞지 않는다거나 단행본의 책 제목에나 어울릴만한 빅 타이틀을 달면 예고 효과가 떨어진다.

　명확하게 키워드를 선택하지 못한 제목은 읽는 사람의 관심에 제대로 부응했는지 여부를 판단할 수 없다. 당연히 제출된 보고서를 상대방이 읽을 가능성이 낮아지고, 연구 성과는 제대로 된 대접을 받지 못하고 서랍 속에 처박히고 만다.

　미국 미시건 대학에서 테크니컬 커뮤니케이션을 교육하고 있는 드와이트 W. 스티븐슨(Dwight W. Stevenson) 교수는 하루에 200통의 이메일을 받는다고 한다.

시험연구 보고서

년 월 일   ○○ 공업(주) 개발 센터

작 성 자		기종·분류		배 부 · 회람 부서	배부／회람
작성 부서		보고서 번호			
의 뢰 자	소속 이름	관련자료			

제목

목적

목표

결론 · 방향

조건

▲ 중간 보고 서식의 예

그렇게 많은 메일을 어떻게 읽느냐고 묻자,

"그것은 간단합니다. 제목을 보고 읽을 필요가 있는 메일을 선별합니다"

라고 대답했다. 내용이 아무리 중요하고 가치가 높은 문서라고 해도 제목이 읽는 사람의 관심을 끌지 못하면 활용되지 못하는 것이다.

● **제목의 요건**

제목이 보고서의 의미와 긴급함을 바르게 표현하기 위해서는 다음의 네 가지 요건을 충족시킬 필요가 있다. 다음은 각 항목에 대한 설명이다.

(1) 대상을 명확하게 한다
(2) 전달 목적을 명시한다
(3) 정확한 용어를 사용한다
(4) 간결하게 표현한다

(1) 대상을 명확하게 한다

대상을 특정지어서 혼동되지 않게 파악할 수 있도록 한다. 즉, 다른 유사한 보고서와 구별하는 것이 필요하다.

예를 들면 유기재료보다도 플라스틱, 플라스틱보다도 엔지니어링·플라스틱, 엔지니어링·플라스틱보다도 폴리부틸렌 테레프탈레이트(PBT)라는 식으로 종류의 계층이 낮아지는 정도에 따라 대상이 명확해진다. 단, 계층이 낮을수록 좋다는 의미는 아니고 해당 보고서의 내용에 가장 알맞게 대응하는 계층을 선택한다.

가령 "누구십니까?"라는 질문을 했다고 하자.

"한국인입니다"라고 대답했다면 분명히 질문을 한 사람은 장난치지 말라고 화를 낼 것이다. 질문한 사람은 "OO공업(주) 기술부의 김사무입니다" 혹은 "OO뉴타운의 홍길동입니다"와 같은 대답을 기대했을 것이다.

반대로 "검사과 정밀 측정계 3차원 측정 담당자인 김사무입니다" "12-3번지 456호의 홍길동입니다"라는 대답은 소속 기관을 알 수 없기 때문에 한 번 더 "회사 이름이 무엇입니까?"라는 질문을 받게 될지도 모른다. 질문의 내용에 정확히 대응하는 계층을 선택하지 않으면 대화가 이어지지 않는다.

하나 더 배려해야 하는 부분이 파일링이다. 대상을 특정 짓지 않으면 어느 파일에 보관해 두어야 할지 몰라 갈피를 못 잡게 된다. 대상이 애매해 부적당한 파일에 넣으면 이 보고서는 두 번 다시 세상 밖으로 나올 수 없다. 이를 위해 제목(부제)에는 키워드를 포함시킬 필요가 있다.

(2) 전달 목적을 명시한다

특정 지은 보고서로 무엇을 전달하고 싶은가를 구체적으로 표현한다. 회사의 이념이나 프로젝트의 최종 목적을 써 넣어서는 보고서의 내용을 예고한다고 볼 수 없다. '대기 오염에 관한 고찰'이나 '품질에 대하여'와 같은 제목은 거의 의미가 없다.

'무엇에(목적)' 관해 보고하는 것인지, 무엇에 대해서 '무엇을(대상)' 말하는 것인지가 제목이 필요로 하는 정보다. 예를 들면 '데이터 통신에 의한 재택 검진 시스템의 운용'이라는 제목이라면 문외한이라도 무엇을 기술하고 있는지 예상할 수 있다.

(3) 정확한 용어를 사용한다

독자 분석을 통해 보고서를 읽는 사람이 이해할 수 있는 용어의 수준을 예측하고 그 범위 안에서 용어를 사용한다. 작성자와 같은 수준의 지식을 가지고 있는 경력자에게는 읽는 사람이 평소에 사용하는 전문용어를 사용해도 상관이 없다. 오히려 정확성을 기하기 위해 바람직한 일이다.

그러나 읽는 사람에 따라서 어느 범위까지의 용어를 사용해야 할 것인지, 또 용어의 설명이 필요한지에 대한 배려도 반드시 염두에 두어야 한다.

어느 쪽이든 부서 내(그룹 내)에서만 통용되는 용어나 기호는 피하는 편이 현명하다. '프레젠(프레젠테이션)'이나 '엔진의 공회전을 하다' 등의 관용어적인 표현을 사용하면 읽는 사람이 이해하지 못하는 경우가 있을 수도 있다.

또 생략어도 잘 알려진 관용어(예를 들면 ISO(국제표준화기구 : International Organization for Standardization), PL(제조물 책임 : Product Liability) 등)를 제외한 기타의 생략 용어는 사용하지 않는 편이 바람직하다. 읽는 사람은 본문을 읽기 전에 제목을 먼저 보기 때문에 본문에서 기술상의 편의에 따라 사용하는 생략어는(전문가를 제외하고) 아직 모르는 것이 당연하다. 본문을 읽어봐야 알 수 있는 제목을 붙이는 것은 읽는 이를 너무 배려하지 않은 처사이며, 인정을 못 받게 된다.

(4) 간결하게 표현한다

단어는 길게 나열되지 않은 것을 선택한다. 20자 이내가 바람직하지만 위의 대상과 전달 목적 표현 요건을 충족시키는 것이 중요하므로 길이에 신경 쓰지 않는 편이 좋다.

사례 1 다음의 제목의 예를 분석하고 수정하시오.

> 양산 방법 센서 접동 면의 문제점에 대하여

위의 제목은 먼저 설명했던 제목 요건 (1), (2), (3)에서 비추어 판단해 보면 제목으로서는 불합격이다. 그나마 합격점을 찾는다면 (4)의 간결함 정도일 것이다. 그러면 앞에서 기술했던 네 가지 요건에 따라 순서대로 분석해 보자.

1. 대상

이 회사가 취급하는 센서는 1기동 1형식밖에 없는 것일까? 가령 지금은 그렇다고 해도 장래 늘어날 가능성이 다분히 있기 때문에 기종명이나 형식 번호 등의 식별기호를 더해 대상을 명확하게 하지 않으면 읽는 사람도 잘 모르고 파일링할 때도 헷갈리게 된다. 주문처·고객 명·문제 발생 부서 등이 중요하다면 이들도 기술한다.

2. 목적

'문제점'만으로는 초점을 정하지 않은 상태이기 때문에 받아서 읽는 사람에게 쓸데없는 불안을 안겨 줄 뿐이다. 어떤 문제가 일어났는가를 전달하는 것이 이 보고서의 목적이기 때문에 문제를 특정화시킬 필요가 있다. 예를 들면 저항체의 경도·조도·인쇄 정도·마모 등 여러 가지 경우가 있을 것이다. 읽는 사람이 알고 싶은 내용은 이런 수준의 정보임에 틀림없다.

3. 용어

그와 더불어 '양산 방법'에 '문제점'이 있어서는 곤란하다. 문제가 발생한 것은 분명 '양산 시험 제작' 단계에서 일어난 일일 것이다. 양산 준비 단계의 완성에는 '양산 도면'에 의한 양산 시험 제작품의 성능 시험과 내구 시험을 거쳐 결과가 목표에 달성했다고 평가되면 처음으로 양산 이행 허가가 떨어진다. 본 보고서는 그 경과 중에 발생한 문제점 정리 단계일 것이다. 그런 과정에서 '양산 방… 의 문제점' 등으로 부주의한 제목을 붙이면 만일의 경우 양산품에 제조물 책임(PL)문제가 발생했을 때 '제조자는 양산 개시 단계에서 이미 이와 같은 문제가 존재했다는 사실을 인식했음에도 불구하고 대처를 게을리 했다'라고 원고 측 변호사에게 이용당할 가능성도 있다.

4. 간결

간결하지만 표현이 불충분해서 제목의 역할을 다할 수 없다.

> **개선의 예**
>
> **BXII형 각도 센서 양산 시험 제작품의 접동면 마모 대책안**

문제점을 보고하는 것뿐이라면 읽는 사람은 앞으로의 대책을 걱정한다. '문제점'이 있으면 '대책안'을 첨부해야 하는 것처럼 읽는 사람은 '이 후의 방향'을 조합한 '결과'에 대한 보고를 바라고 있다.

3 머리말란 : 사내 공식 문서로서의 위치를 갖는다

● 머리말란의 역할

머리말을 문서의 처음에 두고 문서의 책임이 있는 작성자의 부서와 이름, 작성일, 관련 부서, 회람 부서를 기재한다. 머리말이 있으면 읽는 사람은 보고서를 단순히 메모가 아닌 조직 내의 공식 문서의 위치로 인정한다. 반대로 작성자나 작성일이 분명하지 않을 때는 아무리 중요한 내용이라고 해도 자료 가치를 인정받지 못한다.

● 작성자(문서 책임 표시란)

보고서의 가장 위에 있는 머리말란에 작성자가 서명을 한다. 이것은 작성자가 본 보고서에 관한 모든 책임 즉, 문서의 책임을 진다는 의미이다. 따라서 기분에 따라 아무렇게나 쓴 글씨체나 연예인과 같은 사인은 지양하도록 한다. 금방 알아볼 수 있는 글씨체로 써야 한다.

작성자란에는 보고서의 실제 작성자(집필자) 이름만 쓴다. 작업에 관계했던 멤버를 배려하는 마음에서 복수의 이름을 기재하는 사람이 적지 않은데 이것은 작성자란의 역할을 오해하고 있는 것이다. 문서의 책임을 지는 사람은 단 한 사람뿐이다. 읽는 사람이 내용을 보다 자세히 알고 싶다거나 혹은 어드바이스를 하고 싶다고 생각해도 질문할 곳이 특정되어 있지 않으면 곤란하다. 공동 제작자나 협력자의 이름을 올렸다면 보고서 서식의 조건란에 기재하면 된다.

- ### 작성일

    작성일은 작업을 했던 날이 아니고 보고서를 완성한 날을 기입한다. 작업 기간은 보고서 서식의 조건란에 쓴다. 한편, 데이터나 그래프 등의 첨부 자료에는 작업이나 조사의 실시 일자를 적어 넣는다. 이것은 담당자가 보유하고 있는 최신의 데이터를 읽는 이가 보다 쉽게 파악할 수 있도록 하는 배려에서다. 이것을 보고서 작성일과 혼동해서는 안 된다.

- ### 관련 부서

    다른 부서에서의 의뢰가 작업 동기가 되었을 경우에는 의뢰했던 부서와 이름을 기입해 둔다. 이외에 읽는 사람이 보고서의 정보를 보다 자세히 알고 싶은 경우를 생각해서 작업에 관계했던 부서나 참고가 되었던 관련 자료에 대해 기재해 두면 편리하다.

- ### 회람 부서

    #### (1) 우선순위

    가장 처음에 직속 상사가 체크하는 것이 보통이고 이어서 작업의 지시자·의뢰자 순으로 회람(또는 배부)해야 한다. 만약 횡적 조직을 먼저 한 번 돌고 나서 의뢰자가 있는 부서에 문서가 와 다시 단계적으로 내려간 다음에야 겨우 가장 중요한 의뢰자의 손에 도착했다고 한다면 보고서를 봐야 할 시기를 못 맞추게 된다.

    보고서의 주제와 관련하여 별 관심이 없는 사람은 회람을 해도 무책임하게 사인만 하고 넘기거나 서랍 속에 쌓아 놓을 뿐, 아무런 도움이 되지 않는다. 회람해야 할 부서의 이름을 필요에 따라 적절히 선별하고 회람 순서에도 신경을 쓸 필요가 있다.

    #### (2) 회람자 사인의 책임

    한편, 회람하는 사람도 주의가 필요한데, 흔히 회람자의 사인에 대한 중요성을 잊어버리는 경향이 있다. 사인을 한 이상은 보고서의 책임을 분담한다는 인식을 갖고 있는 회람자는 많지 않은 것 같다.

　사인은 '훑어보았다'가 아니고 '승인했다'라는 표시다. 따라서 읽는 사람에게는 꼼꼼하게 읽어 보고 결론·내용·오기·오자·불충분한 사항 등을 발견했으면 작성자에게 지적해서 수정하게 할 의무가 있다. 이러한 의무 이행이 불가능하다면 회람자 목록에서 빠져야 한다.

(3) 기업 방어 상의 주의

　회람자가 보고서를 보고 느낀 점을 여백에 메모해 두는 것은 유익하다. 그러나 한편으로 메모의 내용을 잘 생각해야 하는데, 가벼운 마음으로 적은 한 줄의 메모가 의외로 중대한 결과를 불러올 수도 있기 때문이다.

　예를 들면 어떤 부품에 관한 보고서에서
　'사용 중에 빠지지 않도록 주의할 것'
이라고 회람자가 확인을 위해 메모했다고 하자. 내구 테스트나 진동 테스트의 확인을 완료했다면 작업자가 메모에 관심을 갖는 일은 없을 것이다. 그러나 시장에 내놓았을 때부터 이 부품이 빠지는 사고로 고객에게 어떤 손해를 끼쳐 제조물책임(PL) 문제가 발생했다고 한다면 제조자는 자료의 개시를 요구받게 된다. 자료 가운데에서 원고 측 변호사가 이 메모를 발견했다면 어떻게 이용할까? 소송이 일어난 곳이 미국이라고 한다면 변호사는,
　'제조자가 개발 기간 중에 이 부품이 빠질 우려가 있는 사실을 이미 알고 있었다. 그럼에도 불구하고 대책을 세우지 않았기 때문에 이와 같은 사고가 발생한 것이다. 책임은 제조자에게 있다'
라고 주장할 것이다. 가령 실제로는 설계상의 문제가 아니고 고객의 취급상의 문제였다고 해도 이 기록은 배심원들에게 불리하게 작용될 우려가 높다.

'어찌되었든 양산에는 ××××의 대책을 취했지만 OOO의 우려가 있으므로 재검토하고 싶다'라든지

'양산 방법은 장래 OOO 문제가 일어나지 않도록 주의해야 한다'와 같은 애매한 표현도 마찬가지로 이용당할 수도 있다.

회람자가 '……는 괜찮을까?' 등과 같이 갑자기 생각난 내용을 주석으로 달아놓는 것도 마찬가지다. 비평가와 같은 주석은 작업에 공헌은커녕 마이너스 이미지의 기록으로 남을 뿐이다. 걱정되는 사항이 있다면 문제를 구체적으로 분석하여 신속하게 대응해야 한다. 보고서 작성자뿐만 아니라 읽는 사람도 충분히 생각할 필요가 있다.

● 문서의 관리와 보관

문서를 마지막까지 편리하게 활용하기 위해서는 검색용 보고서 번호를 기입하는 것이 바람직하다.

번호는 문서를 관리하는 조직 단위에서 룰을 정해서 기재한다. 만약 번호가 계층 구조로 되어 있다면 파일링이 곤란할 일은 없을 것이다. 예를 들면 세 자리 단위의 알파벳과 네 자리 숫자를 사용하면 다음과 같은 정의가 가능하다. 알파벳은 26가지로 분류하고 숫자는 2자리 숫자를 사용해서 100종류로 분류 표시가 가능하다.

A	B	C	1 2	3 4
부문	시스템	서브시스템	컴퍼넌트	서브 컴퍼넌트
전동기 개발	직류 모터	DD형	모터	커뮤데이터

보관 시스템이 정비되어 있어도 보관 책임자와 보관 장소가 명확하지 않으면 자료의 분실을 막을 수 없다. 중요성을 인식한다고 해도 시스템의 확보가 말처럼 쉽지 않기 때문에 소홀하게 취급하기 십상이다. 이 문제의 해결 방법으로는 컴퓨터 활용이 답이 될 수 있을 것이다.

초기 단계에서 검색 시스템을 컴퓨터로 구성하는 것만으로도 효과가 있다. 부

품명이나 테스트명 등의 키워드로 검색하여 보고서의 보관 장소를 찾고 해당하는 보관 폴더에서 보고서를 불러내는 구조다.

완성 단계에서는 보고서를 통째로 스캔한 후에 대용량 매체에 기억시키는 페이퍼리스 방식이 될 것이다. 검색 시스템에 링크 방식을 도입하면 화면상의 버튼만 클릭해서 관련 보고서나 자료를 손에 넣을 수 있게 된다. 미국의 대학이나 대기업에서는 이미 높은 수준의 문서 관리 시스템을 운용하고 있다. 우리나라에서도 대기업들은 만반의 준비가 갖추어져 있기 때문에 21세기의 자료 보관 방법으로 보급될 것이다.

4 목적란 : 작업의 임무를 선언한다

● 목적란의 역할

목적란에는 작업자의 임무 또는 의사를 서술한다. 이것을 명확하게 전달하기 위해서는 보고 대상·동기·작업 내용을 간결한 내용으로 기재할 필요가 있다.

이와 같은 목적란의 정보가 읽는 사람에게 전해지면 이어지는 본문의 내용과 전개를 이해할 수 있기 때문에 이후로는 읽기가 수월해진다. 목적란에 기입하는 사항은 '보고 대상인 작업의 목적'이다. 그런데 이곳에 단계가 높은 '업무나 프로젝트 과제의 목적' 등과 같은 내용이 맞지 않는 것을 기재하는 예가 많이 발생하므로 이를 확실히 구별할 필요가 있다.

● 목적문의 세 가지 요건

제목을 보고 보고서에 관심을 갖게 된 보고 대상자는 이제 목적란으로 시선을 옮기고 본문을 읽을 것인지 말 것인지를 결정할 것이다. 목적란에는 읽는 사람이 원하는 세 가지 정보, '대상', '동기', '내용'이 명확하게 표기되어 있어야만 한다.

(1) 무엇을 = 대상

앞에서 제목란에 '대상을 명확하게'라고 언급하였는데, 목적란에서는 더욱 심도 있게 '대상을 특정' 지을 수 있는 표현을 담아야 한다. 읽는 사람은 특정한 대상이 있음을 보고, 본 보고서의 작업 목적과 다른 작업의 목적을 구별할 수 있게 된다.

(2) 왜 = 동기

보고 대상이 되는 작업을 착수할 때에는 분명 어떤 동기가 있기 마련이다. 가령, 상사나 타 부서의 지시·의뢰에 의한 타발적 동기(임무), 또는 작성자가 지금까지 연구하면서 노력해 왔던 과제를 달성하기 위해 스스로 계획한 자발적인 동기(의지) 등의 여러 가지 이유가 있을 것이다.

보고서를 검토하는 대상자 가운데 의뢰인을 제외한 나머지 사람은 목적란에 기재된 '작업 동기'를 읽어보고 보고서의 중요도·긴급도를 가늠하게 된다.

(3) 어떻게 하나 = 작업 내용

작업 내용을 간결 명확하게 표현한다.

'……에 관한 검토'라든지 '……의 확인', '……의 고찰', '……에 대해'와 같이 무슨 작업인지 모르는 애매한 표현이 아니라 '……의 분석과 대책안 제시', '……의 설계 변경' 등처럼 구체적으로 작업과 관련된 내용을 작성하도록 한다.

작업의 수단·방법·경과 및 일정은 목적란에 쓸 필요가 없다.

다음의 예는 제목과 목적의 차이를 나타낸다.

> 제목 : 최소한의 용어를 선별하여 대상과 목적을 예고한다.
> 예 : A형 NC선반의 불규칙한 회전 대책안
>
> 목적 : 보고자의 임무 또는 의사를 '무엇을·왜·어떻게 한다'라고 구체적으로 적는다.
> 예 : '1998년 3월 생산되는 A형 NC 선반에서 발생한 불규칙한 회전에 대한 컴플레인의 원인을 분석하고 대책을 제안할 것'

● 보고 목적과 과제 목적의 차이

목적란에 기입하는 문장은 작업을 착수할 때 설정한 목적문을 내용으로 한다. 계획했던 작업이 일단락되었을 때, 또는 완료되었을 때에 보고서를 제출해야 하기 때문에 목적란은 현재 시점에서 '보고 대상이 되는 작업의 목적'으로 한정시켜서 기재해야 한다. 목적란에 단계가 높은 '업무 과제(프로젝트 레벨이 큰 연구나 조사 과제)의 목적'을 기입하는 경우를 자주 볼 수 있는데 이는 잘못된 것이다.

보고 대상이 되는 작업은 과제 목적을 수행하기 위해 수없이 많이 행해지는 작업 중 하나에 지나지 않는다. 그런데 보고서의 목적란에 모두 똑같이 '과제 목적'을 기재한다면 과제 수행 과정 중에 작성된 많은 종류의 보고서가 구별이 되지 않을 것이다.

아래의 [목적의 영역] 그림을 보면 보고서의 작성 목적은 과제 목적의 한 부분에 지나지 않는다. 이러한 관계를 제대로 파악하여 보고서를 작성하여야만 초점이 확산되어 중복되는 유사 보고서가 나오지 않게 된다.

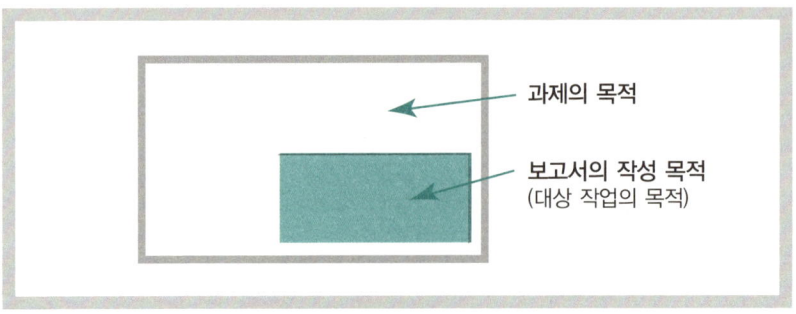

▲ 목적의 영역

예제 2005년에 한국이 제작한 위성 로켓 H2가 최초의 발사에 성공했다. 이를 예로 들어 과제 목적과 보고 목적을 작성해 보자.

과제 목적 : '일본 방송망 완성을 위해 우주 위성 사업단의 자체 기술에 의해 2톤급 위성을 정지 궤도에 안정시킬 것'

보고 목적 : '2톤급 위성에 사용하는 H2 로켓용 LE-7엔진의 제3회 지상 착화 테스트를 평가하는 것'

(이것은 우주 위성 사업단의 사업과 관계없는 가공의 작문이다.)

    분명히 보고 대상이 되는 작업 외에 개발자들이 무수히 많은 다른 작업을 했을 것이다. 연료 펌프 테스트·착화 장치 테스트·착화 테스트·강도 테스트, 내열 테스트 등 각각의 분야에서 수없이 많은 실험을 했을 것이다. 모든 보고서에 상기의 '과제 목적'을 써 넣는다면 작업 목적을 특정화시킬 수 없게 되고 만다. 이와는 달리 위 예제의 보고 목적을 읽으면 '이런 작업 결과에 대해 말하고 싶은 것이다'라고 읽는 사람이 이해할 수 있고, 곧이어 이어지는 보고 내용을 쉽게 읽어 나갈 수 있게 된다. 이것이 보고의 효과다.

● 표기상의 주의

단순한 표기의 문제인데 앞의 예제를 비롯해 '……할 것', '……의 것'이라는 문장 맺음에 주목하게 되었을 것이라 생각한다. 목적문과 목표문에서는 보통 이와 같이 문장을 끝맺는다.

'……것'은 작업자가 자기 자신에게 단호하게 내리는 명령일 수도 있으며, 상사나 의뢰자의 지시를 있는 그대로 표현하는 경우라고도 할 수 있다.

5 목표란 : 목적 달성의 과정을 제시한다

● 목표란의 역할

목표는 '작업이 성공해서 목적이 달성되면 이렇게 된다는 이미지'이다. 상상력을 발휘하여 완성된 모습이 생생하게 눈앞에 펼쳐지도록 구체적으로 그려내야 한다. 그래야만 진행 중에 있는 작업 과정을 제시한다는 본연의 역할을 다할 수 있다.

안내를 하는 사람이 추상적으로 말을 한다거나 여러 가지로 해석이 되는 애매한 표현을 사용한다면 작업자는 길을 헤매게 될 것이다.

'후지산의 정기를 받으러 간다'라는 목적(purpose)을 세웠다고 한다면 ○○월 ○○일 새벽에 후지산 정상에서 동쪽을 향해 서 있는 자신의 모습과 운해를 가르며 떠오르는 태양을 상상할 수 있을 것이다. 이것이 목표(goal)다. 이 목표를 달성하기 위해서는 5번째 목표 지점을 ○시에 출발해서 8번째 목표 지점을 ○시에 통과하고와 같이 중간 목표를 설정해서 등산 스케줄을 관리할 것임에 틀림없다. 또 미리 체력 트레이닝을 한다거나 등산 장비 준비도 했을 것이다.

목적과 목표를 설정하면서 비로소 작업 활동을 계획하고 관리할 수 있게 된다.

● **목표를 구성하는 요건(목표 요건)**

목적과 목표는 보고서 작성 때가 아니라 작업 계획 단계에서 규정해야 한다. 그러므로 보고서의 목적란·목표란에 문제가 있다고 한다면 원래의 계획 자체가 불충분했다는 말이 된다. 그렇게 되면 작업 결과도 불안하기 그지없고 좋은 보고서를 작성할 리가 없다. 목표는 다음 두 가지의 요건이 필요하다.

(1) 달성 요건

'여기에 기재한 조건을 충족시키면 목적을 달성할 수 있다'라고 제시하는 문장을 말한다. 작업 달성 상황은 중간 단계 및 완료 단계에서 목표 요건과 비교하면서 평가한다. 그러므로 요건은 결과를 비교 평가하기 쉽도록 정량화해야 한다. 정량화할 수 없을 경우라고 해도 비교 평가할 수 있는 표현을 선택한다.

> **측정 가능한 양** : 중량·치수·비용 등 수치로 나타낼 수 있는 것.
> **평가 가능한 질** : 품질의 개성이나 드라이버빌리티 개선과 같은 질적인 조건도 수치로 환산한다. 예를 들면,
> - **품질 레벨** – 라인 불량률 10ppm 이하
> - **가속성** – 0~400m 가속 17sec 이하

(2) 달성 일정

'언제까지', '어떤 단계를 거쳐' 달성할 것인가를 작업 개시 전에 선언해서 일정을 스스로 관리한다. 목표 요건에 일정이 명기되어 있지 않으면 작업은 언제까지나 경과를 지켜볼 수밖에 없게 된다. 그렇게 되면 과제의 종합적인 일정에 맞출 수가 없다.

과제를 달성하기 위해서는 모든 작업에 대해 '요구되는 시점'에 '기대되는 성과'를 올릴 필요가 있다.

● 목표에 반드시 포함되어야 하는 작업 가설

목표는 작업을 시작하기 전에 설정하는 것이기 때문에 '~하다면'의 가정이 들어가는 것이 대부분이다. 어떤 경우는 내용의 전부가 가정으로 구성되는 경우도 있다. 가정을 할 필요가 없는 경우는 내용과 기대 성과를 확실히 알 수 있는 작업 밖에 없다. 그런데 결과를 미리 알고 있다면 처음 작업을 할 필요가 없었다는 이야기가 되지 않을까?

이러한 가정을 작업 가설(working hypothesis)이라고 부른다. 이것은 형태가 없는 가정에 구체적으로 모양을 만들어 가는 지적 게임이다. 반드시 작업 결과대로 답이 나오기 때문에 스릴을 즐길 수가 있다. 작업자의 연쇄 사고력이나 창조성을 실험할 수 있는 좋은 게임이므로 적극적으로 한 번 해보기 바란다.

가설을 세울 때에는 신중하고 대담해야 하며 그와 더불어 목표를 너무 낮게, 또는 너무 높게 설정해서는 안 된다.

(1) 신중하고 대담하게

'신중하게'란 꼼꼼히 상황을 분석하고, 읽는 대상에 대한 분석을 한 후에 적정한 목표를 설정하는 것을 의미한다. 한편, '대담하게'란 자료가 부족할지라도 활발하게 추리해서 목표를 설정하는 것을 의미한다.

(2) 너무 낮지도 너무 높지도 않게

'목표를 너무 낮게 잡으면' 작업이 쉽게 진행되어 성과가 기대보다 빈약한 것이 된다. 반대로 '목표가 너무 높으면' 아무리 좋은 작업을 했다고 해도 성취감을 맛볼 수 없고 성과도 제대로 평가되지 않아 의욕 상실로 이어진다. 그래서 필자는 현재 가지고 있는 능력에 대해 감각적으로는 120%의 목표치를 세우는 것이 좋다고 주장한다. 이 방법이 균형 있고 발전적인 설정이라고 생각한다.

원래 특별히 긴급하고 중요한 과제에 착수하는 한계 상황에서는 너무 높은 목표에 도전해 상식을 뛰어넘는 성과를 올리는 경우가 있으나 그것은 테크니컬 라이팅 영역을 넘는 기술 관리상의 전술적인 문제다.

● 진보를 낳는 '작업 가설과 결과 대비'

작업 결과가 작업 가설(목표)과 완전히 일치한다는 것은 있을 수 없다.

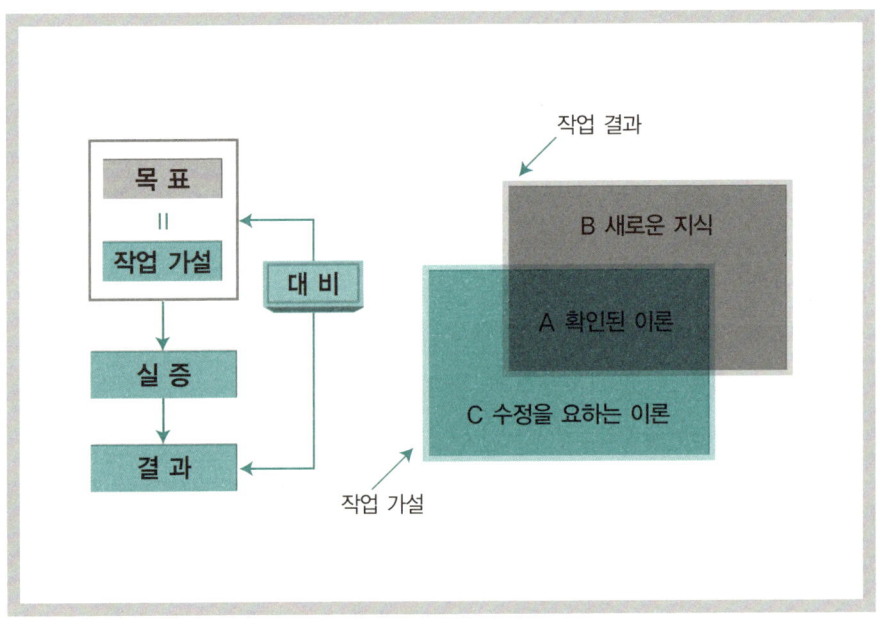

▲ 작업 가설과 결과의 대비에 의한 평가

가설이 결과와 일치한다고 하면 작업 가설을 세우는 방법이 100% 성립을 보증할 수 있는 범위 안에 축소되어 있다는 말이 되며, 그런 식으로는 기술이나 이론의 진보가 없다.

위의 그림은 작업 가설과 결과의 대비에 의한 평가 개념을 설명하고 있다.

- 가설과 결과가 일치한 부분 A는 가설의 기초가 된 이론이 정확했다는 사실을 나타낸다.
- 일치하지 않았던 부분 중에서 작업의 결과로 새롭게 알게 된 부분 B는 작업자의 신지식을 축적하는 데 도움이 된다.
- 작업 가설이 빗나간 부분 C는 종래의 작업자가 생각하고 있던 이론을 수정하여 보다 고도의 기술로 전환시킬 수 있는 좋은 기회다.

가설을 세우지 않고 작업하여 경과의 결과를 보고할 뿐이라면 이와 같이 귀중한 수확을 얻을 수 없다. 아까운 일이다. 가설을 세워 목표문으로 규정하고 가설과 작업 진행 결과를 비교해 가며 경과나 성과를 자가 평가하는 식으로 진행한다면 이 작업은 2배, 3배의 효과를 올릴 수 있다.

● 목적과 목표의 구별

목적(purpose)과 목표(goal 또는 target)를 올바르게 정의한다는 것은 정확한 보고서를 쓰기 위해 가장 중요한 작업이다. 목적과 목표는 각각 다른 정보를 읽는 사람에게 전달하는 역할을 한다. 여기서 말하는 올바른 정의라는 말은 목적과 목표를 확실히 구별해 각자의 역할을 표현하는 것을 의미한다.

목적과 목표의 구별이 불명확하면 어떤 문제가 발생할까? 읽는 사람은 보고서가 무엇을 전달하려는 것인지, 어떤 대응을 기대하고 있는 것인지 파악할 수가 없다. 또, 보고 결과의 달성도나 유효성을 평가할 수도 없다.

그러나 현실적으로는 목적과 목표를 바르게 구별한 보고서를 보기가 쉽지 않다. 여러 기업에서 사용하고 있는 보고서에는 목표란이 없고 목적란만 있는 서식이 많다. 구별이 되어 있지 않다는 증거다.

그러면 사전에서는 목적과 목표를 어떻게 정의하고 있을까?

> **goal** : 1. 목적지, 행선지   2. 목적, 목표

라고 목적·목표를 함께 취급하고 있다.

한국어 사전에서는 목적과 목표를 '표적', '목표물'로 대충 처리해 놓은 것도 있으나 국립국어연구원의 표준국어대사전을 찾아 보면 다음과 같이 정의하고 있다.

> **목적** : 1. 실현하려고 하는 일이나 나아가는 방향. 2.『심』실현하고자 하는 목표의 관념. 또는 목표로 향하는 긴장. 3.『철』실천 의지에 따라 선택하여 세운 행위의 목표. 4.『철』아리스토텔레스의 형이상학에서, 사실이 존재하는 이유.

조금 난해하며 '노리는 것'에 대한 해석도 쉽지는 않지만 최소한 구별은 되어 있다.

독특한 표현으로 주목을 받고 있는 연세국어대사전에서도(이하 찾기)

> **목적** : 행동하는 목표로 생각되는 일 또는 그렇게 하고 싶은 어떤 일(되고 싶은 어떤 사람)
> **목표** : 거기에서 벗어나지 않을 것이다, 거기까지 도달하자(도달시키자)라고 노리는 것

이라고 차이를 이해하기 쉽게 표현하고 있다.

그럼 목적과 목표의 구별을 일반론이 아닌 보고서 상에서 생각해 보자.

> **목적문** : 목적란에 기입하는 목적문은 달성해야 하는 임무나 이렇게 하고 싶다는 의지·희망을 작업자 자신이 작업에 앞서 선언하는 것이다. 이에 대해 작업자는 작업 활동의 임무를 취소할 수 없는 형태로 자신에게 주게 되는 것이다.

실시 요건을 포함하지 않는다는 의미에서는 추상적이지만 읽는 사람은 목적의 규정문(statement)을 통해 작업의 의미와 동기를 알 수 있다.

> **목표문** : 목표란에 기입하는 목표문에는 목적을 달성하기 위해 충족시켜야 하는 목표 요건과 일정을 선언한다. 목표 요건에서 작성자는 업무의 목적(goal)과 도달하는 과정(route)을 그릴 수 있다.

작업자는 목표 요건(보통 복수)을 충족시키면 목적을 달성할 수 있다는 사실을 충분한 시뮬레이션(simulate)을 거친 후에 자신을 갖고 작업에 돌입해야 한다.

'코시엔은 목표이지 목적이 아니다. 우승하려는 노력은 필요하지만 도가 지나치면 장래성을 해치고 만다.'

이 말은 고교 야구에서 오랜 기간의 공적을 인정받아 1996년 야구의 전당에 이름을 올린 일본 고교 야구 연맹회장 마키노 나오타카씨의 말로 목적과 목표의 차이를 잘 이해하고 있기 때문에 이런 표현이 가능한 것이다(1993.5.9 아사히신문).

| 예 제 | 목적과 목표의 구별 및 관계를 일상생활 속에서 생각해 보자. |

스즈키 씨는 최근 나잇살 때문에 건강에 불안을 느끼고 있다. 연말에 건강 검진을 실시한 스즈키 씨는 혈압이 생각보다 높고 다른 수치도 경계신호를 보내고 있어 의사 선생님께로부터 건강 관리를 하라는 말을 들었다. 그래서 부인의 도움을 얻어 시작한 것이 '스즈키 건강 프로젝트'다.

프로젝트의 목적은, '건강 유지를 위해 체형을 개선하는 것'으로 했다. 스즈키 씨는 6개월 동안 허리둘레를 6센티미터 줄이고 싶다고 생각했다. 체중은 10킬로그램 정도 감량할 것이다.

그래서 목표를 다음과 같이 규정했다.

'OO년 6월 30일까지 허리둘레를 6센티미터, 체중을 10킬로그램 감량할 것'

의사도 좋은 목표라고 인정해 주었다. 스즈키 씨는 6월 말이면 변해 있을 자신의 모습을 상상하고 부인에게 바지를 수선할 필요가 있는 것 아니냐는 농담을 하기도 했다. 실시 계획은 다음과 같이 짰다(그림 참조).

'1월 1일부터, 부인이 고안한 레시피에 의한 다이어트 식단, 매일 1만보의 격한 도보 운동 및 매일 15분간 스트레칭을 실시한다'

그러나 스즈키 씨는 6월에 가서 '달성될 가망이 없다'는 결과가 되면 돌이킬 수 없기 때문에 3월 말에 중간 체크를 하기로 했다. 중간 목표는 'OO년 3월 31일까지는 허리둘레를 3센티미터, 체중을 5킬로그램 감량할 것'으로 정했다. 중간 목표의 달성도에 따라서는 최종 목표의 달성 가능성을 보다 높일 수 있기 때문에 실시 계획을 수정하는 일이 있다고 해도 상관이 없다. 그러나 목표나 중간 목표를 바꾸어서는 안 된다. 목표를 변경하면 결과가 경과에 따라 달라지는 것을 볼 수밖에 없다. 그렇게 되면 프로젝트의 추진을 관리할 수 없게 되고 성공은 장담할 수 없게 된다.

그러면 스즈키 씨는 실시 계획을 끈기 있게 추진할 수 있을까? 또 그 결과 체형 개선에 성공했을까?

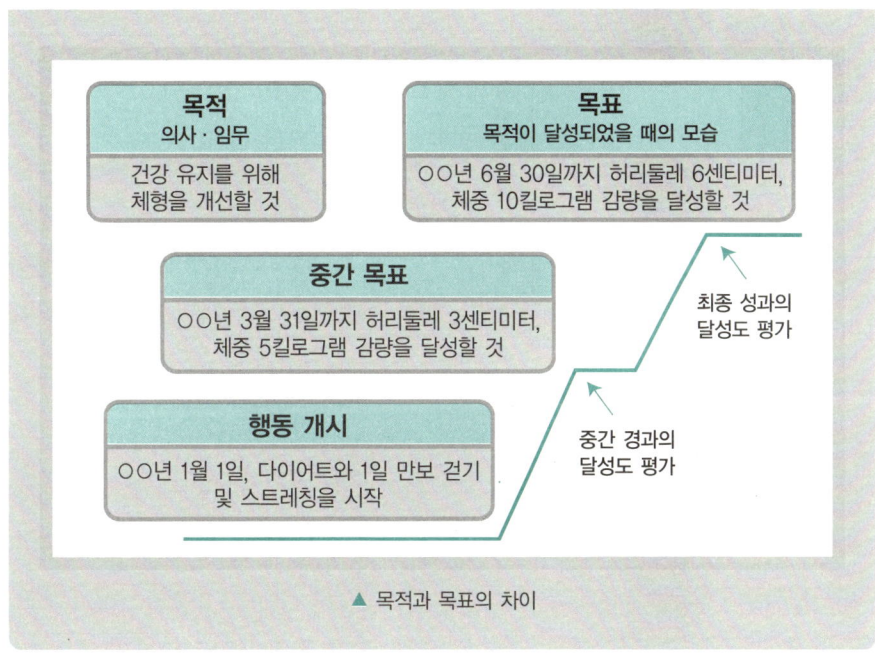

▲ 목적과 목표의 차이

예 제 X사는 제품 재활용을 추진하는 프로젝트를 발족하고 다음에 기재한 '목표문'을 작성했다. 이것을 분석하고 수정하라.
참고 자료로서 △△사의 제품재자원화 위원회가 설정한 '사회에 환경 부하가 적은 제품을 공급하기 위한 환경 행동 계획'을 담은 [환경 행동 계획의 목표치]를 제시한다(이시이 외 : 일본 기계회 학회지, Vol.101, No.954,(1998)).

예제문

　최근, 산업폐기물은 사회적인 문제가 되고 있다. 당사 제품의 재활용에 관해 가능성과 효율을 최대한으로 향상시키는 대책을 제시할 것. 또한 포장 재료도 대상에 포함한다.

(이 목표문은 가공의 작문으로 인용문과는 관계가 없다)

> **분석**

문제점 1 : 첫 번째 문장은 작업의 동기가 된 배경 설명이다. '목적문'에 기재되는 것은 좋지만 '목표문'에는 필요가 없다.

문제점 2 : '목표문'은 작업이 도달점에 도달했을 때의 모습을 제시해야 한다. 여기에서 제시하는 이미지는 정신적인 것이 아니고 정량적으로 측정할 수 있는 수치가 필요하다. 그렇지 않으면 작업 지침이 되지 않는다.
'최대한으로 향상시킨다'는 듣기에는 좋은 표현이지만 확실한 정의가 아니므로 어디까지 향상시키면 좋을지 알 수가 없다. 결과를 평가할 수 없기 때문에 성과도 흐지부지해진다.

문제점 3 : 작업 달성 기한을 지시하지 않았다. 따라서 작업은 경과의 결과를 보는 수밖에 없고 필요한 시기에 기대 성과를 얻을 수 없다.

> **해답 예**

다음의 표 [환경 행동·계획의 목표치]에서는 정량적인 목표치와 큰 틀의 달성 시점 계획이 정리되어 있다. 이것을 기초로 하여 제1차 작업의 '목표문'을 작성해 보자. 이 작업은 각각의 제품에 대해 실시되지만 여기서는 전자동 세탁기만 대상으로 한다.

> **제1차 계획 목표문(전자동 세탁기 부문)**
>
> 환경 행동 계획 제1차 계획에 기초하여 2007년 말까지 전자동 세탁기의 분해 시간을 반으로 줄이고 제품의 재활용 가능성을 30% 향상시킬 것. 동시에 포장용 스티로폼의 사용량을 50%로 줄일 것.

'목표문'에 목표를 달성하기 위한 수단은 쓰지 않는다. 수단은 작업의 실시 계획 속에 포함시킨다.

▼ [표] 환경 행동 계획의 목표치

항목	제1차 목표치	제2차 목표치	비고
분해	시간 50%	60% 감소	2007년 상반기 기준
재활용	가능률 30% 향상	40% 향상	2007년 상반기 기준
포장용	스티로폼 50% 감소	60% 감소	2007년 상반기 기준

주1) 가전제품·OA기기·컴퓨터 및 그 주변 기기에 대해 제1차는 2009년까지, 제2차는 2010년까지 목표를 달성한다.
주2) 목표치는 기존에 있던 기종과의 비교치를 나타낸다.

6 결론란 : 목표 달성도를 평가한다

● 결론란의 역할

결론란에 전달 또는 설득하고자 하는 내용의 핵심을 간결하게 정리한다. 결론은 본문을 단순히 요약한 것이 아니고 읽는 사람이 원하는 새로운 지식을 제공하고 목표에 대한 작업 결과의 달성도를 평가하며 이를 토대로 이후의 방침을 지시하는 역할을 한다.

● 요구되는 새로운 지식

작업을 시작했다는 것은 동기가 되는 미지의 과제가 반드시 존재한다는 의미다. 현재의 미지 상태를 분석하고 해명한 결과가 새로운 지식이다. 읽는 사람에게 필요한 부분은 신지식이며 사실 관계나 경과가 아니다. 결과를 요약하기만 한 것은 사실의 열거에 지나지 않고 작성자의 태만이라는 평가를 받게 된다. 이는 보고서를 읽는 사람에게 앞으로 공헌하게 될 신지식을 정리되지 않은 자료에서 찾아내도록 강요하고, 작성자는 편안하게 관망하려는 자세다. 보고자로서의 책임을 다했다고 볼 수 없다.

결론의 접두어로 '끝으로'라는 머리글이 들어간 문서가 많은데 이는 많은 문제가 있다. 이 경우는 대부분 작성자의 평소의 감상이나 일반적인 의논을 열거하면서 끝내 버리는 경우가 많다. 이렇게 되면 결론이 아니고 감상문 혹은 평론이 되어, 보고 목표에 대한 성과의 평가 및 이후의 방향에 대해 알 수가 없다.

● 목표 달성도의 평가

목표 즉, 목적을 달성했을 때에 '그려지는 이미지'와 '현실에서 달성시킨 모습'인 결과를 대비해서 스스로 평가하는 것이 중요하다.

결과가 목표와 제대로 일치했다면 작업이 예정대로(또는 희망대로) 진행되어서 성공했다고 인정을 한다. 더 나아가서는 작업 가설 즉, 작업자가 가진 이론의 정확함이 증명되었다고 할 수 있다.

그러나 일치되지 않았다고 한다면 그 차이는 무엇인가, 원인은 어디에 있는가에 대해 당초 생각지도 않았던 새로운 이론이나 노하우를 얻을 수 있다. 역설적으로 들리겠지만 그런 의미에서는 결과가 목표(작업 가설)와 일치하지 않았을 때가 오히려 보다 풍성한 수확을 얻을 수 있다고 말할 수 있다.

반대로 목표(작업 가설)와의 대비를 게을리하면 이와 같은 고찰의 기회가 없어지고 결론은 단순히 작업 경과의 결과를 열거한 것으로 끝나게 된다. 그렇게 되면 새롭게 습득하게 된 지식이나 노하우를 잃어버리는 결과를 초래하게 된다.

● 이후의 방향 제시

'결론은 알았다. 그러면 앞으로 어떻게 할 것인가?'라고 물었을 때 대답이 궁색해지지 않도록 이후의 방침이나 제안을 제시한다.

'매뉴얼대로 했습니다'라고 하면 로봇이나 마찬가지다. 결과를 분석하고 얻은 결론(발견한 법칙성이나 새로운 지식)을 정리하는 것이 중요하긴 하지만 그것만으로는 읽는 사람이 만족하지 않는다. 읽는 사람은 결론 중에서 다음과 같은 형태로 이후의 방향이 제시되기를 기대하고 있다.

(1) 문제와 대응책

목표와 결론을 대비해서 자기 평가를 하면 중간에 갭이 생기는 것은 보통이다. 갭이 있으면 그것을 매우기 위한 대응책이 새로운 과제로써 부상될 것이다. 결론란에서 이와 같은 숙제를 차기 작업의 주제로 제안하는 적극적인 자세가 기술 진보의 원동력이 된다.

(2) 이후의 전개 예고

중간 보고는 진행 중에 있는 작업에 관한 중간적인 보고이기 때문에 당연히 결론이 완결되지 않는다. 이 단계의 작업을 종료하면 다음에는 보다 높은 단계로의 전개가 시작된다. 결론에서 이런 내용을 예고하면 보고서의 존재성이 명확해지고 읽는 사람은 쉽게 이해할 수 있게 된다.

● 필요 충분을 만족시키는 기술이란?

(1) 필요

필요란 불필요한 정보를 과감하게 제거하고 더 이상 생략하면 논제가 전달할 수 없게 될 때까지 군살을 제거할 필요가 있다는 의미다. 전달 또는 설득해야 할 논제에서 옆길로 벗어난 정보를 첨부하면 중요한 논제가 빛을 잃게 된다. 논리의 흐름을 잘 정리하는 것이 중요하다.

(2) 충분

충족이란 읽는 사람이 요구하는 모든 정보를 제공한다는 의미다. 결론란의 지면은 한정되어 있고 읽는 사람은 참을성이 그리 많지 않다. 이런 조건 하에서 얼마나 충족시킬 수 있는 정보를 이해하기 쉽게·혼동되지 않게·간결하게 전달할 수 있는가를 연구해야 한다.

(3) 퇴고

기술 내용이 필요를 충족시킬 것인가의 여부에 대한 판단은 작성자의 상황에 따라 결정해서는 안 된다. 읽는 사람의 관점에서 문서를 체크하고 전달하고자 하는 의사를 제대로 표현했는지, 표기상의 오타는 없는지, 꼼꼼하게 퇴고할 필요가 있다.

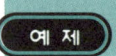 **다음의 문장은 엔진의 크랭크 케이스 방출(블로바이 가스) 배출 규제 대책의 개발 중간 보고 결론문이다. 다음 글을 분석해 보자.**

환기계열로의 환류 A와 배기계열의 배출 B에는 일장일단의 성질이 있어서 운전 상태에 따라 교환되는 방식 C가 바람직하다.

1. 환기 계열로의 환류 A

크랭크 케이스 방출을 흡입과로 환류시켜 연소시키는 방식을 이용하면 드라이버빌리티(운전성)를 상실하지 않으면서 규제에 적합하게 작업할 수 있다는 사실을 알았다.

단, 단위 행정 체적 당 10cc/min 이상의 양으로는 회전이 불안정해지고 엔진 고장을 일으키기 쉽다. 특히 아이드링이 문제가 된다. 가스 중에 있는 유분·수분의 영향이 크다.

2. 배기 계열로의 환류 B

배기계에서 연소시키는 처리법으로는 배기 밸브 근처에서 특히 고온인 곳에서 배출시킬 필요가 있다.

온도는 점화 시기나 밸브 타이밍의 미조정으로 컨트롤할 수 있다. 이 방법은 아이드링에서도 엔진 고장을 일으키지 않는다. 한편, 고속·고부가로는 배압이 높기 때문에 배출하기 어려운 문제가 있다.

3. 흡·배기계 교환방식안 C

상기의 결과로부터 주로 환기계로 환류시키고 아이드링만 배기계로 배출

> 시키는 교환 방식을 실험해서 전역에서 좋은 결론을 얻었다.
>
> 개발 기획 제시는 ○○월 ○일로 한다. 기술 개발의 중점은 교환과 유량 제어법에 있다.

처음의 두 줄은 주제문이며, 결론의 내용을 예고한다. 당연히 결론 부분에는 주제문의 예고 사항(A, B, C)이 똑같은 순서로 전개되어 있다.

항목 쓰기는 읽기 쉽고·혼동되지 않은 기술 방법으로써 결론문에 가장 적당하다. 항목별 번호가 눈에 띄도록 기술 방법에 신경을 쓰고 있다. 1, 2항의 내용은 두 개의 단락으로 나누어 전반은 이 방식의 장점, 후반에는 문제점을 기술하여 통일시키고 있다. 마지막에 이후의 방향이 기술되어 있으며 일정과 문제가 제시되어 있다.

7 조건란 : 보고서의 신뢰도를 높인다

● **조건란의 역할(Why)**

보고서에서 조건을 기재하는 데에는 다음의 두 가지 의미가 있다.

(1) 이해도 향상

작업의 배경을 알림으로써 보고 내용에 대한 이해도를 높인다. 배경 조건으로는 작업 대상의 자세한 사항·작업일·작업장·설비·작업 협력자 등이 있으며, 필요에 따라 선택 기재한다.

(2) 신뢰성 향상

'추가 실험 가능성' 또는 '추석 소사의 가능성'을 기재함으로써 작업의 신뢰성을 주장하고 결론에 책임을 진다.

보고자 이외에 어떠한 사람도 작업 결과를 재현할 수 없었다면 그 결과는 물론 결과가 도출한 결론을 신용하는 사람은 없을 것이다. '읽는 사람이 이 조건에 따라 작업을 재현한다면 똑같은 결론에 도달할 수 있다'라고 선언했을 때 비로소 결론은 신용을 얻는다.

● **작업 대상(What)**

실험 대상이나 조사 대상이 구체적인 것을 기대한다. 형식 · 기종 · 제조 번호 · 경력(사용력) 등을 정확한 명칭과 수치로 표시한다.

```
형식        : 2단 페이스코 타입, 외경 45mm
제조번호    : 93PM0125
탑재 실주 거리 : 16,850km
```

● **작업 연월일(When)**

추가 실험의 편리를 위해 작업을 했던 실험(조사)실 · 사용했던 설비 · 계측 장치 등을 기재한다.

● **작업 협력자(Who)**

개인이 아닌 복수의 멤버가 작업을 했을 경우, 이들의 이름을 기재해 두면 읽는 사람으로 하여금 작업에 관련된 인적 정보를 쉽게 추적할 수 있다. 뿐만 아니라 협력자에 대한 예의이기도 하다. 이름뿐만 아니라 소속과 작업 시의 각각의 역할과 책임을 기재해 두면 추적에 있어서 한층 효과적이다.

```
단체 테스트 : 개발부 3과 OOO
실차 테스트 : 개발부 2과 △△△
재료 분석   : 개발부 5과 □□□
```

● 작업 방법(How)

　이 항목은 추가 실험의 가능성을 보여 주기 때문에 반드시 필요한 항목이다. 실험(검사)법·조사법에 대해서 구체적으로 기재한다(그림 [작업 조건] 참조).

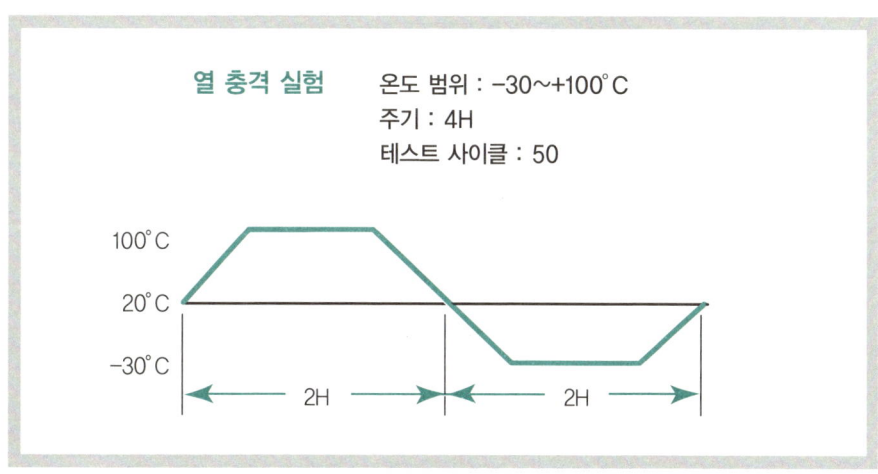

▲ 작업 조건

8 자료란 : 더 자세히 알고 싶은 사람을 위하여

● 작성자의 정보 보관 창고로 만들지 않는다

　상세 보고의 가장 첫 페이지는 바쁜 사람이 한눈에 봐도 목적과 달성 상황을 이해할 수 있도록 편집되어 있다.

　이것을 이해한 후에 더욱 자세한 결과를 알고 싶은 사람을 위해 첨부하는 것이 상세 보고의 두 번째 페이지부터 작성되는 자료다. 따라서 두 번째 페이지 이후부터는 '보고 대상자에 대한 정보 서비스'이지 '작성자의 정보 보관 창고'가 아닙니다. 보고서 회람 대상자 분석에 의해 정보 내용과 연관이 있는 전문가가 열람한다는 사실을 알고 있다면 그들이 요구하는 정보가 무엇인가를 추측해서 해당 범위만을 보강한다.

● 읽는 사람의 필요 충분 조건을 만족시킬 것

　작업자에게 있어서 작업 과정은 전 과정이 중요하고 모든 사항에 의미가 있다. 사실 이것저것 모두 기록하고 싶은 것이 개발자의 사람 마음이다. 특히 고생했던 부분, 아이디어를 반영했던 부분, 좋은 결과를 얻은 부분은 문자로 남기고 싶다고 생각한다.

　그러나 상세 보고의 목적은 기록이 아니라 '읽는 사람이 요구하는 정보를 신속하게 전달'하는 것이다. 가지고 있는 자료 중에서 읽는 사람이 필요로 하는 정보만을 선발해 군더더기를 제거하는 용기가 필요하다.

　그리고 자료란에 주제에서 벗어나는 자료를 포함시키는 것은 금물이다. 그렇다고 보고서의 결론을 지지하는 자료만 편집하면 된다는 말은 아니다. 1장에서 말한 대비법의 경우에는 오히려 대립하는 주장의 자료나 모순된 결과를 기재하고 이를 부정하는 논의를 통해 자신의 주장을 우위에 세우는 화법을 사용할 수 있다.

　한편, 과감하게 삭제한 자료라도 이후의 작업에서 활용할 수 있는 중요한 정보가 틀림없이 있다. 이들을 키워드로 정리해서 보관해 두고 필요할 때 활용할 수 있다. 다른 보고서에서 기술한 내용도 있을 것이고 노하우집을 정리할 때 활용하게 될지도 모른다. 그냥 버리기에는 아까운 정보들이다.

● 목표에 대한 평가

　자료란에는 '목표(작업가설)와 결과의 대비'를 위해 꼭 필요한 내용을 충분히 첨부시킨다. 보고서 작성법에 관한 방법론은 실제 작업의 투영이다. 실제의 작업 순서가 무계획적이어서는 좋은 보고서를 작성할 수가 없다. 즉, 목표 관리를 확실하게 한 작업이어야만 목표에 대한 평가를 보고할 수 있는 것이다.

● 전달과 설득

　어렵게 달성시킨 뜻 깊은 결과라고 해도 전달 효율이 낮으면 성과로 이어지지 않는다. 그렇게 되면 업무 효율 또는 지적 생산성이 낮은 보고서가 된다.

전달 효율을 높이려면 어떻게 하면 좋을까?

이 장에서는 보고서를 '알기 쉽고·혼동 되지 않고·필요를 충족시키는 작성' 방법론에 대해 이야기해 왔다. 더욱 수준을 높일 수 있는 방법이 제3장과 제4장에서 말하는 문장 구성과 표현 기술이다. 이들 기술을 연마해 놓으면 읽는 사람의 눈을 사로잡고 전달과 설득의 효율을 높일 수 있게 된다. 전달과 설득의 기술은 논쟁으로 세월을 보냈던 고대 그리스의 수사법(rhetoric)까지 거슬러 올라가게 되는데, 이런 논쟁의 기술은 현대 커뮤니케이션에서도 중요한 수단이 된다.

● **참고자료**

참고로 인용했던 원래의 자료는 출전을 명기하는 것의 예의다. 인용문이 너무 많지 않은 경우에는 주) 표시가 보기 쉬운 방법이다. 인용문의 뒷부분 오른쪽 위에 주) 표시나 아스테리크(* 표시)를 붙이고 단락이나 항, 절 뒤쪽 또는 같은 페이지 하단에 출전을 기재한다.

복수의 인용문에는 주1), 주2) 나 *1), *2)과 같이 숫자를 넣어서 표시를 한다. 조금 오래된 문서에서 많이 볼 수 있는 기호로 ※ 나 † 등을 사용한 책도 있다.

[예] ……라는 연구[*1)]가 발표되고 있습니다.

인용문이 많은 경우에는 각주를 이용하면 지면이 복잡해지므로 문서 또는 장의 마지막 부분에 번호를 붙인 리스트를 게재한다. 인용문 또는 어구의 오른쪽 위에는 해당 리스트 번호 [1)] [2)] …를 붙인다.

[예] ……독자의 반응에 관한 조사[7)]로는 …

상세 보고서로 문제를 완결한다

상세 보고서는 높은 정보 신뢰성과 오랜 기간 동안 참조할 수 있는 자료 가치를 지닌 공식 보고서로써 작성한다. 상세 보고서에는 ① 표지 ② 요약 ③ 목차 ④ 기호 ⑤ 머리말 ⑥ 본문 ⑦ 결론 ⑧ 감사 ⑨ 문헌 ⑩ 부록의 항목이 포함되어야 한다.

1 상세 보고서는 어떤 경우에 작성하는가

● 상세 보고서를 읽는 사람은 누구인가?

업무 관계자 이외의 사람이 독자라면 보고서의 배경을 잘 모르는 것이 보통이다. 게다가 업무 관계자가 아니라는 말은 사내인 경우에는 경영자를 포함한 상부 관리층, 사외라면 고객이나 공적기관·학회 등이기 때문에 어설픈 보고를 할 수 있는 상대가 아니다.

그러나 업무가 진행 중에 있는 정보는 진행에 따라 추가로 정정할 필요가 생긴다. 이 경우 위와 같이 쟁쟁한 사람들이 보고 대상자라면 결론에 대한 정정 보고서를 제출하는 것은 현실적으로 곤란하다는 것은 더이상 말할 필요도 없다. 사내에서는 자신의 소속 부서가, 사외라면 기업이 신뢰를 잃게 되는 사태가 벌어질 수도 있기 때문이다.

● 신뢰성과 자료 가치를 동시에 갖출 것

보고서를 보는 대상이 사내 외의 영향력 있는 사람들이라면 보고서는 예정했던 업무 단계가 완료되고 신뢰성이 높은 결론을 전달할 수 있게 되었을 때 비로소 배포한다. 보고서의 내용은 읽는 사람이 새로운 지식을 얻을 수 있어야 하고, 보고의 결과를 추적(재현)해서 신뢰성을 확인할 수 있어야만 한다. 또, 발행 후 길면 5년 또는 10년까지 공식적인 자료로 참조될 수 있으므로 자료로서의 가치를 지닐 필요가 있다. 이러한 요구에 부응하기 위해서 본 절에서 소개하는 구성에 따라 작성된 표지를 첨부하여 정식 보고서를 발행한다. 이것을 중간 보고와 비교해 상세 보고서(formal report)라고 부른다.

● 상세 보고서를 제출하는 경우

사내에서 표지를 첨부한 상세 보고서를 제출하는 경우로는
- 회사 전체 또는 사업부 수준의 공식적인 회의에 제출
- 프로젝트 계획이나 완료 보고
- 조사 자료나 노하우집의 발행

등이 있다.

한편, 사외적으로 표지를 첨부하여 상세 보고서를 제출하는 경우에는
- 고객으로부터의 조회나 질문에 대한 회답
- 고객에게 납입한 상품의 문제 해석이나 대책 보고
- 고객에게 프레젠테이션을 할 때
- 공적 기관에 보고
- 학회지에 연구 논문 기고

등이 있다.

단, 모든 상세 보고서가 지금 설명하는 10개 항목의 기재 내용을 전부 포함시켜야 한다고는 할 수 없다. 제출처나 제출 시기에 따라 생략된 형태를 취하는 경우도 많다. 예를 들면 먼저 결론을 알고 싶어 하는 고객에게는 격식을 차린 형식보다는 편지나 중간 보고로 신속하게 보고하는 편이 오히려 환영 받을 수 있다. 중요한 것은 어디까지나 읽는 사람의 요구에 즉시 대응할 수 있는 형식을 취해야 한다는 것이다.

공적 기관이나 학회에 보고할 때는 엄격하게 제재를 정비하는 경우가 많다. 또한 학회나 기술 잡지의 경우에는 논문 작성 방법에 개인의 독자적인 형식을 첨삭

하여 사용하는 경우도 있다. 기고를 할 때는 다시 한 번 집필 요령을 송부 받아 지시에 따른 것이 좋다.

2 표지 : 읽는 사람의 관심을 끌도록 한다

● 표지 예

다음의 서식은 표지(title page)의 한 예이다. 설명은 서식의 번호순으로 진행하겠다.

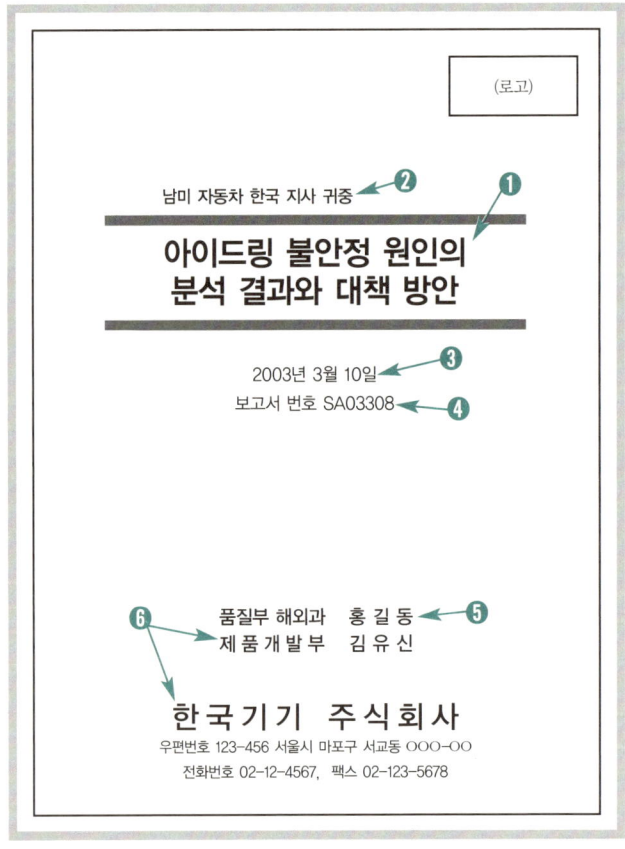

▲ 상세 보고서 표지 레이아웃의 예

❶ 제목

대상과 보고 목적에는 읽는 사람이 관심을 가지고 있는 내용을 기재한다. 비슷한 종류의 보고서와 구별할 수 있도록 대상이 속한 계층의 용어를 사용한다.

❷ 제출처

조직 내부용 보고서에는 개인이 아니고 회람 부서란을 만드는 경우가 많다. 조직 외부로 보내는 보고서에는 개인의 이름이 아닌 소속 회사명 또는 조직의 이름을 기재하는 것이 보통이다. 연구 논문에서는 학회·기술 잡지의 명칭을 쓴다.

❸ 제출일

테스트나 조사를 실시한 날이 아니라 보고서를 제출하는 날짜를 쓴다. 특히 상세 보고서에서는 실시에서 제출까지 기간이 걸리기 때문에 날짜의 구별을 확실히 하지 않으면 오해를 낳는다. 테스트나 조사를 실시한 날짜는 표지가 아니고 본문에 기입한다.

❹ 보고서 번호

작성자·읽는 사람 양쪽의 파일링을 고려해야 하며, 추후 자료 추적을 편리하게 하기 위해서는 보고서 번호를 기재하는 편이 좋다. 번호를 붙이는 방법은 92쪽의 예시와 같이 계층화하면 검색에 편리하다. 기업·부문·연구 기관 등에서 정한 규정이 있다면 규정에 따르도록 한다.

❺ 작성자 성명

사내용 보고서에는 작업자의 이름(복수)이 아니고 보고서의 실제 작성자명(단수)을 쓰고 문서의 책임을 명확히 해야 한다. 단, 회사 외부에서 요청한 질문에는 편의상, 담당자의 이름을 함께 기재하는 것이 더 편리할 수도 있으므로 실무 여건을 고려해서 기재한다.

회사 외부에서 활용되는 보고서는 본 건의 실제 창구 역할을 하는 책임자 이름을 쓰는 것이 중요하다. 명목상으로 조직 또는 프로젝트의 최종 책임자 이름을 적어 놓아 본 건에 대해 회사 외부에서 접수되는 질문에 제대로 대응할 수 없다면 회사의 신용만 잃게 된다.

❻ 소속

조직 내라면 물론 부·과·실·프로젝트 명을 기재하면 된다. 조직 외부에 대해서는 조직명과 부서명을 기재하지만 조직 로고가 들어간 용지를 사용하는 경우는 부서명만 기재해도 된다.

3 요약(발췌) : 정보 서비스를 제공한다

상세 보고서의 권두에 금방 한눈에 읽을 수 있는 길이로 본문 내용을 개괄하는 문장을 첨부한다. 이것은 요약과 발췌라는 역할을 한다.

● 요약의 역할

읽는 사람들에게 본문의 배경과 내용을 예고하는 것이 목적이다. 요약이라는 어감 때문에 본문의 내용을 망라한 축소판이라고 여기는 사람이 있는데 그것은 틀린 생각이다.

요약은 다음의 두 가지 역할을 가진다.

(1) 읽을 것인가 여부의 판단 재료를 제공한다

표지를 보고 관심을 갖게 된 상급자는 구체적으로 무슨 내용인지 알고 싶어한다. 그러나 전체를 읽지 않으면 알 수가 없기 때문에 바쁜 사람은 읽는 것을 포기하고 말 것이다. 내용을 간결하게 예고하는 요약이 있다면 금방 한눈에 훑어보고 지금 당장 읽을 것인지, '이런 내용의 보고서가 있었다'라는 사실을 머릿속에 넣어두고 필요할 때에 다시 읽을지를 판단할 수 있다. 물론 읽지 않는다고 해도 그것은 읽는 사람의 자유다.

그렇기 때문에 본문의 배경이나 결론을 이해하기 쉽고 정확하게 읽을 수 있도록 해야 한다. 주절주절 너무 길게 쓰면 가볍게 읽을 수가 없다. 그러므로 필요를 충족시키면서 간결하게 정리해서 기술한다. 200~300자 정도로 줄이는 것이 적당하다.

(2) 본문의 설득력을 높인다.

상세 보고서는 대부분 항목의 수가 많아지는 경향이 있다. 그런데 예비지식이 없는 상태에서 상세 내용만 나열되어 있다면 읽는 사람이 본문 내용을 따라오지를 못한다. 그에 비해 권두에서 배경과 개요를 요약해 주면 읽는 사람은 보고서가 말하고자 하는 내용과 결론을 상상할 수 있기 때문에 불안한 마음 없이 본문을 읽어 나갈 수 있게 된다. 따라서 본문의 설득력이 훨씬 높아진다. 이것이 필자가 반복해서 강조하는 예고의 효과다.

● 발췌의 역할

학회지나 전문 잡지에 기고할 때는 집필 요강에 발췌를 첨부하도록 명시하는 경우가 많다. 이것은 원래 소속되어 있는 조직이 '문헌 중간 보고(발췌집)'를 발행하는 경우에 그대로 사용하기 때문이다.

발췌는 원래 본문의 원고를 완성하고 나서 쓰는 것이 보통이지만 학회에 따라서는 기고 신청을 할 때에 먼저 제출하는 시스템도 있다.

● 요약(발췌)의 내용

위에서 언급한 역할을 하게 되는 요약은 다음의 내용을 포함한다. 뒤에서 각각에 대해 설명한다.

(1) 주제문(subject line)
(2) 배경(back ground)
(3) 목표(goal)

(4) 방법(procedure)
(5) 경과/자료(process/data)
(6) 결론(conclusion)
(7) 방향(plan, recommendation)
* 키워드(key word)

(1) 주제문

전달 또는 설득의 목적을 기재한다. 바꿔 말하면 무엇을(대상)·왜(동기)·어떻게 한다(작업 내용)에 대해 간결하게 기재한다.

> **주제문의 예**
>
> 2006년, 브라질 시장에서 발생한 아이드링에 관한 컴플레인에 대한 현지 조사 결과와 원인 분석 결과를 보고한다.

(2) 배경

배경을 이미 알고 있는 사람을 대상으로 한 중간 보고와는 달리 상세 보고서를 읽는 대상층은 매우 폭넓다. 그러므로 읽는 사람은 보고 목적과 발생 동기를 잘 모르고 있다고 생각해야 한다. 이런 대상에게 먼저 보고의 배경을 설명하는 것은 본문의 이해를 돕는 것이기 때문에 효과가 있다. 만약 이 보고서가 정기적으로 배포되는 것이라면 처음 보고서를 제외한 이후의 보고서에는 이런 배경 설명을 생략해도 된다.

(3) 목표

목적을 달성하기 위한 목표 요건을 머리말에 기재하면 된다. 특히 일정을 중요시 하는 경우에는 기재해 두는 경우가 있다.

(4) 방법

 기술상의 목표를 달성하기 위해서 선택하는 작업 방법(순서·조건·재료)을 말한다. 다시 한 번 방법을 설명하는 것이 본문을 이해하기 위해 필요한 경우지만 작업 방법 자체가 보고 대상일 경우가 아니라면 쓰지 않는 편이 좋다.

(5) 경과와 결과

 일반적으로 요약에 경과를 쓸 필요는 없으나 결론을 유도한다는 점에서 꼭 필요한 경우에는 해당 내용에 한해 기재할 수 있다. 기재하는 경우라면 모든 사실이나 자료를 망라하는 것이 아니고 읽는 사람이 필요로 하는 요구를 충족시킬 수 있는 내용만 선별한다.

 내용은 구체적인 수치를 이용해 정량적으로 기술한다. 읽는 사람이 아직 본문을 읽은 단계가 아니기 때문에 본문에 있는 그림·표·문헌을 인용할 필요는 없다. 수식도 본문의 번호로 인용하지 말고 있는 그대로 쓴다.

(6) 결론

 결과로 얻은 정보를 목표와 비교하면서 특별히 중요한 신지식에 초점을 맞추어 간결하게 정리한다. 애매한 표현이나 난해한 표현을 피하고 바쁜 이들이 한번에 이해할 수 있도록 쓴다.

(7) 방향

 결론을 알게 된 독자의 관심은
 "그래서, 이제 어떻게 되는 거지?"
라는 생각으로 옮겨지게 된다. 결과를 아무리 능숙하게 잘 정리했다고 해도 이후에 어떻게 할 것인가에 대한 내용이 기재되어 있지 않다면,
 "가장 중요한 사항이 빠져 있잖아?"
라는 냉혹한 반응을 보이게 된다.

결론에는 이후의 방향에 대한 제안과 대책, 방안을 함께 첨부하여 기술하는 것이 읽는 이에게 제공하는 중요한 서비스다.

* 키워드

학회지 등을 보면 요약문 뒤에 키워드를 첨부하여 기재하도록 규정하고 있는 경우가 있다. 키워드는 보고서(논문) 내용을 대표하는 용어로, 나중에 있을 분류나 검색에 도움이 되므로 기재하는 것이 좋다.

키워드를 선택할 때에 용어의 중요성이라는 애매하고 주관적인 판단을 기준으로 선택하는 사람이 많은데 그것은 잘못된 방법이다. 첨부한 키워드를 사용하면 파일링을 잘 할 수 있을까 여부를 시뮬레이트해 보면 좋다. 중요성과 같이 애매한 기준으로 선택한 키워드로는 제대로 파일링할 수 없다는 것을 금방 알 수 있을 것이다.

예제 다음의 요약문을 분석하고 300자 이내로 수정하시오.

1970년대부터 1990년대에 걸쳐 일본의 자동차 산업 생산 대수는 500만대/년에서 1,000만대/년으로 2배 이상 발전해 왔다. 그리고 양의 증가와 함께 차종도 늘었으며 다양한 디자인의 자동차가 생산되었다. 이것은 자동차 디자인에 중요한 부문인 조명기기에 커다란 영향을 미쳤다[b].

자동차용 조명 기기는 기능적으로는 운전자의 입장에서 본 경우의 조명용과 통행자·상대편 차·후방 차에서 본 경우의 신호 표식용으로 크게 구별된다. 헤드 램프·포그 램프 등은 전방에, 테일 램프·스톱 램프 등은 후방에 속한다[c].

표식등은 테일 램프·스톱 램프·턴 시그널 램프와 기능별로 각각의 램프를 집합한 콤비네이션 램프이고, 시인성(視認性)을 높이며 고급스러운 느낌을 주기 위해 대형화됨과 동시에 곡면 형상으로 변화되어 왔다[d].

조명용의 헤드 램프는 형상 구조로 표준화 된 올 글라스 실드 빔 헤드 램프(그림 [실드 빔 헤드 램프 유니트] 참조), 각각의 차종별로 디자인된 다른 형태의 헤드 램프, 올 수지제(樹脂製) 헤드 램프로 표식에 비해 구조·재질·공법이 모두 크게 변화했다(e).

본고에서는 변화가 컸던 헤드 램프의 구조·생산 기술·효율의 변천에 대해 기술한다 (f).(420자)

키워드 : 헤드 램프, 생산 기술, 구조, 코딩, 알루미늄, 메타라이징

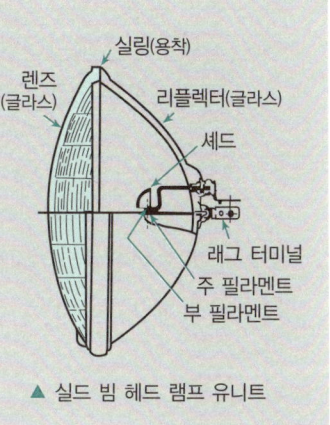

▲ 실드 빔 헤드 램프 유니트

필자가 사내 세미나에서 수강자들에게 위 예제의 문제점에 대해 질문했을 때, 다음과 같은 발언이 있었다.

- 문장이 너무 길다.
- 이해하기 어렵다.
- 무엇을 말하고 싶은지 알 수가 없다.
- 주제(헤드 램프의 변천)의 기능 설명이 너무 많다.

모두 문제의 핵심을 파악하고 있었지만 원문을 수정하기 위해서는 이와 같은 비판에 체계를 세우는 것이 필요하다. 제일 처음에 받은 인상에만 의존하면 놓치게 되는 사항이 적지 않다. 121쪽에 있는 요약 내용의 리스트를 따라 순서대로 분석하면 여러 가지 문제점이 발견된다.

먼저, 전체 구성은 요약 내용 리스트 사항 (6), (7)을 포함하지 않고 (5)항이 주체가 되고 있다. 글자수는 키워드를 제외하고 약 420자로 너무 길다. 수정해서 간결하게 하고 싶다.

(1) 주제문

마지막 두 줄까지 왔을 때 비로소 주제를 알려주는 구성이기 때문에 읽는 사람

에게 상당한 끈기를 요구한다. 그러므로 주제문을 처음에 기재할 필요가 있다. 예를 들면, '최근 20년간의 자동차용 헤드 램프의 구조와 생산 기술의 변천을 정리했다'라고 하면 이후의 본문은 쉽게 읽어 나갈 수 있다.

(2) 배경

배경 설명이 너무 자세하다. 첫 번째 단락에서 자동차 생산의 발전을 설명하고 본론으로 도입한다는 논제의 흐름은 좋았으나 필요 이상으로 데이터가 많고 긴 어구가 눈에 거슬린다.

(3) (4)항은 불필요

(5) 경과 :
두 번째 단락에서는 자동차용 조명기기에 대한 분석을, 세 번째와 네 번째 단락에서는 각각의 구조와 기술상의 발전을 서술하고 있다. 왜 읽기 어려운가를 분석하면 다음의 네 가지 점이 눈에 띈다.

① 주제와 관계가 없는 표식등에 많은 글자 수를 할애해서 주제로부터 벗어나 있다.
② 부품 명칭을 너무 많이 반복해서 문장이 길어지고 있다.
③ 분류의 설명 순서는 '조명용 → 신호표식용'으로 되어 있는데 이어지는 단락의 설명 순서는 '표식등 → 조명용'으로 반대로 구성되어 있어 통일성이 없다.
④ 신호 표식용과 표식등의 용어가 통일되어 있지 않다.

(6) (7) 결론·방향 :
이후의 방향을 시사하는 내용도 있었으면 한다(방침에 해당하는 기사가 없으므로 수정 예로 기술할 수가 없다).

수정문

최근 20년간 자동차용 헤드 램프의 구조와 생산 기술의 변천을 정리했다[a].
이 기간 동안 일본의 자동차 생산은 두 배 이상 발전을 이룩해 왔다. 그와 함께 자동차 기종이 다양화되고 이는 디자인에서 중요한 조명기기의 발전에 큰 영향을 끼쳤다[b].

> 자동차용 조명기기를 기능으로 분류하면 운전자에게 있어 중요한 조명용과 보행자·상대편 차·후방 차에게 중요한 신호 표식용이 있다(c). 그 중에서도 본문에서 주제로 삼고 있는 조명용 헤드 램프는 형상·구조와 표준화된 올 글라스 실드 빔 타입으로 진화해 왔다. 또, 각각의 차종별로 디자인된 다른 형태의 헤드 램프나 올 수지제 헤드 램프가 출현하여 구조·재질·공법에 있어서 신호 표식용과 비교해 큰 질적인 성과를 이루었다(e).
>
> (264자)
>
> **키워드** : 헤드 램프, 실드 빔 헤드 램프, 생산 기술

위의 수정분에서 각 단락의 글자수를 분석하여 중요 항목만 모아 본 결과 다음 표와 같다.

▼ 각 단락의 문자 수 분석

단락 내용 예제	원문	수정문	차
a. 머리말의 주제문	-	30	+30
b. 배경(자동차 산업 발전의 영향)	120	66	-54
c. 조명기기의 분류	89	54	-35
d. 표식등에 대한 설명	83	-	-
e. 헤드 램프에 대한 설명	95	114	+19
f. 정리(주제)	33	-	-
합 계	420	264	-

머리말에 주제문(a)을 신설해서 읽는 사람이 주제를 쉽게 알 수 있도록 했다. 배경이 되는 (b), (c)를 간결하게 설명했다. 설명(d)는 주제와 관계가 없기 때문에 생략했다. 대신에 주제인 헤드 램프(e)에 대해서는 글자를 늘려서 충분히 설명했다. 문장 끝의 주제 정리(f)는 머리말에 주제문을 놓았기 때문에 생략했다. 결국 단락(a)를 신설하고(e)의 설명을 보충했음에도 불구하고 불필요한 설명을 삭제한 덕분에 모두 합쳐서 156자나 줄일 수 있었고 그와 더불어 주제가 간단·명확하게 눈에 들어오게 되었다.

4 목차 : 정보원을 찾는다

● **목차의 역할**

　목차의 역할은 물론 읽는 사람이 찾고 싶은 항목이 기재된 페이지를 색인하기 위한 것이다. 목차는 보기 쉽게 색인하여 구성하는 것이 제일 중요한 요건이다.

　그러나 그뿐만 아니라 목차는 한눈에 보고서의 내용을 파악할 수 있도록 하는 역할을 한다. 오히려 내용 파악을 위해 목차를 보는 경우가 더 많을지도 모르겠다. 따라서 목차에서는 본문의 내용이나 구성을 알기 쉽고, 실수 없이 읽는 사람에게 전달할 필요가 있다.

● **목차의 설계**

　목차의 역할을 다하기 위해 목차 설계 시 다음과 같은 연구가 필요하다.

(1) 계층 구조

　문서는 '문서 → 장 → 절 → 항 → 단락 → 문장 → 단어' 라는 계층 구조를 이용해 쉽게 식별할 수 있도록 한다. 아래 그림은 계층 구조의 개념을 설명한 것으로, 이것을 응용하여 목차 스타일의 예를 살펴본 것이다.

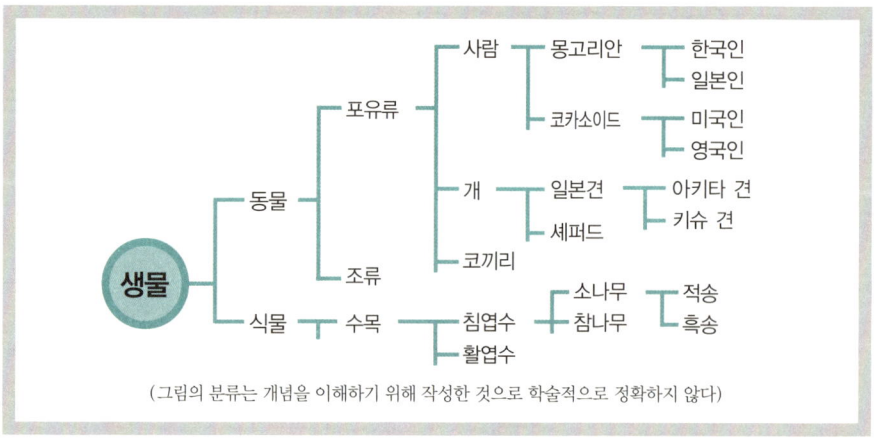

▲ 계층 구조의 개념

```
장    1.          1.         I
절    1.1         (1)        A
      1.2         (2)        B
항      1.2.1       ①         a
        1.2.2       ②         b
      2.          2.         II
        2.1         (1)        A
        ⋮           ⋮          ⋮
      〈스타일 A〉   〈스타일 B〉   〈스타일 C〉
```

▲ 목차 스타일

앞의 목차 스타일 중 스타일 A가 학회 등 공식 기술문서의 목차에서 넓게 사용되고 있다. 이 책에서는 스타일 B를 기본으로 구성했다. 스타일 C와 같이 로마 숫자와 알파벳을 함께 사용해서 제목을 강조하는 형식은 예전 문헌에는 많았지만 현재는 그다지 사용되고 있지 않다.

(2) 강조

목차는 문자의 나열이므로 그림이나 표 등으로 변화를 줄 수 없다. 그렇기 때문에 지면이 평범해지고 검색하기 어려워진다. 그래서 계층이 높은 제목의 폰트(글자체)와 사이즈를 변경해 강조하면 지면에 변화가 생겨 원하는 정보를 쉽게 식별할 수 있게 된다. 너무 심하게 변화를 주면 오히려 보기가 어려워질 수 있으므로 균형 감각이 필요하다.

워드 글자체는 바탕 글자로 명조체를 사용하는 것에 비해 강조할 때는 고딕체가 자주 사용된다. 최근에는 굴림체, 아래 한글체 등 부드러운 글씨체도 있으며 굵기도 여러 가지로 선택할 수 있다. 또한 밑줄이나 글자 상자, 색깔이 들어간 글자를 사용할 수도 있다.

(3) 용어의 통일

읽는 이의 혼란을 피하기 위해 목차에서는 본문과 100% 똑같은 용어를 사용한다. 본문에서 '준비 운동'이나 '입력'이라는 말을 사용하면서 목차에서는 '워밍업'이나 '인풋'이라는 단어를 사용하는 경우가 있는데, 이런 실수가 없도록 꼼꼼히 살펴볼 필요가 있다.

(4) 표현의 통일

각 항의 표현 형식이 통일되어 있지 않으면 읽기가 어렵다. 다음의 예를 보자.

① 체언 맺음(명사)·용언 맺음(동사·형용사)의 혼용(예제 참조)

(통일 되지 않는 예)

1. 기술과 디자인
2. 기술 이전을 생각한다
3. 개발 논리를 모색
4. 전문가의 특징을 비교하면
5. 물질을 생각하지 말고 사람을 보자

(통일되어 있는 예)

1. 수치의 사용 방법
2. 측정 결과의 수량화와 그래프화
3. 상관과 회귀의 계산법
4. 관수 근사의 방법
5. 검정과 추정의 실시법

② 계층이 다른 용어의 병렬(그림 [계층 구조의 개념] 참조)

(계층이 정리되지 않은 예)

몽고리안와 일본인

일본인과 고양이

IC와 모뎀

　　점화장치와 배기관

　(계층이 정리된 예)

　　몽고리안과 코카소이드

　　개와 고양이

　　IC와 콘덴서

　　환기관과 배기관

'일본인과 고양이'는 문학 작품이나 수필 제목으로는 재미있을지 모르지만 기술문서에서는 부적절한 병렬 표현이다. 일본인과 고양이로는 계층이 다르기 때문에 대등한 비교를 할 수가 없다.

● **목차를 생략하는 경우**

　보고서가 비교적 짧고 낱장으로 구성되어 제목만 봐도 전체를 파악할 수 있을 정도의 길이라면 굳이 목차는 필요 없다. 단, 요약을 첨부하였거나 제목을 강조하는 등 읽기 쉽게 표현하는 것이 필요하다.

> **예 제** 아래에 있는 목차의 문제점을 분석하고 수정하시오.

> 1. 엔진 개설
>   1. 엔진에 대해
>   2. 기계의 원동력으로써
>   3. 내열기관의 특징
>   4. 열 효율에 관해
>   5. 내열기관의 용도

(1) 엔진(=기관)에는 외열기관이라는 범주도 있으므로, 엔진=내열기관과 동등하게 생각할 수는 없다. 다음 절의 작은 제목을 통해 짐작해 보면 내열기관인 듯하다. 계층이 한 단계 낮은 내열기관으로 통일하는 것이 좋다.

(2) '작은 제목1.'의 내용이 막연하고 광범위해서 큰 제목과 동격처럼 여겨지기 때문에 계층 구조가 되지 않는다. 엔진의 무엇을 말하고 싶은지 알 수가 없다. 이 절 가운데 키워드를 선택해서 명확하게 기재한다.

(3) 큰 제목의 내열기관과 작은 제목이 중복되므로 생략할 수 있다.

(4) 각 제목의 문장 맺음 형식이 제각각이어서 표현을 통일시켜야 한다.

(5) 큰 제목과 작은 제목의 넘버링 형식이 똑같아서 헷갈릴 수 있다.

수정 예-1(체언 맺음)

1. 내열기관 개설
　　1.1 각종 형식
　　1.2 타 원동력과의 대비
　　1.3 각 형식의 특징
　　1.4 열 효율
　　1.5 용도

【수정 예-1】이 베스트라고는 할 수 없다. 체언 맺음(명사)은 간결하여 깔끔한 느낌이 들지만 딱딱한 인상을 준다. 전후의 흐름·문서의 정확성·읽는 사람의 소속에 따라 좀 더 부드럽게 표현하는 것이 바람직한 경우도 있다. 또한 오히려 다소의 긴 문장을 사용하여 친근함을 느낄 수 있게 하는 경우도 있다. 용어 맺음(동사·형용사)으로 정리한 경우를 보자.

> **수정 예-1(체언 맺음)**
>
> 1. 내연기관의 줄거리
>   1.1 어떤 형식이 있는가
>   1.2 다른 동력원과 비교한다
>   1.3 여러 가지 형식의 특징을 비교한다
>   1.4 열 효율을 높인다
>   1.5 이런 사용법도 있다

5 기호 : 읽는 사람에게 편리하도록

● 정의 기호의 사용

기호와 용어의 의미를 모르는 상태에서 기술문서를 이해할 수는 없다. 물론 작성자는 사용하고 있는 기호나 용어를 잘 알고 있을 것이다. 그래서 읽는 사람이 기술 용어를 알고 있는지 여부에 대해서는 생각이 미치지 못하는 경향이 있다. 읽을 대상의 분석을 통해 읽는 사람의 경험·지식을 조사하여 전문 기호나 용어는 내용 중에 처음에 나왔을 때 정의해 둘 필요가 있다.

(1) 문장으로 정의하는 방법

> 가중이 고체 표면에 수직으로 작용하는 경우를 수직 가중 F, 표면에 따라 작용하는 경우를 전단 가중 T라고 한다.

(2) 문장 중에 괄호로 정의하는 방법

> 질소 산화물 NOx(일산화질소 NO, 이산화질소 NO_2 등의 총칭)은 고정 발생원(공장, 화력발전소 등) 및 이용 발생원(자동차 등)에서 연소 반응과 함께 발생하며 대기 오염이나 산성비의 원인이 된다.

(3) 주로 문장 밖에서 정의하는 방법

> 표면 처리 가공은 부품의 미관·내식성·내마모성의 향상이 목적이다. 금속 피막 처리[*1]·화성 처리[*2]·표면 경화법[*3]·비금속 피막 처리[*4]·도장 등의 가공 방법이 있다.
>
> *1 : 전기 도금·용융 도금·확산 도금·용사·증착 도금
> *2 : 양극산화·인산염 처리
> *3 : 침탄·질화법·고주파 가열·염가열
> *4 : 플라스틱 라이닝·세라믹 코팅

● **관용 기호의 사용**

　기술 분야에서 관용적으로 사용되고 있는 기호나 용어가 있으면 그대로 모방하는 것이 읽는 사람에 대한 서비스다.

　예를 들면, 속도 V·전류 I·영률 E·거리 S 등이 관습적으로 사용되고 있다. 그러나 보고자가 독단적으로 속도는 speed이니까 S, 전류는 current이니까 C, Young율은 Y, 거리는 distance이니까 D라는 식으로 마음대로 명명하면 읽는 사람은 혼란을 겪게 된다. 보고서는 작성자가 취미로 만드는 산물이 아니고 읽는 사람에게 전달하기 위한 수단이라는 사실을 잊어서는 안 된다.

● **기호 설명의 배치**

　기호의 설명은 기호를 사용한 문장이나 수식의 바로 뒤에 이어서 기재하는 것이 가장 빨리 이해가 된다.

> 뒤틀림 각도 θ는, 축장 L(cm), 전단 탄성 계수 G(MPa)라고 하면
>
> θ = 32TL/πGd2⁴(1−n⁴) (rad)   (33)
>   = 584TL/πGd2⁴(1−n⁴) (°)   (34)
>
> 단, T : 뒤틀림 모멘트(N·m), d1 : 중공축의 외경(cm)
>   d2 : 중공축의 외경(cm), n=d1/d2 : 내외경의 비율이다.

앞에서 정의를 했던 기호가 다른 페이지에 다시 나왔을 때에 두 번 설명할 필요는 없다. 그러나 보고서의 페이지 수가 많고 수식도 많을 때는 읽는 사람이 기호의 의미를 잊어버릴 수 있으므로 다시 한 번 정의를 달아주든가 정의했던 페이지를 표시해 주는 것이 읽는 이는 이에 대한 배려 차원에서 좋다.

기호가 너무 많아서 잘 모를 경우에는 요약한 페이지 뒤에 기호 리스트(list of symbols)를 첨부해서 읽는 사람의 편의를 돕는다. 읽는 사람은 기호의 설명이 필요한 경우 기호 페이지로 이동하여 필요한 정보를 언제나 얻을 수 있으므로 혼란스럽지 않다. 그러나 페이지 수가 그렇게 많지 않는데 기호 리스트를 만드는 것은 오히려 보고서가 너무 딱딱해지는 느낌이 들고 귀찮게 여겨진다. 항상 읽는 사람의 편의를 제일 먼저 생각하고 보고서의 규모에 맞게 기호의 설명법을 선택한다.

● 혼동되기 쉬운 정리문

비슷한 기호를 여러 개 설명할 때는 아래와 같이 '정리'를 하고 싶어진다. 그러나 한꺼번에 기재한 경우는 작성자에게는 능률적이어서 좋을지 모르지만 읽는 사람은 이해가 잘 안 될 것이다. 비능률적이더라도 읽는 사람의 이해도를 제일 먼저 고려해서 혼동되지 않도록 분할해서 쓰는 것이 기본이다.

(한꺼번에 기재)

A, Ac, Af, Afr 각각 전 전열 면적, 유로 최소 면적, 핀 면적, 코아 전면 면적을 나타낸다.

(분할 쓰기)

A : 전 전열 면적, Ac : 유로 최소 면적, Af : 핀 면적, Afr : 코아 전면 면적이라고 한다.

예 제 다음 수식에 대한 기호 설명을 분석하고 읽기 어려운 부분을 수정하시오.

실린더 내에서 발생하는 유효 작용에 해당하는 평균 유효압 P_{mi}는 다음과 같은 식으로 나타낸다.

$$P_{mi} = P_{mi}^* - P(P_e - P_i)$$

단, P_{mi}^*는 1사이클 중에서 바른 작용을 나타낸 평균 유효압이고 P_e와 P_i은 각각 배기압과 흡기압을 나타난다. φ는 기관에 따라서는 회전수로도 변화하는 계수지만 실제 측정에서는 φ=0.6이다.

(1) P_e와 P_i는 설명을 분할한다.
(2) 기호와 동격 병렬이기 때문에 열거식으로 기재하면 쉽게 읽을 수 있다.

P_{mi}^* : 1사이클 중의 올바른 작용을 나타내는 평균 유효압
P_e : 배기압
P_i : 흡기압
φ : 기관이나 회전수에 따라 변화하는 계수 (실제 측정치 0.6)

6 서론 : 자연스럽게 본론으로 인도한다

● **서론의 역할**

　서론에서는 읽는 사람이 거부감 없이 본론의 내용을 이어서 읽을 수 있도록 보고서의 목적과 목표, 배경과 경과, 본문의 서술 범위・방법・조건에 대한 개요를 기술한다.

　읽는 사람 모두가 보고 사항에 대한 예비 지식을 가지고 있다고는 볼 수 없다. 상세 보고서는 중간 보고와 같이 업무와 연관된 관계 부서 내에서 회람되는 보고서와는 다르기 때문에 읽는 대상이 광범위하고 오히려 예비 지식이 없는 사람이 더 많다고 생각해야 한다.

　설사 읽는 사람이 어느 정도의 예비 지식을 갖고 있다고 가정해도 정보를 정리하고 나서 본론으로 들어가는 편이 자연스럽게 읽을 수 있게 하는 방법이다. 서언의 역할은 읽는 대상을 자연스럽게 본문으로 유도하는 것이다.

　서론의 내용이 요약이나 본문 내용과 너무 중복되면 반대로 읽는 사람에게 부담을 주므로 필요한 부분을 최소한으로 정리한다(여기서 말하는 '필요'란 독자 분석에서 예측한 보고 대상자의 요구 범위다).

　이것이 서론의 역할이므로 여기에 결과・결론・이후의 방향(추천 방안)을 기재할 필요는 없다. 이들은 모두 요약에 쓰는 내용들이다.

● **오해를 불러일으키기 쉬운 명칭**

　본문으로의 도입부・단서라는 의미를 잘 표현한 명칭은 서언・서론이며 영어의 인트로덕션(introduction)에 해당한다. 서언이라는 표현은 매우 딱딱하고 고전적인 이미지를 주기 때문에 점점 사용되지 않고 있으나 정확함을 전제로 하는 보고서나 논문에서는 이 표현을 추천하고 싶다.

　최근의 기술 잡지에서는 부드러운 표현의 머리말・첫머리가 많이 쓰이고 있는 것 같다. 영어에서는 preface(프리페이스)라고 할까? 원래 프리페이스에는 본문으로의 도입이라는 의미가 포함되어 있지 않다. 그런데 작성자가 어감 때문에 착각해서 서언에 문두의 인사말을 써 버리고 마는 예를 자주 본다. '머리말'이나 '첫머리'라는 표현을 사용했을 때에는 이 부분이 보고서에서 '본문의 주제로 유도하는 역할'이라는 사실을 잊지 말기 바란다.

■ 전반에 배경을 설명하고 하고 후반에 기재 범위를 소개한 잘 된 사례 (335자)

머 리 말

컴퓨터의 발달과 함께 금세기 전반기부터 존재하는 수치유체역학 분야가 급속히 확산되어 왔다. 컴퓨터, 특히 슈퍼 컴퓨터의 고도 이용을 통해 난류라는 복잡한 현상을 수치화해서 해명이 가능해졌기 때문에 유체역학이 수치의 세계에서 큰 발전을 이루고 있다. 현재에는 현상론적 난류 모델을 작성하고 나비에·스토크스 방정식의 스킴을 이용함으로써 난류 문제를 슈퍼 컴퓨터로 해독할 수 있게 되었다.

본 논문은 먼저 제1장에서 슈퍼 컴퓨터의 원리를 해설하고 나비에·스토크스·스킴을 설명한 후, 대상이 되는 난기류에 대해 모델을 중심으로 수치유체역학의 새로운 세계를 컴퓨터의 발달을 따라 이해하도록 했다. 제2장에서는 슈퍼 컴퓨터의 동작 원리를 기술하고, 제3장에서는 슈퍼 컴퓨터의 미래의 모습을 예상했다. 제4장에서는 수치유체역학 현상을 난기류를 대상으로 논하고, 제5장에서 수치유체역학의 미래에 대해 논했다.

■ 전반에 주제를 정의하고 후반에서 설명하는 방식으로 기술한 잘된 예 (288자)

서 언

처음으로 설계론의 의미를 정리해 두고 싶다. 설계론이란 말은 최근에 자주 사용되고 있는데 크게 세 가지의 의미로 구별할 수 있다. 한 가지는 '설계를 논한다'와 같은 뉘앙스로 가장 넓은 의미를 지닌다. 다른 두 가지는 설계 방법론(Design Methodology) 및 설계 이론(Design Theory)이다. 세 가지의 공통점은 대상 분야가 달라도 설계를 공통적·일반적·체계적으로 다루고 있다는 관점에서 실무 매뉴얼 면에서는 일맥상통한다는 점이다.

여기에서는 이 세 가지를 총괄해 설계론으로 취급하고, 먼저 설계론 발전 부분에서 현재까지의 경위를 간단하게 설명한 후에 지금부터 앞으로 10년간 설계론의 전개에 강한 영향을 미칠 것으로 보이는 드라이빙 포스를 찾으면서 전개를 펼쳐나가고자 한다.

> **예제** 다음의 서언을 분석하고 문제점을 지적하시오.
> 이것은 어느 기술 잡지에 기고된 '산성비, 산성 강하물의 현상과 예측'에서 발췌한 것이다. 요약문은 없다.

머리말

환경을 둘러싼 내외 정세는 과거 20년간 크게 변모했다. 무엇보다 큰 특징은 '환경과 개발'의 양립이 국제적인 장에서 논의되었다는 점이다.

지구 온난화, 오존층의 파괴, 녹지의 사막화 등으로 대표되는 광대한 지역 규모의 현상 중에서 환경의 산성화(산성비) 문제는 비교적 일찍부터 연구가 시작되었던 분야에 속한다. 국경을 초월한 환경 문제로써 최초에 산성비가 제기된 계기는 1972년에 스톡홀롬에서 개최된 유엔 인간 환경 회의에서였다. 하지만 산성비나 눈, 안개의 존재는 100년 이상이나 거슬러 올라간 19세기 중반 무렵부터 이미 알려져 왔다.

전반 단락에서는 산성비 연구의 배경이(조금 지루하게) 설명되어 있다.
후반 단락이 문제다. 소설의 도입부와 같이 생각되어지는 일절이지만 본문의 주제로 도입하는데 이 토픽이 꼭 필요했을까? 글자수에 제한이 있는 기술문서의 서언에서는 배경보다 더 넓은 배경이 되는 화제를 쓸 필요는 없다. 후반 단락에서는 본문에서 어떤 논의가 전개되었는가를 예고하는 것이 타당하다.

7 본문 : 이해하기 쉽고 필요를 충족시키도록

● **본문의 역할**

　본문의 역할은 보고자의 작업 경과를 열거하는 것이 아니고 읽는 사람이 필요로 하는 자료를 제공하는 것이다. '이것을 하였습니다', '저것을 하였습니다'라고 한다면 '그래서 어쨌다는 말인가'라는 질문을 받을 것이 분명하다. '작성자가 무엇을 했다'라는 점에 관심을 갖는 상대는 작성자의 교육 책임이 있는 상사나 작업 지시를 한 프로젝트 팀장 외에는 없을 것이다.

　일반적인 독자가 관심을 갖는 것은 '무엇이 기재되어 있는가', '무엇을 밝혀 냈는가'이다. 보고서의 내용이 작업 목표에 합당한 정보를 읽는 이의 필요를 충족시킬 만큼 전달하지 못하고 있다면 읽는 사람은 만족하지 못한다.

● **목표의 기술 순서와의 통일**

　서언에서 보고의 목적·목표를 예고한다고 했다. 예비 지식이 없으면 이어지는 논의를 이해하기 어렵다.

　예고되어 있다고 한다면 읽는 사람은 예고된 순서에 따라 정보를 손에 넣을 수 있다고 기대한다.

　이에 맞춰서 작업 결과에 대한 정보는 예고 순서대로 기재되어야 한다. 순서가 통일되지 않으면 읽는 사람은 정보를 어느 위치에 두어야 할지 알 수가 없기 때문에 이해하는 데 온 신경을 집중시켜야 한다.

　목표에서 ①, ②, ③, ④의 요건을 들었는데 본문에서는 ②, ④, ①, ③의 순서로 기술했다면 내용 파악을 할 수가 없게 된다. 이것은 본문이 목차와 다른 순서로 기술되어 있는 책을 읽는 것과 마찬가지다.

● 기재 범위

보고서 작성자에게 있어서는 어떤 데이터나 모두 소중하다. 실험을 통해 얻은 귀중한 정보나 노하우를 많이 알려서 이용하도록 하는 것이 기술자의 기쁨이다. 그러나 반대로 너무 친절한 서술은 읽는 사람의 집중도를 저하시키고 주제를 불명료하게 만든다. 보고의 목적·목표를 참조해서 더 이상 생략하면 주제의 결론과 연결이 되지 않을 때까지 군더더기를 제거하는 것이 결국에는 전달 효율을 향상시키는 것임을 명심한다.

● 사실과 의견

본문에 포함된 자료나 주장 중에서 사실과 의견에 혼란이 있다면 읽는 사람은 보고 사항에 대해 정당한 평가를 내릴 수 없게 된다.

1. 사실과 의견을 확실히 구별한다.
2. 사실에 대해 근거가 없는 의견은 피한다

생각을 염두에 두고 이에 대한 주의를 할 필요가 있다. 여기서 문제가 되는 것은 사실과 의견을 구별하는 감각이다. 이에 대해서는 앞의 사실과 의견 부분에서 소개해 두었다.

● 기술 구성

본문 중의 자연스러운 서술의 흐름은 다음의 각 단계를 거친다.

방법과 조건 (procedure/condition) ➡ 결론 (results)

➡ 의논과 분석 (discussion/analysis)

각각의 단계를 주제를 가진 '절'로 만들고, 그중에서도 몇 개인가의 논제를 담고 있는 '항' 또는 '단락'이 있다. 이들을 구분하고 제목·소제목을 붙여서 읽기 쉽도록 편집한다.

이들 논제들의 배열 순서 즉, 단락의 배열 순서는 읽는 사람이 받게 되는 인상과 이해도에 커다란 영향을 준다. 문장 구성과 편집 방법에 대해서는 제3장에서 자세하게 설명하겠다.

● **상세한 데이터의 취급**

일부 전문가가 필요로 하는 상세한 데이터를 기재하는 것은 전문가가 아닌 사람들에게는 방해만 될 뿐이다. 상세한 데이터는 권말에 부록으로 첨부하는 것이 좋다.

8 결론 : 새로운 지식을 제시한다

● **결론의 역할**

작업 결과를 통해 얻어진 고찰과 제안을 제시하는 것이 결론의 역할이다. 결론은 본문의 요약이 아니다. 본문에서 서술했던 사실 관계나 경과를 기재할 필요는 없다. 오히려 불필요한 내용을 기재하는 것은 필요한 내용을 희석시키기는 작용을 하기 때문에 필요한 내용을 쓰지 않은 것과 마찬가지로 나쁜 작성법이다.

● **오해를 불러일으키기 쉬운 결론의 호칭**

'결과의 분석에 의해 이끌어낸 고찰'이라는 말의 의미를 가장 잘 표현하고 있는 용어는 결론(conclusion)이다. 최근의 기술 잡지 기고문에서는 부드러운 표현을 사용해서 맺음말·끝맺음·마지막에 등이 잘 쓰이고 있다. 그러나 이런 말들을 사용할 때는 주의가 필요하다.

정리(summary)라는 말의 느낌은 본문을 요약해서 정리의 역할을 다했다고 인식되는 경향이 있다. 맺음말·끝맺음·마지막에(afterword)는 작성자의 감상이나 감사를 기재하는 곳이라는 느낌이 든다.

실제로도 이와 같은 용어에 영향을 받아 본문의 반복이나 감상을 기재하는 곳으로 사용되는 경우가 많다. 다음의 두 가지 예문이 그 전형적인 경우이다.

■ 감상문처럼 된 잘못된 예

> **맺 음 말**
>
> 이번 기고를 통해 CE를 다시 공부하는 기회가 되었다. CE에 의한 상품 개발을 성공시키기 위해서는 지방도로의 정비와 끈기 있게 '조화' 또는 '벡터의 일치'라는 기업 풍토, 조직 풍토를 만드는 중요성을 이번 기회에 다시 한 번 재고해야 한다고 통감했다.

작성자가 '공부하는 기회를 얻었다'라고 하는 것이나 무엇을 '통감하고 있다'는 등의 내용은 읽는 사람과는 아무런 관계가 없는 일이다. '지금 다시 한 번 재고해야 한다'라는 말도 애매한 표현이다.

■ 기재 내용이 간단한 요약으로만 끝낸 잘 못된 예

> **맺 음 말**
>
> 본 원고에서는 삼차원 계측의 원리와 문제점 및 경관에서 삼차원 모델을 획득하는 방법과 구체적인 실시의 예에 대해 논하고 있다.

위의 예문에서도 '……그래서?'라는 질문을 받으면 대답이 궁색해질 것이다. '본문을 제대로 읽어주세요'라고 대답한다면 결론 부분을 만드는 의미가 없다.

● 결론의 요건

상세 보고서는 중간 보고에 비해 지면을 많이 사용하게 되므로 결론의 정보량을 풍부하게 할 수 있다. 기재하는 요건 항목은 중간 보고와 다르지 않지만 내용의 수준에는 차이가 있다.

(1) 새로운 지식을 제시할 것
(2) 목표 대비 달성도를 평가할 것
(3) 이후의 방향을 명시할 것
(4) 내용이 필요를 충족시킬 수 있도록 집필할 것
(5) 명확하게 표현할 것

(1) 새로운 지식

상세 보고서는 작업이 완료된 때에 발행하는 보고서다.

결론에는 획득한 새로운 지식의 보고가 포함되어야 한다. 제출·회람되는 대상은 업무 관계자뿐만 아니라 기업의 경영자나 고객, 경우에 따라서는 학회나 정부 기관 등의 외부 조직이 될 수도 있으므로 결론을 정정하는 일은 있을 수 없다. 따라서 높은 신뢰성이 요구된다.

또, 신지식의 내용은 장기적으로 보관하고 참조할 수 있어야 한다는 차원에서도 높은 자료적 가치를 가져야 한다. 결론이 감상적이거나 사실에 대한 나열에 지나지 않는다면 처음부터 상세 보고서를 작성할 필요가 없다는 말이 된다.

(2) 목표 달성도 평가

업무 목적의 최종 목표와 대비해서 작업 결과의 달성도를 평가한다. 달성도가 100점에서 만점을 받아야 하는 것이라면 상세 보고서는 업무에 마침표를 찍는 것이 된다. 그러나 어떤 식으로든 문제가 있기 마련이다. 이러한 문제가 이후의 방향과 연결된다.

(3) 이후의 방향

작업 결과에 대한 평가를 통해 앞으로 남겨진 과제가 부각된다. 결론에서 과제를 명확하게 파악하고 이후에 해결하기 위한 대책을 제안한다. 이것은 보고서의 가치를 더욱 높이는 일이 된다. 과제가 새로운 업무와 연결될 때 작업 내용이나 일정뿐만 아니라 기대 효과 · 비용 · 조직 · 예상되는 문제 등에 대한 고찰을 추가한다면 한층 더 의미 있는 보고서가 될 것이다.

평가하는 사람 · 채택하는 사람 · 실행하는 사람 · 반대 의견을 가진 사람 등 중요 보고 대상자의 반응을 고려해서 가장 효율성 높은 논지를 전달할 수 있는 제안 내용과 서술법으로 구성할 필요가 있다.

(4) 필요 충분

상세 보고서를 쓰는 단계에서는 작업 결과와 관련된 자료를 충분히 수집했을 것이다. 그러나 읽는 사람 모두에게 수집한 자료를 불성실하게 던져주고서 보고서의 역할을 다했다고 할 수는 없다. 어떤 사람이 읽을 것인가를 분석한 후 자료의 어떤 내용이나 제안이 읽는 사람에게 필요한 것인지 판단한 후에 정보를 취사 선택한다.

(5) 명확함

앞에서 서술했던 상세 보고서는 업무 관계자뿐만 아니라 예비지식이 없는 사람들도 볼 수 있다는 사실을 인식해야 한다.

특히 높은 수준의 전문 용어는 해설을 덧붙인다. 또 외부에서는 통용되지 않는 내부 용어는 사용하지 않도록 주의한다. 내부 용어를 만들어 낸 전문가는 용어에 대해 잘 알고 사용하고 있지만 그룹 내에서 양성되고 있는 신입사원은 일반적으로 통용되는 용어(말하자면 시민권을 가진 용어)와 구별하지 못 하므로 전문가의 체크가 필요하다. 한편, 기술자는 학회지나 전문서적을 읽고 신기술이나 용어를 익히는 자기 계발이 중요하다.

다음으로는 읽는 사람에게 애매한 단어로 판단을 맡기는 듯한 표현을 하지 않도록 주의한다. 당당하게 문서에 대한 책임을 지고 결론을 제시하는 자세가 보고서의 가치를 높인다.

우리들의 주변에 넘치고 있는 애매한 표현을 예로 들어 보자.

이중 부정 :   ……가 아니라고는 단정할 수 없다.
타인의 의견 :   ……라고 전해지고 있다.
다른 사람의 일 :   ……을 기대한다 / ……을 바란다. 검토할 만하다.
판단을 맡기는 표현 :   ……을 고려해야 한다.

애매한 표현∗ : 적극적으로 검토한다. 상당한 효과가 있다. 훨씬 우수하다.

예 제   다음의 결론문을 분석하시오.

맺 음

개발자들은 축대상 중 열매축·중천축 제품을 대상으로 하는 냉간단조冷間鍛造의 공정안 작성 시스템을 개발해서, FOREST-D(FORging Expert SysTem for Design)이라고 이름을 붙였다. 본 시스템의 특징은 다음과 같다.

1) 설계 대상에 프로덕트 모델이라고 하는 객체지향 프로그램 사고를 바탕으로 한 데이터 구조를 도입함으로써 설계에 관한 의미 등을 표현한다.
2) 전문가가 가지고 있는 노하우를 데이터베이스로 구축·활용하여 설계의 의미를 해설하고 전문가 수준에 이르는 정도로 설계를 한다.

이 시스템을 활용하면 취급하는 제품 형상에 대한 자유도가 높아질 뿐만 아니라 실적이 좋은 현장의 노하우를 용이하게 적용할 수 있기 때문에 수준 높은 공정안을 작성할 수 있었다. 이후 더욱 단조체 설계나 금형 설계 등을 지원하는 시스템을 구축하고 일련의 설계 작업에 자동화를 꾀한다는 과제를 가지고 개발을 진행한다.

구성이 탄탄하고 내용도 필요를 충족시켜 주는 좋은 예문이다. 위의 예제문을 앞에서 설명했던 결론의 요건과 비교하며 분석해 보겠다.

(1) 새로운 지식
개성 있는 발상으로 공정안 작성 시스템을 개발할 수 있다.

(2) 달성도의 평가
높은 수준의 실용성 있는 시스템을 완성했으므로 물론 목표 달성이라고 말해도 좋다.

(3) 이후의 방향
본 시스템을 발전시켜서 광범위한 설계 자동화 시스템을 개발한다는 계획을 제시했다.

(4) 필요 충분
① 먼저 보고서의 작성 목적을 말하고 있다. 긴 문장이 아닌 필요를 충족시킬 만큼의 길이로 도입 부분에 기재했다.
② 이어서 본 시스템의 특징과 효과를 항목 쓰기로 소개했다.
③ 마지막으로 이후의 과제를 간결하게 기술하고 있다.

(5) 명확함
문체·구성 모두 간단 명료하다. '객체지향 프로그램'이나 '설계의 의미'와 같이 다소 전문성이 높은 용어가 있기는 하나 보고서를 읽는 상대는 기대한 만큼 잘 이해했을 것이다.

> » 알고가자
>
> **애매한 표현**
> 얼핏 보면 강조처럼 보이나 실은 행동을 동반할 수 없는 내용이다.

9 감사 : 실질적으로 공헌했던 사람에게만

● **감사의 말을 쓸 때**

작업 진행이나 보고서 작성에 직접적인 도움을 준 사람 또는 조직에 감사의 마음을 전한다. 고마움을 표시하는 대상은 기술적인 지도, 작업 협력, 기구·시설·재료의 제공 등이 있다.

감사의 마음을 전하는 상대는 실제로 활동에 협력해 준 사람 또는 조직에 국한한다. 직접 관계가 없거나 또는 어드바이스를 받은 정도뿐인데 의례적으로 이름을 올리는 것은 그 사람에게 문서의 책임을 떠안기려는 것이 되어 오히려 결례가 될 수 있음을 명심한다.

감사 문장은 너무 길지 않은 문서에서라면 독립된 절로 만들지 않고 결론 끝 부분에 몇 줄 덧붙이는 정도로 기술하는 것이 바람직하다.

> **감사의 예**
>
> a. 맺음에 앞서 안구운동 계측에 관해 지도를 아끼지 않았던 (재)○○과학연구소 여러분에게 지면을 빌어 감사의 마음을 전합니다.
>
> b. 마지막으로 본 안테나 개발 및 상품화에 있어 협력을 아끼지 않았던 ○○통신㈜, ○○프레스공업㈜ 외에 사내외 관계자 여러분에게 감사드립니다.

10 문헌 : 출전을 밝힌다

● **문헌의 역할**

관련된 내용을 문헌에서 인용하는 경우가 적지 않은데 이 때는 반드시 출전을 밝혀야 한다. 문헌을 밝히는 이유는 원 저자에게 감사의 마음을 표현함과 동시에 보고서를 읽은 사람이 인용에 흥미를 가졌을 경우 더 깊이 추적할 수 있도록 배려하는 마음에서 준비하는 것이다.

● 문헌의 기재 방법

문헌 수가 적다면 본문에서 각주 형태로 하는 편이 보기 좋지만 문헌이 많은 경우에는 각 장의 끝 부분 또는 권말에 정리해서 첨부한다.

아래 그림은 참고 문헌 기재 형식의 예이다. 학술지에 따라서는 집필 요령이 있으므로 기고를 할 경우에는 집필 요령을 따른다.

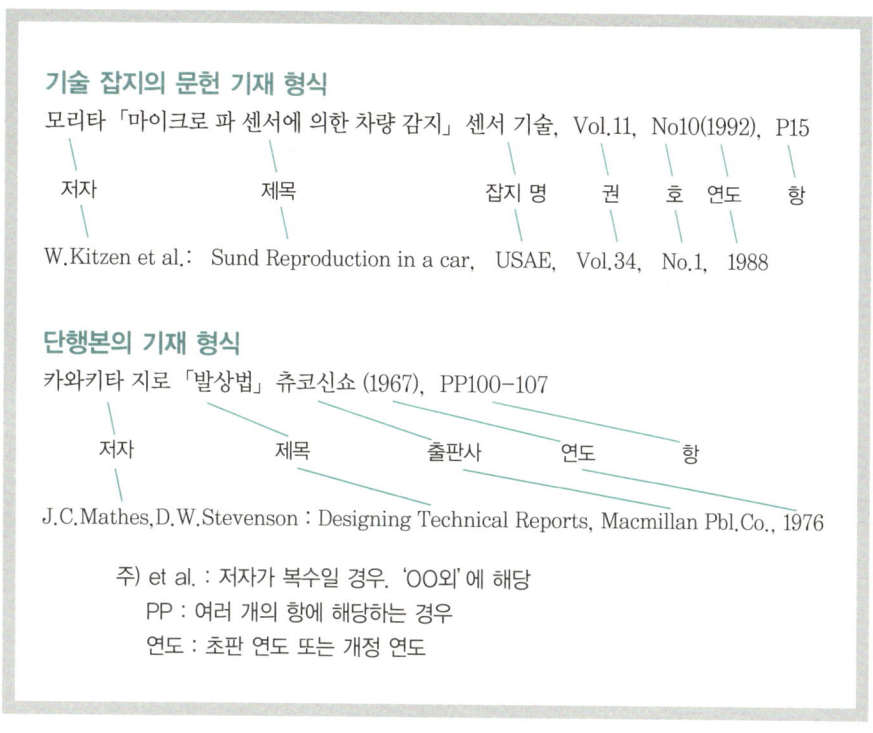

▲ 참고 문헌의 기재 방법의 예

11 부록 : 상세 보고서의 요구에 응한다

● 부록을 첨부하는 이유

본문의 서술 내용이 너무 상세하면 개요만을 알고 싶어 하는 다수의 독자가 이해하는 데 오히려 방해가 된다. 자세한 내용을 요구하는 독자를 위해서는 자료를 부록에 첨부하는 것이 편리하다.

● 부록에 기재하는 사항

부록에 기재하는 사항은 수식이나 유도 방법, 실험 설비나 조건의 자세한 사항, 최신 데이터 등으로 보통 권말에 정리한다.

부록을 첨부할 때는 목차에 기재해 둔다.
부록이 두 가지 이상일 경우에는

부록1(Appendix 1)
부록2(Appendix 2)

로 표시한다. 참고로 영어명 appendix의 복수는 appendices이다.

비상시에는 문제 대책 시트로 대처한다

기업 혹은 고객에게 중대한 문제가 발생했을 때에는 어떤 상황이든 긴급히 대책을 강구하는 자세가 필요하다. 중간 보고·상세 보고서가 평상시의 커뮤니케이션 수단이라면 문제 대책 시트는 비상시에 이용하는 방법이다.

1 문제 대책 시트를 도구로 사용한다

● 문제의 대처

평상시라면 계획에 따라서 기업 활동이 이루어지게 되는데 갑자기 흐름을 방해하는 문제와 직면할 때가 있다. 회사 내부적으로는 제조 라인에서 발생한 트러블이나 유통이나 보관상에서 발생하는 문제가 있을 수 있으며, 회사 외부적으로는 고객의 컴플레인 등이 있다. 이와 같은 위기에 얼마나 신속히 대처해서 문제를 해결할 수 있는가가 기업의 활력이라고 할 수 있다.

● 신속하고 정확한 처리 도구

의욕만으로는 문제를 제대로 해결할 수가 없다. 위기 관리를 원활하고 적절하게 처리하는 자세가 필요하다. 그러기 위해서는 언제라도 발동할 수 있도록 관리 시스템을 준비하고, 신속하고 정확하게 정보 전달을 할 수 있는 도구가 필요하다. 본 절에서는 시스템은 접어두고 도구에 대해 생각해 보자.

문제가 발생했을 때 단편적인 사고로 우왕좌왕해서는 올바르게 대처할 수가 없다. 먼저 사실 관계를 파악하고 문제의 소재와 그 원인을 추정할 필요가 있다. 이 과정에서 중요한 것은 문제가 발생하기 전과 비교했을 때 무엇이 변화되었는가를 파악하는 변화점을 분석해야 한다. 분석을 기초로 대책 방안을 세운 후 실행에 옮긴다. 그리고 실행 결과를 추적하면서 효과를 확인하고 얻어진 결론을 원래의 공정에 반영한다.

　이런 프로세스가 결국에는 가장 신속하고 정확한 효과를 낳을 수 있다. 작업에 필요한 도구인 문제 대책 시트에 대해서 자세히 알아보자.

2　문제 대책 시트에는 다섯 가지 항목을 충족시킨다

● 전달해야 할 다섯 가지 항목

　문제 대책 시트에는 반드시 전달해야만 하는 다섯 가지의 항목이 있다. 다섯 가지 항목을 누락됨 없이 기입하기 쉽고, 읽기 쉽게 구성한 도구가 다음 쪽의 문제 대책 시트 서식이다.

(1) 발생 상황

　문제 발생 상황을 조사하고 5W1H의 원칙에 따라 체크한다.
　단, Why는 원인란에 기술하게 되므로 이 란에는 쓰지 않는다.

무엇이(What)	문제를 일으킨 원인은 무엇인가(명칭·기종·제조번호)
	문제는 무엇인가(현상·컴플레인)
	발생 건수
언제(When)	문제 발생 연월일
어디서(Where)	발생한 장소
누가(Who)	발생에 관련 된 조직·사람(기업·부서·판매점·고객)
어떻게(How)	지금까지 어떤 조치를 취하고 있는가

(2) 문제 파악

　문제의 물건 또는 사건에 대해서 다음의 내용을 확인한다.

a. 정상적인 모양 또는 상태와 무엇이 어떻게 다른가(그림으로 설명한다)

　　b. 문제가 발생하기 전과 비교했을 때 어떤 **변화***가 있었는가

(3) 원인 분석

문제 발생 원인을 상기의 사실 중에서 발견하여 분석한다.

　　a. 문제가 어떻게 발생했는가

　　b. 발생 원인은 무엇인가

　　c. 발생된 문제를 재현할 수 있는가

　　d. 부품의 유출이나 현상의 **파급***을 체크할 수 없었던 이유는 무엇인가

(4) 대책 방안

문제 발생 원인을 해결할 수 있는 방법을 모색한다.

　　a. 대책에 필요한 **요건***

　　b. 문제 발생 방지의 잠정 대책/항구 대책

　　c. 유출이나 파급의 재발 방지 대책

　　d. 대책 실시 계획

> **» 알고가자**
>
> **변화** : 정상적으로 생산이 진행되었을 때와 비교하여 제품에 문제가 발생했을 때에는 반드시 공정이나 관리에 변화가 있기 마련이다. 라인 배치·설비 갱신·금형 갱신·검사법의 변경·작업자의 교체 등 문제에 관련이 되었을 만한 모든 요인을 먼저 떠올려 본다. 문제가 발생한 시점에서 반 년 전 혹은 1년 전과 문제 발생 후의 상태를 비교해서 변화점을 찾아내는 것이 원인 분석의 첫 걸음이다.
>
> **파급** : 예상하지 못했던 문제는 생각보다 그 수가 적다. 감시나 경계를 늦추지 않고 지키고 있어도 그 틈을 빠져나가서 발생되는 문제가 많다. 왜 엄중한 경계망이 뚫렸는가를 조사하는 것은 재발 방지 대책 중 하나다.
>
> **요건** : 문제가 발생된 상황을 파악했다면 다음으로는 어떤 조건을 충족시키면 문제를 해결할 수 있을까를 생각해야 한다. 이와 같이 미리 생각한 조건(작업 가설 : 경우에 따라서는 복수)을 대책 목표 요건으로 설정한다.

(5) 실시 효과

실시 효과를 추적해서 대책 방안의 타당성을 확인한다.

a. 실시 방법   b. 실시 결과
c. 대책 요건에 대한 **평가**＊
d. 원 공정이나 품질 보증 시스템에 **반영**＊

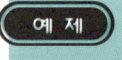 앞에서 예로 들었던 주제문은 브라질 현지 공장에서 생산한 승용차에 아이드링 불안 컴플레인이 제기되었다고 설정되었다. 이 문제에 대해 앞의 발생 상황란에 기입하시오.

작성 예

▼ 문제 대책 시트 기입 예

1. 기　　종	AX230C형 승용차용 B형 기화기(브라질 공장 생산 제품)
2. 문제 내용	아이드링 회전의 과다 및 불안정
3. 발생 시기	2005년 7월부터 1~3대 / 월 단위로 발생
4. 발생 건수	2006년 2월 15일 현재 15대
5. 제조 번호	BC1A07258~BC2517335
6. 발생 부서	· 남미 자동차(2006년 2월 23일 당사 브라질 공장에 통지) · 브라질 공장 품질 관리부로부터 본사 품질관리부에 연락(2월 25일)
7. 발 생 지	주로 상파울로, 리오데자네이로 지역
8. 처리 현황	· 브라질 공장 : 기화기 스로틀 축 표면의 흑갈색 퇴적물 발견 · 퇴적물 제거로 스로틀 축 동작 회복 · 브라질 공장에서 원인 분석과 대책을 본사에 의뢰

(이 기입 사항은 모두 가상의 내용이다)

》 알고가자

평가 : 대책 효과를 확인하는 것은 대책 결과가 대책에 필요한 요건을 충족했는가 여부, 또는 그로 인해 문제가 발생했는가 여부를 확인하는 것을 의미한다.
반영 : 공정이나 품질 보증 시스템에서 경계망을 빠져나간 원인이 재발되지 않도록 개선하는 것이다.

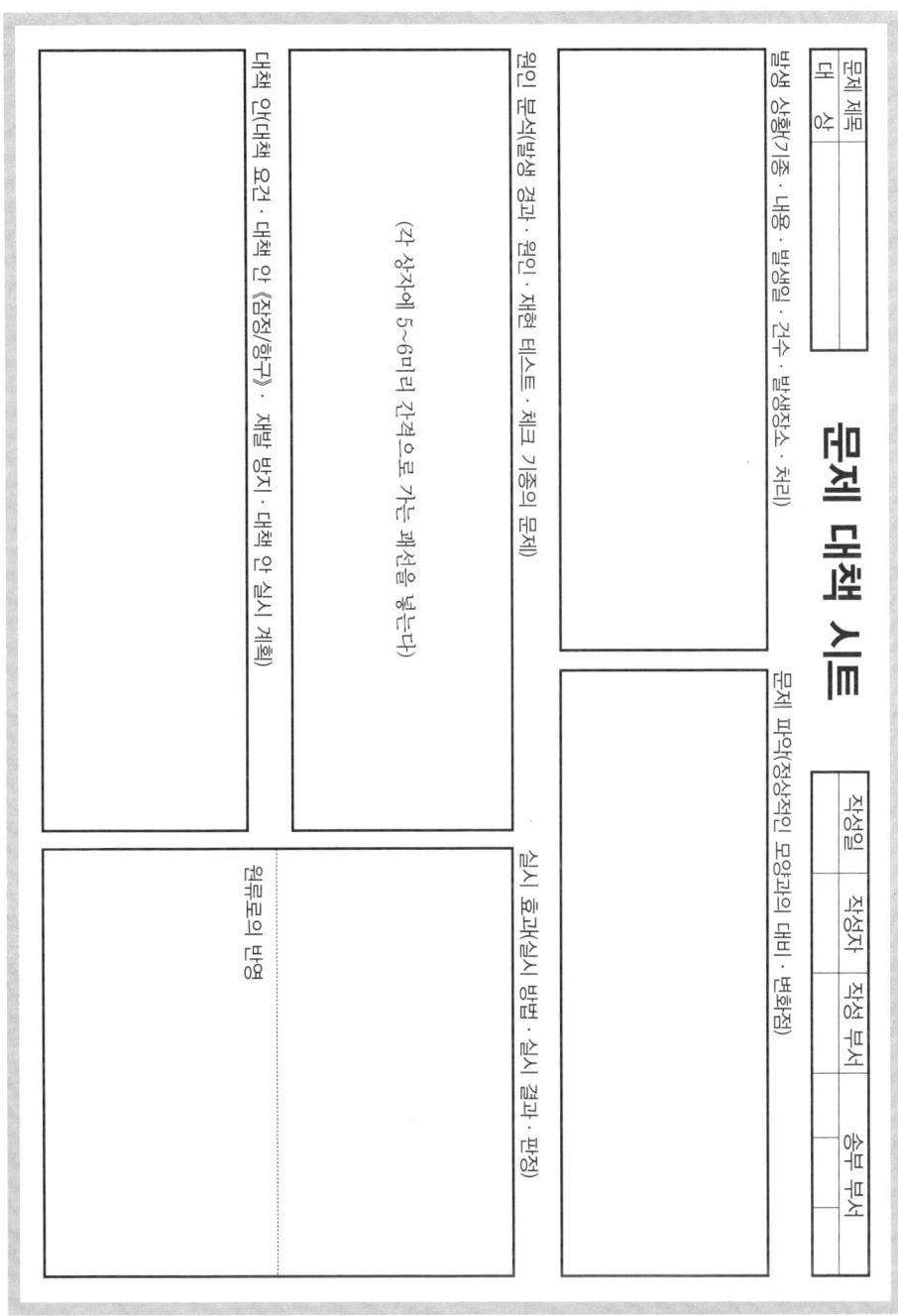

▲ 문제 대책 시트 서식 예(A3크기에서 축소)

명확한 문장을 구성한다

1 _문장 작성의 성공 여부는 구성 단계에서 결정된다
2 _단락을 설계한다
3 _논리에 맞는 문장을 구성한다
4 _뜻이 명확한 단어를 사용한다

엔지니어를 위한
보고서 작성기술!

Chapter 3

문장 작성의 성공 여부는 구성 단계에서 결정된다

STEP

기술 보고를 기대하고 있는 상대에게 수필처럼 작성하여 키워드를 고민하도록 한다면 좋은 글이 될 수 없다. 보고서를 보고 직접적으로 주제를 알아 낼 수 없다면 보고서의 가치가 없다. 보고서 작성 시에는 먼저 주제와 결론의 소재가 한눈에 파악될 수 있도록 문장 구성을 계획하는 것이 필요하다.

1 계층 구조로 정리한다

● 쓰기 전의 준비 계획

개인적인 편지라면 말하고 싶은 것을 물 흐르듯이 써내려가도 대부분의 경우는 이해를 한다. 왜냐하면 쓰는 사람과 읽는 사람 사이에 여러 가지로 암묵적인 양해가 있기 때문이다. 그렇다 하더라도 계절 인사·본문·건강에 주의하시라는 인용부 편지글도 보통은 어느 정도 계획을 세워서 문장을 구성한다.

하물며 업무상으로만 알고 있는 독자와 불특정의 회사 외부 보고 대상자를 상대로 하는 기술문서에서 계획없는 문장 구성은 있을 수 없다. 누구라도 주제를 바로 이해해서 결론을 판단하고 행동으로 옮길 수 있는 구성 요소와 이에 따른 문장이 되어야 한다.

이와 같은 문장을 쓰려면 다시 한 번 주제를 설정하고 자료를 계획적으로 구성할 필요가 있다. 계획에 충분한 시간을 들여서 작성하면 그만큼 이해하기 쉬운 문서를 신속하게 작성할 수 있게 된다.

● 계층 구조로 문장의 질서를 잡는다

이해하기 쉬운 문장은 작성에 앞서 질서 있는 문장의 구조 계획을 세워야 한다. 이 질서는 다음과 계층 구조로 정리해 두면 문장 작성 내내 그 틀이 유지가 된다.

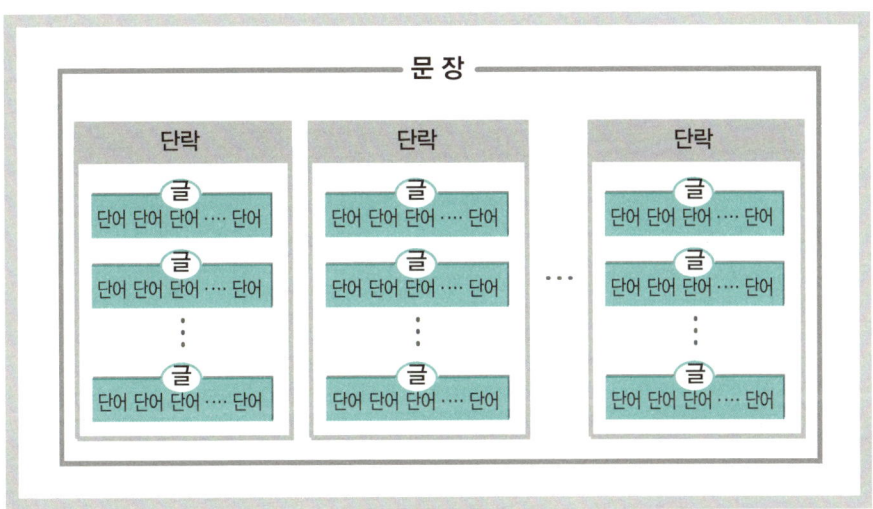

▲ 문장의 계층 구조

위의 그림을 보면 의미를 가지고 있는 최소 단위는 단어이며 최저 계층에 해당한다. 단어는 독자적인 의미를 가진다. 단어만으로도 어느 정도의 커뮤니케이션은 가능하지만 다소 복잡해지면 계층이 올라가서 한 가지의 논리를 나타내는 문장으로 표현된다. 그리고 여러 개의 문장을 한 가지의 논제로 정리한 것이 단락이고, 단락을 조합해서 특정의 주제를 전달하는 최고층의 문서를 구성한다.

● **문서를 구성하는 방법**

여기서 말하는 문서는 편집상의 호칭이다. 이것은 문서 전체나 장에 한정된다고 할 수 없으며, 절이나 항의 문장을 정리하는 경우도 포함한다.

문서 구성 계획은 계층이 높은 곳에서 낮은 곳으로 진행한다. 먼저 문서의 주제를 명확하게 하고 이것을 효과적으로 표현하기 위한 단락을 설계한다.

단락 설계에서는 논제의 서술 순서를 조정하면서 각 논제를 설명하는 문장의 논리적인 흐름을 구성한다.

계획이 세워지고 이제 실제 작성에 들어가려고 한다면 위와 반대로 각각의 논리를 명확한 단어로 이해하기 쉬운 문장을 먼저 기술해 놓고, 단락·문서로 확대시켜 나간다. 이 작업이 성공할지의 여부는 위의 계획을 제대로 세웠는지의 여부에 달려 있다. 계획이 불충분한 상태에서 다짜고짜 작문에 들어가면 주제·논제가 불명확한 문서가 되고 만다. 그뿐만 아니라 쓰고 있는 본인조차 뜻을 이해하지 못하고 혼란에 빠지게 된다.

● 자동차 구조와 유추

문서의 구성을 자동차 구조와 비교해 보면 이해하기 쉽다. 굳이 자동차라고 한정할 필요는 없다. 기계의 일반 또는 회사 조직에 계층 구조가 있는 곳이라면 동일하게 비교할 수 있다.

자동차 구조를 문서에 적용해 보면 엔진·트랜스미션·서스펜션·브레이크 등의 기구는 단락에 해당하고, 기구를 구성하는 부품은 문장이 된다. 그리고 부품을 구성하는 작은 부품은 단어라고 볼 수 있다.

예를 들면, 자동차 전체의 구상을 '도심을 생활권으로 하는 핵가족용 환경 친화적 5인승 패밀리 카'라고 한다면 그에 맞는 엔진이나 서스펜션 또는 내·외장을 생각하게 된다. 이에 따라 부품의 선택이나 개발이 이루어지고 순차적으로 작은 부품에 이르면서 레이아웃이 완성된다.

실제로 작업을 착수할 때는 구상과는 반대 순으로, 작은 부품·부품에서 기구를 정리하고 마지막으로 자동차 전체를 조합하게 되는 것이다. 이와 같은 순서를 밟지 않고 갑자기 피스톤 설계자가 자신의 전문 분야인 피스톤을, 헤드 설계자는 자신이 생각하는 이상적인 헤드를 설계한다면 엔진은 완성되지 않는다. 완성되었다고 해도 패밀리 카 차체에 스포츠 카 엔진을 장착하는 등 뒤죽박죽인 자동차가 만들어져서 결코 사용자를 만족시킬 수 없게 되고 만다.

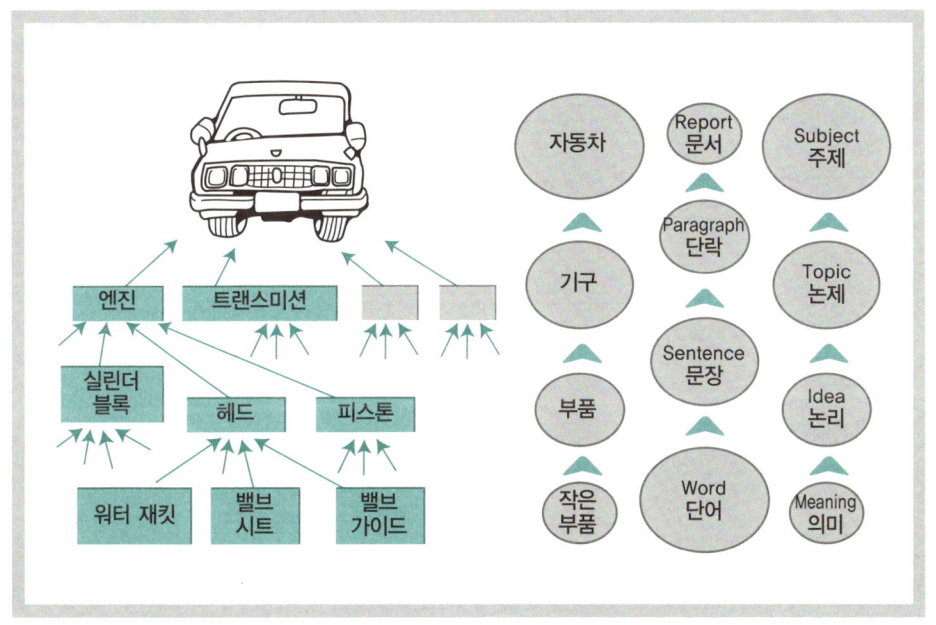

▲ 자동차 구성 부품과의 대비

2 하나의 문서에는 하나의 주제 : 읽는 사람을 혼란스럽게 하지 않기 위한 것

● 주제의 일관성

　'한 문서·한 주제'란 말 그대로 하나의 문서는 한 가지의 주제를 가진다는 뜻이다. 이것을 뒤집어 생각해 보면 하나의 문서에는 복수의 주제가 표현되어서는 안 된다고 하는 기본 전제를 깔고 있는 것이다.

　문서 구조상 가장 중요한 사항은 주제가 명확하고 일관성을 갖는 것이다. 문서에 여러 개의 주제가 있으면 읽는 사람을 헷갈리게 하여 제대로 이해시킬 수 없게 된다. 또한 파일링을 생각하면 주제가 복수인 경우에는 복사를 하지 않는 이상 다른 한 쪽의 주제는 영원히 활용되지 못할 것이 틀림없다.

복수의 주제를 보고한다면 별도의 보고서를 작성할 필요가 있다. 주제가 어느 틈인가 바뀌고 마는 문서를 '뒤틀린 문장'이라고 부르는데 복수의 주제를 가진 문장은 뒤틀린 문장의 변형된 형태라고 할 수 있다. 그리고 읽는 사람이 느끼지 못하는 사이에 주제에서 조금씩 벗어나서 마지막에는 뜻을 이해할 수 없게 된다. 이런 경우 작성자 자신 조차도 이해를 못하고 있는 경우가 허다하다. 이것은 작성하기 전 단계에서 계획과 주제 설정이 불충분했기 때문이다.

● 주제의 명확함

일관성이 없는 문서는 거대한 미로와 같다. 이것은 돌아가는 길이나 막다른 길만 있는 문장의 집합에서 읽는 사람에게 주제를 찾아내는 수고를 강요하고 있는 것과 마찬가지다. 이것은 읽는 사람을 위해 작성한다고 하는 테크니컬 라이팅 원칙과 반대된다.

그러면 읽는 사람에게 부담을 주지 않는 문서를 만들려면 어떻게 하면 좋을까? 작성에 들어가기 전에 먼저 보고서의 주제를 정한다. 다음으로 목적문과 목표문을 명확하게 기술하는 것이 포인트다. 이것을 참조하면서 작성하면 탈선을 방지할 수 있다.

● 주제 · 단락 · 문장 · 단어의 기본 원칙

단락 · 문장 · 단어의 경우에도 기본 원칙은 동일하게 적용된다. 이에 대한 자세한 내용은 뒤에서 다시 설명하겠다.

① 하나의 문서 · 하나의 주제(One document, one subject)
- 하나의 문서에는 복수의 주제(테마)를 기재하지 않는다.
- 복수의 주제가 있으면 다른 문서를 이용한다.

② 하나의 단락 · 하나의 논제(One paragraph, one topic)
- 하나의 단락에는 복수의 논제(화제)를 기재하지 않는다.
- 하나의 논제에 대한 기술이 끝났으면 새로운 단락을 시작한다.

③ **하나의 문장 · 하나의 논리**(One sentence, one idea)
- 하나의 문장에는 복수의 논리를 기재하지 않는다.
- 하나의 논리에 대한 기술이 끝났으면 문장을 새로 시작한다.

④ **하나의 단어 · 하나의 의미**(One word, one meaning)
- 의미가 하나로 정해진 단어를 사용한다.
- 여러 가지 의미를 가진 단어나 애매한 의미를 내포한 단어를 사용하지 않는다.

단락을 설계한다

테크니컬 라이팅의 문서 구성에 있어서 가장 중요시하는 것은 단락 설계이다. 단락의 구성과 논제가 일관되지 않으면 집합으로써의 문서는 성립되지 않는다.

1 단락 설계란 무엇인가?

● 단락(패러그래프)

단락이란 '하나의 논제(topic)를 설명하기 위해 관련된 문장을 집합시켜 놓은 것'이다. 우리는 일반적으로 단락이라고 하면 단순히 줄을 바꾸는 문장의 집합을 가리킨다고 생각한다. 줄만 바꾼다는 설명으로는 정의가 확실하지 않기 때문에 영어권에서 사용하는 패러그래프(paragraph)라는 명칭을 빌려서 라이팅하는 책이 많다. 그러나 이 부분만 영어를 사용하는 것은 통일성이 없기 때문에 이 책에서는 위와 같이 명확하게 정의한 단락이라는 말을 사용하기로 한다.

● 단락 설계의 필요성

문서를 구성하는 모든 문장을 무질서하게 늘어놓으면 읽는 사람의 부담이 커진다. 논제 별로 그룹을 만들고 논제들이 한눈에 들어오게 배열해서 단락을 구성하는 것을 단락 설계(paragraph design)라고 한다. 단락 설계는 문서를 작성할 때 초점이 되는 요소 중 하나다.

발상법으로 유명한 K-J법은 같은 논제의 문장을 단락으로 정리하는 방법으로 이용할 수 있다. 먼저 주제를 설명한 후에 필요하다고 생각되는 사항을 모두 카드에 기입한다. 한 장에 한 가지 사항만 기입한다. 기입한 카드를 관계되는 내용

(공통의 생각이나 상황) 별로 그룹을 나눈다. 이렇게 분류 작업을 해서 완성된 그룹이 단락이며 공통의 생각이 논제가 된다. 이 작업에서는 카드 대신 컴퓨터의 편집 기능을 이용할 수도 있다.

● **단락 표기법**

단락 구성의 효과를 높이기 위해서는 단락이 전환된다는 사실을 확실히 알 수 있게 할 필요가 있다. 그 때문에 새로운 단락을 쓰려고 할 때는 행의 처음에 한 글자를 띄어서 공백을 만든다. 그리고 단락이 끝나면 줄을 바꾸어 쉽게 식별할 수 있게 한다. 특히 강조해서 구별하고 싶을 때는 앞 단락과의 사이에 여백을 한 줄 넣는다.

2 한 단락 · 한 논제 : 옆길로 새지 않도록 하기 위해

● **본론을 벗어나는 옆길 문장**

단락의 내용을 바로 이해하기 위해서는 논제에서 벗어난 문장을 개입시키지 말아야 한다. 관련이 없는 문장이 섞여 있으면 읽는 사람의 생각을 멈추게 해서 본래의 논제를 헷갈리게 만드는 악역의 역할을 한다.

그런데 기술자들이 작성한 문서를 보면 자주 곁길로 벗어난 문장을 볼 수 있다. 이러한 문장은 기술적인 배려나 서비스 정신의 적이다. 이 말도 하고 싶고 저 말도 도움이 될 것이라고 생각해서 참고 정보를 끼워 넣기 때문에 본래의 논제가 흐려지는 것이다.

● **줄 바꾸기의 남용은 작성자의 태만**

하나의 논제에 대한 기술이 끝나지도 않았는데 줄을 바꿔서 단락을 늘리기만 하면 읽는 사람의 사고를 중간중간 끊어버리는 작용을 하기 때문에 논제를 쉽게 잃어버릴 수 있다. 하나의 문장마다 줄을 바꾸면 어떻게 보면 읽기 쉬울 것 같지만 실제로는 단락 구성 작업을 읽는 사람에게 맡겨 버리는 안 좋은 문장이 된다.

반대로 논제가 바뀌었는데 줄 바꾸기를 게을리하면 읽는 사람에게 논제를 정리하도록 강요하는 꼴이 된다. 이와 같은 단락 정리는 원래 작성자가 해야 한다.

If you don't do it,	당신이 하지 않으면,
then the reader will have to.	독자가 할 수밖에 없다.
And that's not the reader's job.	독자의 작업이 아님에도 불구하고.

- Larry D. Brouhard -

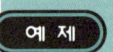
1. 다음 단락의 논제(topic)는 무엇인가?
2. 논제에서 벗어난 문장을 지적하시오.

①일본의 에너지 소비 구조는 구미와 비교해 산업 부문에서 차지하는 비율이 높다. ②철강·석유화학·종이·펄프·비철금속·시멘트 등이 그 대표적인 예다. ③이 업종에서는 생산을 위해 다량의 열과 전기를 필요로 할 뿐 아니라 폐열량도 많기 때문에 이것을 회수하는 노력으로 이어져 에너지 절약 실적을 높이고 있다. ④그러나 에너지 절약의 기본은 먼저 폐열 그 자체의 감소를 꾀하고 에너지에 유효한 이용도를 향상시키는 것이다. ⑤산업에서 배출되는 에너지의 회수와 이용 방법으로는 공기예열·흡수가열·급탕·증기발생 등과 같은 간접적인 방법 외에 직접적인 이용에 대해서도 실용화가 이루어지고 있다.

1. 논제 : '산업에서 배출되는 에너지의 회수와 이용'
   대표적 업종의 배출 에너지 회수·이용 노력과 그 방법을 기술하고 있다.

2. 논제를 벗어난 논리 : 네 번째 문장이 이 단락의 논제에서 벗어난 논리다.
   세 번째 문장까지는 논리가 일관되게 흐르고 있다. 네 번째 문장은 주장 자체가 틀리지는 않지만 갑자기 '폐열의 감소'라는 다른 논제가 출현해 논제의 흐름을 헝클어뜨리고 있다. 그러고 나서 이어지는 다섯 번째 문장은 본래의 논제로 다시 돌아왔다.

3 단락을 이해하기 쉽게 배치한다

● 단락의 배열

문서의 주제는 보통 복수의 논제(즉, 복수의 단락 중에서)로 설명하고 있다. 이들 단락의 배열법을 충분히 연구하여 쉽게 읽을 수 있도록 문서의 골격을 구성할 필요가 있다.

배열법을 틀에 맞출 필요는 없으나 직렬형과 병렬형이 있다는 사실 정도라도 알아 두면 단락 설계가 수월해진다. 배열법을 알면 논제의 흐름을 상황의 경과에 따라 기술하는 것이 아니라 처음부터 계획적으로 서술하는 데에 도움이 된다.

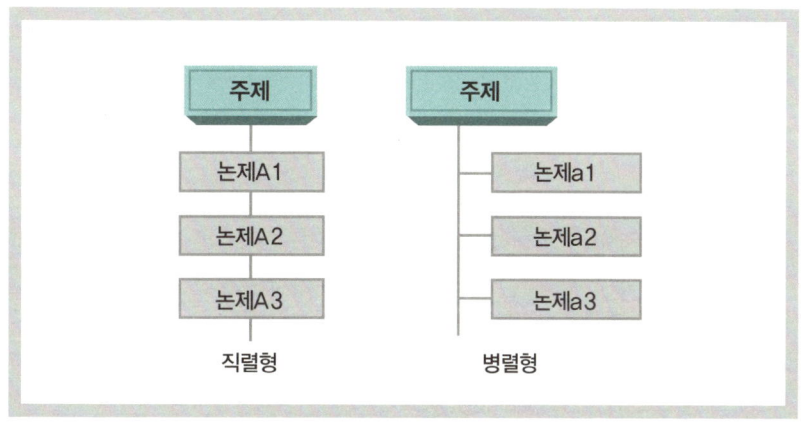

▲ 단락의 배열법

● 직렬형

첫 부분에 문서의 주제를 제시한다. 이어지는 단락에서는 주제를 설명하는 논제를 바통 터치하는 식으로 이어서 전개한다. 즉, A1이 원인이 되어서 A2의 결과를 가져왔고, A2가 다시 A3를 일으켰다는 식으로 연쇄적으로 서술한다. 직렬형 구성은 설득력이 높은 자연스러운 논리의 흐름이 특징이다.

● **병렬형**

주제를 동격으로 복수의 논제를 예시의 형식대로 설명하는 단락 배열법을 말한다. 먼저 주제 안에서 a1, a2, a3에 관해서 서술할 것이라고 선언하고, 이하 그 순서대로 기술한다. 이 구성은 엄청난 양의 정보를 질서 정연하게 설명하는 데 적합하다.

● **직렬·병렬 혼합의 실제형**

```
단락1   주제  스텝 모터의 기본 구조
단락2   논제  A1  : 스텝 모터의 기본 원리
단락3   논제  A2  : 각 형식의 구조 설명
단락4   논제  ┌─ a : PM형의 구조 설명
단락5   논제  ├─ b : VR형의 구조 설명
단락6   논제  └─ c : HB형의 구조 설명
```

단락1은 문서가 전달하는 주제를 소개하는 주제문이다. 이 부분은 서론에 포함되는 경우도 있다. 단락2에서 스텝 모터의 기본 원리를 설명한다.

단락2를 받아서 단락3은 원리에 기초한 세 종류의 구조가 있다는 내용을 소개(예고)하고 있다. 이 배열은 논제를 받아서 이어가는 직렬형에 해당한다.

단락3에 종속되는 a, b, c 각각의 소 단락은 세 종류(PM형, VR형, HB형) 모터의 구체적인 구조를 설명한다. 이와 같이 동격의 논제가 열거되는 배열 형태가 병렬형이다.

앞의 예문은 직렬형과 병렬형의 두 가지 형식을 복합적으로 구성한 문장이다. 보통 이처럼 복합 형태가 많다.

4 요점에서 상세한 내용으로 전개한다

● **단락 내부는 어쨌든 혼돈 상태**

앞에서 정리한 내용을 보면 문서의 전체 모양은 대부분 파악할 수 있었겠지만 단락의 내용을 이해하기에는 아직도 상당한 노력이 필요할 것이다.

지금까지의 설명으로는 각각의 단락을 큰 틀로 잡고 논제와 관련된 재료를 묶음묶음으로 모아놓을 뿐이다. 이 상태로는 단락 안에 있는 문장 배열에 질서가 없기 때문에 설명하는 순서가 앞뒤에 걸쳐 있거나 논제문이 어디 있는지 소재를 찾을 수가 없다. 읽는 사람에게 이런 혼돈을 정리하는 부담까지 가중시킨다면 참을성이 강한 사람도 삼십육계 줄행랑을 칠 것이다.

● **혼돈을 어떻게 정리할 것인가?**

단락 내의 문장 배열을 쉽게 이해하기 위해서는 먼저 전달 내용의 요점을 처음에 언급한다. 요점이 있다면 단락을 읽을 필요성이 있는가, 없는가를 판단할 수 있다. 판단이 서지 않는다면 '좀처럼 결론이 내릴 수 없는 병(악문)'으로 불릴 것이다.

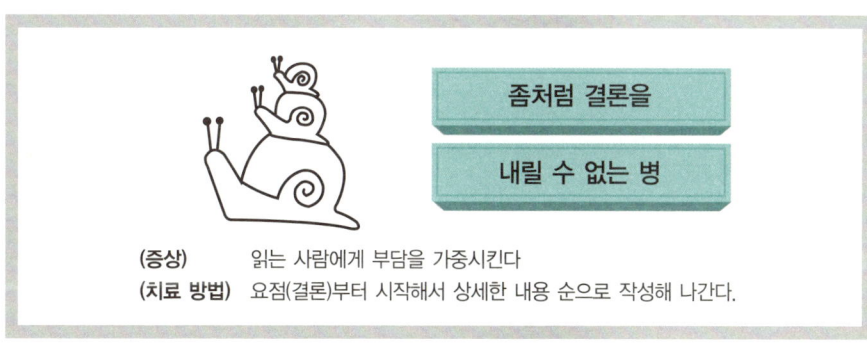

▲ 좀처럼 결론을 내일 수 없는 병(악문)

요점부터 시작해서 상세한 내용으로(general to particular) 서술하는 구성은 테크니컬 라이팅의 기본으로, 읽는 사람에게 수고를 끼지 않고 전달 목적을 달성할 수 있다.

단락의 개요를 예고하는 문장을 논제문, 상세하게 설명한 문장을 전개문이라고 정의하기로 한다.

5 논제문에서 단락의 내용을 예고한다

● 논제문의 역할

논제문은 논제 즉, 지금의 단락에서 무엇을 설명하려고 하는가, 또는 무엇을 주장하려고 하는가를 간결하게 기술하는 문장이다. 테크니컬 라이팅에서는 논제문을 가장 먼저 기술하고 읽는 사람이 단락의 개요를 예측할 수 있도록 한다. 반대로 논제에 대한 예고 없이 갑자기 전개문이 시작되면 읽는 사람은 단락을 읽을 필요가 있는지의 여부를 판단할 수가 없다. 이것은 보고서의 '예고 없는 병'이라고 진단했다.

단락을 읽을 필요가 있는지의 여부를 판단한 뒤, 읽기로 결정했을 때는 가야 할 방향대로 안심하고 전개되는 순서대로 내용을 읽어 나가면 된다. 지금 당장 읽을 필요가 없다고 판단한 경우에는 처음 단락을 건너뛰고 다음 단락부터 읽을 수 있으므로 시간을 절약할 수 있다.

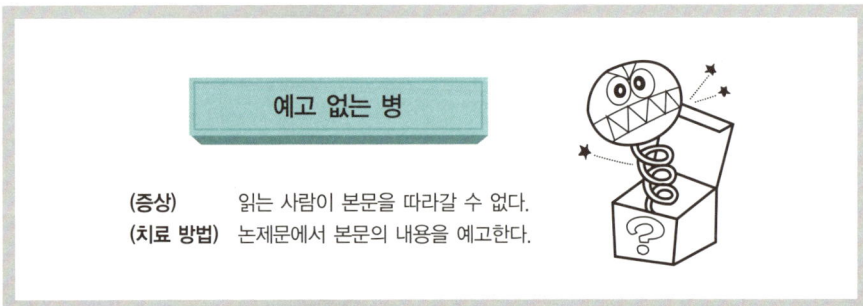

▲ 예고 없는 병

● 논제문의 배치

단락의 가장 처음에 서술하는 것이 기본이다.

그러나 논제문 앞에 다른 문장을 넣어야 하는 경우도 있다. 앞 단락과의 연결을 설명하지 않으면 단락을 이해할 수 없는 경우나 전문 용어를 다시 설명(정의)해 두지 않으면 논제를 이해하기 어려운 경우다. 이런 경우는 논제를 벗어나서는 안 되므로 읽는 사람이 파악하기 쉽도록 명료하게 표현해야 한다.

> **단락 처음에 두어야 효과적인 논제문의 예**
>
> 스텝 모터의 구동 원리를 설명한다.
> 그림O.O에 있는 고정자에는 수많은 코일이 연결되어 있고 각각에 격자 전류(상전류)가 흐르고 있다. 전류에 의해 자계가 발생하고 고정자와 회전자 사이에 흡인 또는 반발하는 전자력이 발생한다. 상전류를 순차적으로 교체함으로써 고정자와 회전자 간의 전자력이 교체되고 회전자를 움직이는 토크(최대 회전력)가 된다.

가장 첫 번째 문장이 논제문이다. 이후의 전개는 완벽하게 직렬형으로 기술되어 있다. 뇌리에 구동 원리가 확실히 떠오를 것이다.

그러나 한 번 시험 삼아 첫 문장의 논제문을 빼고 읽어보면 이해하기 힘들다는 사실을 바로 알 수 있을 것이다. 어느 정도 전기에 관심이 있는 사람이라도 위 내용이 스텝 모터의 구동 원리에 대한 것이라고 파악하려면 문장을 끝까지 읽어야 알 수 있을 것이다.

첫 번째 문장을 빼고 읽었다면 다시 논제문부터 읽어보자. 쉽게 이해할 수 있으므로 읽는 사람에게는 큰 도움이 된다. 논제문의 효과가 이렇게 크다는 사실을 알 수 있다.

6　전개문을 혼동되지 않게 배열한다

● **전개문의 역할**

　단락의 요점(general)을 논제문에서 기술한 후에 읽는 이에게 순차적으로 설명하는 것이 상세(particular)한 전개문이다. 전개문은 논제를 풀어쓰면서 알기 쉽게 설명하는 역할을 한다.

● **전개문의 세 가지 요건**

　다음의 세 가지 요건을 충족시키면 쉽게 이해되고 혼동 없이 전개문을 작성할 수 있다.

(1) 논리 구성

　같은 논제에 속하는 문장을 나열하는 것만으로는 테크니컬 라이팅에서 말하는 단락이라고 할 수 없다. 다음에 기술하는 직렬법이나 병렬법에 따라 복수의 문장을 구성해서 읽는 사람의 사고 과정을 자연스럽게 유도할 필요가 있다.

(2) 필요 충분

　전개문에서는 읽는 사람이 요구하는 정보와 작성자가 전달하고자 하는 정보를 필요에 충족할 수 있도록 서술해야 한다. 불필요한 정보를 버리고 전달이나 주장을 할 때 가장 필요한 정보만을 추려낸다. 쓸데없는 정보가 산처럼 쌓이면 필요한 정보가 파묻혀 버려 제대로 이해할 수 없도록 방해한다.

　한편, 읽는 사람이 요구하는 정보가 모두 포함되어 있지 않으면 정보의 가치가 낮아지므로 읽는 대상에 대한 분석을 토대로 정보를 충분히 기술하도록 한다. 또, 사실을 기술하는 것 외에 작성자의 주장을 첨가하는 경우가 있는데, 이때 설득력을 높이기 위해서는 주장을 지지하는 논리가 충분히 준비되어 있어야 한다.

(3) 사실과 의견

　기술을 할 때에는 사실과 의견을 명확하게 구별해야 한다. 의견은 마지막에 서술하고 '고찰'이라는 제목을 붙이는 등의 기재 방법을 활용하는 것도 고민할 필요가 있다. 사실과 의견의 구별이 애매하면 결과적으로 사실을 왜곡하고, 읽는 사람의 판단을 흐리게 만든다.

● **설득력이 높은 직렬법**

문서 전체의 단락 배열과 마찬가지로 단락 내에 들어가는 문장의 집합에도 직렬형과 병렬형이 있다.

직렬형은 논제문에서 논제를 예고하고 이를 설명하는 키워드를 각 전개문이 순서대로 받아서 이어가는 논술법이다. 한 키워드를 주어에 가지고 있는 문장은 서술어를 다음의 키워드로 이어지는 문장에 제공한다. 후속 문장은 새로운 키워드를 주어에 기술하고 서술어를 또 다음 문장의 주어로 바통 터치를 한다. 읽는 사람은 이와 같은 직렬 흐름에 따라 쉽게 읽어 나갈 수 있다(이 단락 자체가 직렬형 기술의 예이다).

직렬형은 원인과 과정의 결과에 의해 논제를 설명하는 화법이므로 설득력이 높다는 특징을 가지고 있다. 이 부분은 '인과성 서열' 부분에서 다시 설명을 하겠다.

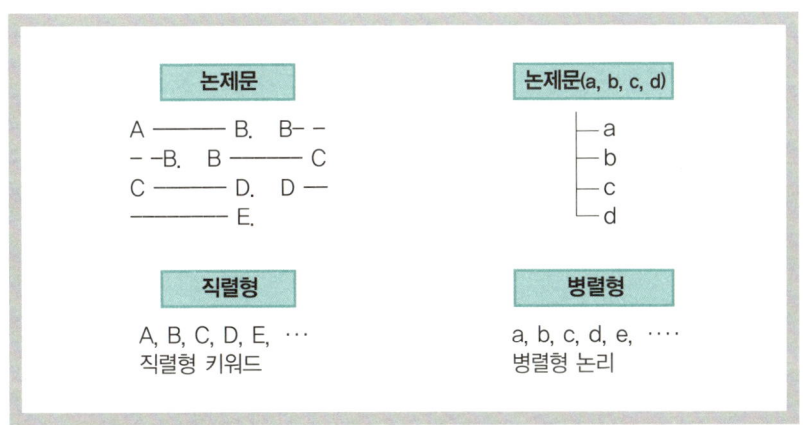

▲ 단락 내의 문장 배열

> **예 제** 다음의 직렬형 문장 배열에서 이어서 연결되는 키워드는 무엇인가?

> 주사형 전자 터널 통과 현미경(STM)A)의 기능에 대해 설명하겠다.
> STMA)은 샘플 표면을 주사(走査)하기 위한 바늘B)과 피에조 소자를 갖추고 있다. 이 바늘B)은 백금이나 텅스텐과 같은 안정된 금속바늘B)로 끝은 1원자(0.2nm) 정도로 만든다. 샘플 표면과 바늘 표면B) 사이의 진공 속에서는 약 1nm에 걸쳐 전자운C)이 존재한다. 샘플과 바늘을 1~2nm으로 가깝게 하면 서로 전자운C)에 교차되고 이 상태에서 전압을 흐르게 하면 터널 전류D)가 흐른다. 이 터널 전류D)는 샘플과 바늘과의 거리에서 0.1nm 변위하면 전류치가 10분의 1이 된다.

처음 문장이 논제문이다. 논제문 이하로 네 가지 키워드를 전달하고 있다.

키워드 A : 주사형 전자 터널 통과 현미경(STM)
키워드 B : (금속)바늘
키워드 C : 전자운
키워드 D : 터널 전류

● **전달 효율이 높은 병렬형**

　병렬형은 논제문에서 예고한 복수의 논리를 예고 순서에 따라 설명하는 논술법이다. 논제문에서는 '이 단락에서 a, b, c, d의 설명을 하겠다'라고 예고한다. 이어지는 전개문의 구성에는 두 가지 요건이 있다. 첫 번째는 a, b, c, d가 동격이어야 할 것, 두 번째로는 a, b, c, d의 기술 순서가 논제문과 똑같아야 할 것이다(이 단락은 병렬형으로 쓰여져 있다).

　병렬형은 대량의 정보를 잘 정리해서 전달하는 데 효과적인 문장 구성이다. 그리고 사실에 대한 서술이나 제안·지시의 내용을 표현하는 데 적당하다.

　다음에서 기술하는 '중요성의 서열', '시간적 서열', '공간적 서열'이 이와 같은 형식에 속한다.

> **예제**　다음의 문장 배열에서 동격 병렬의 논리를 제시하시오.

> 파인 세라믹 중에서 현재 실용화가 가장 잘 진행되고 있는 일렉트로닉 세라믹은 도전성·절연성·유전성·압전성·광전성·자성 등의 전기적 특성을 가지고 있으며 전자 부품의 소형화·고성능화를 목적으로 해서 콘덴서나 각종의 센서에서 이용되고 있다. 옵트 세라믹스는 뛰어난 집전성·투광성·도광성 등의 광학적 기능을 가지고 있고 고도 정보 통신 기술의 발전에 공헌하고 있다. 바이오 세라믹스는 생체에 해가 없고 적합성이 좋다는 점 등, 생체 친화적으로 우수해 인공 치근·인공 관절 등 다양한 의용재료로 응용되고 있다. 마지막으로 엔지니어 세라믹스는 경도·내마모성·내산화성·내식성·고온강도·내충돌성 등 많은 기능의 특성을 가지며 각종 산업 기계의 고능률화·고수명화를 가능하게 한다. 이 때문에 축수강·내열강·스테인리스 강·초경합금을 대신하고 있다.

이 예제에서는 동격의 네 가지 병렬 논리(4종류의 세라믹스)가 있고 각각의 특징과 응용 예가 규칙적으로 바르게 설명되고 있다. 단, 논제문을 쓰지 않고 전개문으로만 구성되었기 때문에 예문에서 제시한 단락의 전달 목적을 바로 알 수 없다는 결점이 있다.

● 이해하기 쉽게 항목별로 정리하기

　　정리하기 쉬운 병렬형의 변형된 형태로 이해도를 더욱 높인 형식이다. 동격 사항을 열거할 때 각각의 사항별로 줄을 바꾸고 번호를 붙여 확실하게 구별을 한다. 너무 많이 사용하면 문서 전체가 딱딱해지므로 핵심 정리를 간단하게 기술할 때 사용하면 효과적이다.

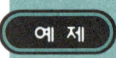 다음 예문의 문체를 무엇이라고 하나?
또, 예문의 첫 번째 문장과 두 번째 문장은 각각 어떤 역할을 하고 있나?

> 새로운 특성을 발견하기 위해서 두 종류 이상의 고분자를 포함한 다성분계 고분자를 고분자 알로이(polymer-alloy)라고 부른다. 고분자 알로이를 생성하는 데에는 다음과 같은 방법이 있다.
>
> 1) 이종 고분자를 물리적으로 브랜드한다.
> 2) 이온 간 상호작용·고분자 간 수소 결합을 작용시킨다(고분자 콤플렉스).
> 3) 화학 반응에 의해 한 고분자의 가교 그물을 빠져 나오듯이 다른 고분자의 가교 그물을 형성시킨다(상호 진입 그물 구조 : IPN).
> 4) 이종 고분자를 공유 결합으로 결합시킨다(블럭 공중합).

예문은 동격인 네 가지 종류의 제조 방법을 병기한 항목 쓰기다.

첫 번째 문장은 고분자 알로이를 설명한 정의문이다. 정의문이 있으면 전문 용어를 잘 모르는 독자도 편하게 읽을 수 있다.

두 번째 문장은 논제문이다. 이하의 네 가지 항목이 무엇을 기술하고 있는가를 예고한다.

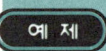 1. 175쪽의 동격 병렬의 문장 예문에 논제문을 추가하시오.
2. 175쪽의 동격 병렬의 문장 예문을 항목쓰기로 정리하시오.

1. 논제문

네 종류의 파인 세라믹스에 관한 설명문이다. 각각의 특징과 응용이 서술되어 있다.

> **논제문 답안 예**
>
> 실용성이 높은 네 종류의 파인 세라믹스에 대해 각각의 특징과 각 종류의 특성을 살린 응용의 예를 살펴보겠다.

논제문에 이어지는 본문의 '파인 세라믹스 중에서'로 시작하는 부분은 논제문과 중복되어서 길어지므로 생략한다.

2. 항목 쓰기

네 종류의 파인 세라믹스에 관한 설명문은 동격 병렬이므로 항목 쓰기나 표로 만드는 것이 적당하다.

> **항목 쓰기 문서의 예**
>
> 실용성이 높은 네 종류의 파인 세라믹스에 대해 각각의 특징과 그 특성을 살린 응용의 예를 살펴보면 다음과 같다.
> 1) 현재 실용화가 가장 잘 진행되고 있는 일렉트로닉 세라믹스는 도전성·절연성·유전성·압전성·자성 등의 전기적 특성을 가지고 있으며 전자 부품의 소형화·고성능화를 목적으로 콘덴서나 각종 센서에 이용되고 있다.
> 2) 옵트 세라믹스는 뛰어난 집전성·투광성·도광성 등의 광학적 기능을 가지고 있어서 고도 정보 통신 기술의 발전에 공헌하고 있다.
> 3) 바이오세라믹스는 생체에 해가 없고 적합성이 좋다는 점 등, 생체 친화적으로 우수해 인공 치근·인공 관절 등 다양한 의용 재료에 응용되고 있다.
> 4) 엔지니어링 세라믹스는 경도·내마모성·내산화성·내식성·고온강도·내충격성 등 많은 기능 성능을 가지고 있으며 각종 산업 기계의 고능률화·고수명화를 가능하게 했다. 이로 인해 축수강·내열강·스테인리스강·초경합금의 자리를 대신해가고 있다.

제4항의 '마지막으로'는 생략했다. 서술 형식으로 기술할 때는 문장의 위치를 명확하게 하기 위해 '처음으로', '다음에는', '마지막으로' 등의 접속사를 사용하지만 항목 쓰기에서는 어디에 써야 할지가 확실하기 때문에 접속사가 필요 없다.

7 전개문의 기술 순서로 설득력을 높인다

● 작성 목적에서 기술 순서를 선택한다

단락에 포함된 복수의 논리(즉, 문장)를 어떤 순서로 배열할 것인가에 따라 이해도가 완전히 달라진다. 173쪽의 그림 [단락 내의 문장 배열]의 예에서 보는 직렬형의 A, B, C……, 또는 병렬형의 a, b, c……에 어떤 논리의 흐름을 적용시킬 것인가를 생각한다. 직렬형·병렬형은 배열의 형식적 분류이지만 이하의 예에서는 배열 시의 논리 서열을 설명한다. 즉, 어떤 순서로 문장을 배열하면 문서의 작성 목적이나 읽는 사람의 요구에 부응할 수 있을까에 대한 연구가 다음에서 설명하는 각종 서열이다.

● 인과성 서열

어떤 결과가 도출되기까지의 원인과 과정을 설명한다.

한 문장의 서술어가 다음에 이어지는 문장의 주어가 되는 연쇄 형태로 기술하는 직렬형과 동격의 내용을 복수의 후속문으로 병기하는 병렬형이 있다. 다음의 예는 이 둘의 혼합형이다.

> **인과성 서열의 예문**
>
> 다음은 연료 전지의 발전 원리에 대한 설명이다. 먼저 연료 개질기[1] 속에서 수증기[2]를 첨가해 수소 가스[3]를 만든다. 수소 가스가 부극[4] (연료극)에 전자[5]를 주고, 자기 자신은 수소 이온[6]이 되어 전해액 속을 정극[7] (공기극)을 향해 이동한다. 외부 통로를 지나간 전자와 전해액 속에 있는 수소 이온은 전지에 공급된 산소[8]와 반응해 물[9]을 만들어 낸다. 이와 같은 일련의 반응에 의해 외부 회로[10]에 전자의 흐름이 발생해 전류[11]가 되는 것이다.

직렬형·병렬형 혼용의 예다. 차트로 정리하면 다음과 같다.

▲ 키워드의 바톤 터치

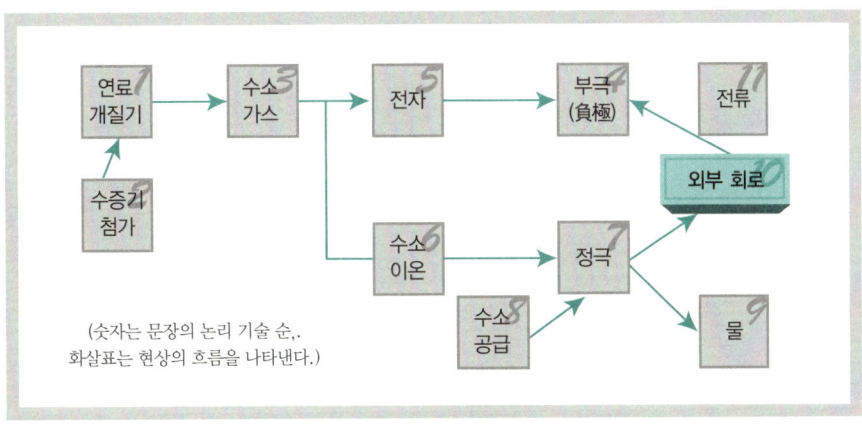

▲ 키워드의 바통 터치

● **중요성 서열**

　병렬형에서 단락을 구성할 때에는 중요성 또는 양, 질 등의 순서로 문장을 배열하는 것이 기본이다.

　읽는 사람은 단락을 구성하고 있는 문장의 집합을 읽을 때 최초의 문장에 가장 강한 관심을 가지게 되기 때문에 이러한 배열 방법을 사용한다. 중요성을 기준으로 서열을 한 경우에는 뒤에 나오는 문장일수록 가볍게 취급하는 경향이 있으므로 중요한 논리를 포함한 문장을 뒤에 서술하면 읽는 사람이 읽지 않고 넘겨 버릴 가능성이 높으므로 주의한다.

> **중요성 서열의 예문**
>
> 　선박용 19,900KW 2 스트로크 터보 과급 디젤 기관의 전부하(Full load) 시에 열감정을 다음 그림 [과급 디젤 기관의 열감정]과 같이 그렸다.
> 　축출력은 41.6%에 달하고 내열기관 최고 클래스의 열효율을 얻는다.
> 　고압축 비고과급 기관에 있어서는 불완전 팽창에 의해 배기의 열 방출 증대를 피할 수 없고, 그 에너지는 공급열량의 43.3%에 달한다. 그러나 일부 (15.8%)는 배기 터번에 의한 과공급 에너지로 회수되기 때문에 실질적인 손실은 27.5%에 지나지 않는다.

다음으로 큰 손실은 기관 구조 재료의 온도 상승을 억제할 필요가 있기 때문에 발생하는 냉각 손실이 18.1%이며 그 대부분은 실린더 재킷과 피스톤에서 냉각수에 의해 손실이 초래되고 있다.

마지막으로 피스톤·피스톤링·축수의 마찰력 및 보조 구동력 부분에서 생기는 기계 손실이다. 이것은 도시 출력과 축 출력의 차이 4.6%로 표시한다.

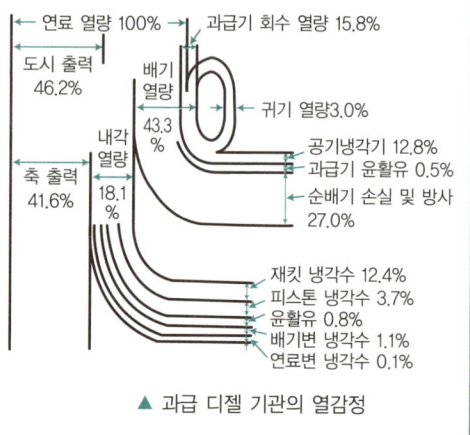

▲ 과급 디젤 기관의 열감정

논제문 바로 뒤에 가장 크게 관심을 끄는 출력 열효율에 대해 서술하고 있다. 뒤를 이어 손실을 크기 순서로 설명하고 있다. 위의 그림을 보기 쉽게 차트화해 보면 다음과 같다.

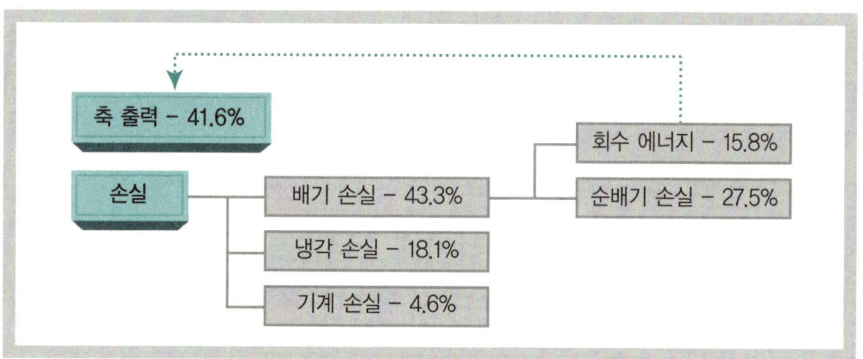

● **시간적 서열**

시간적 서열은 역사적 경과 또는 작업 순서, 작업 기록처럼 시간의 순서에 따라 설명하는 방법에 이용된다.

시간적 서열에서는 언제·누가·어디서·무엇을 했다(어떤 일을 했다)의 사실을 밝혀야 한다. 문서의 목적에 따라 중요하지 않은 조건을 생략하는 경우가 있는데 각 사항별로 통일시키지 않으면 불완전하고 이해하기 어려운 문서가 되므로 주의한다.

역사적 경과의 예문

가솔린 분사는 1930년대에 항공 기관을 대상으로 연구가 진행되어 제2차 세계 대전 후반에 군사용으로 이용되었다. 승용차에는 1950년대에 고리아트 사가 최초로 2스트로크 2실린더 기관을 채택했다. 그 이후 1957년에 벤츠 사가 4스트로크 기관인 300SL에 사용했다. 출력·과도응답성 등 성능 향상을 요구하는 레이싱 카에서 다량으로 장착되게 된 것은 1950년대 말이었다. 한편 자동차로 인한 대기 오염 문제가 1960년부터 심각하게 대두되었고, 사회적으로는 공연비 제어 정밀도에는 보다 높은 연료 공급 장치가 요구되었다. 때마침 큰 진보를 이루어 온 전자 공학의 도움을 빌려 1967년 보쉬 사에서 일반 승용차 양산에 적용된 전자 제어 연료 분사 장치로써 D제트로닉을 발표했다. 1980년대부터는 컴퓨터의 발전에 힘입어 디지털 제어의 전자 제어식 연료 분사 장치가 널리 실용화되고 있다.

'언제·누가·무엇을 했다'를 시간의 서열에 따라 논리 정연하게 기술하고 있다. 위의 예문에서는 '어디에서'를 중요하게 생각하지 않고 생략했다.

작업 순서의 예문

1) 캡을 규정 토크에 단단히 조인 다음 캡 또는 아이링크를 제거한다.
2) 플라스틱 케이지를 축 방향의 길이로 잘라내고 크랭크샤프트 위에 둔다.
3) 캡을 다시 규정 토크로 조여 놓는다.
   규정 토크 = 6.6~7.7kg/m

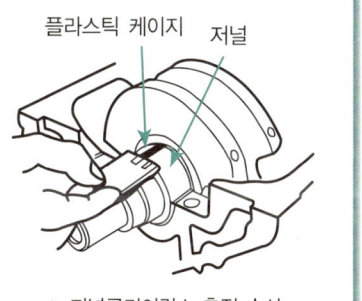

▲ 저널클리어런스 측정 순서

> 4) 캡 및 베어링을 떼어내고 플라스틱 케이지의 찌그러진 폭을 플라스틱 케이지 주머니에 인쇄되어 있는 스케일로 측정한다. 가장 넓게 압착된 곳을 측정한다.
>
> 저널 클리어런스　　　표준치 0.030~0.048mm
> 　　　　　　　　　　한계치 0.05mm

전형적인 정비 매뉴얼이다. 문법적 형식은 평상문처럼 보이지만 실제로는 명령(지시)문이다. 위의 순서를 표로 만들어 보면 다음과 같다.

▼ 작업 순서를 알기 쉽게 표로 만든다

항목	무엇을	어떻게 한다	규격
1	캡	규정 토크로 조인다	
	캡 및 베어링	떼어 낸다	
2	플라스틱 케이지	저널 위에 둔다	
3	캡	규정 토크로 조인다	6.6~7.7kg/m
4	캡 및 베어링	떼어 낸다	저널클리어런스(mm) 표준치 0.030~0.048 한계치 0.05
	플라스틱 케이지	찌그러진 폭을 측정한다	

당연한 이야기지만 이와 같은 작업 지침서는 기술 순서가 실제의 작업 순서와 완전히 일치해야 한다. 순서에 따라 작업이 끝난 후에 '재발 위험을 방지하기 위해 작업에 앞서 전원을 반드시 꺼 둘 것'이라고 써 있다면 정말 난감한 일이 될 것이다.

● **공간적 서열**

도면이나 지도 등의 설명에 사용한다. 설명이 그림 위 여기저기에 분산되어 있으면 읽는 사람에게 목적을 탐색하는 수고를 끼치게 된다. 쉽게 읽을 수 있는 방법을 생각해 보자.

도면 각 부위의 명칭은 도면 위에 직접 기재하는 방법이 가장 쉽게 읽을 수 있다. 그러나 부품표를 만들기 위해서는 부품 번호를 기입할 필요가 있다. 이 같은 경우에는 번호를 의미가 있는 집합으로 하든가, 시계 방향으로 번호를 매기는 등의 아이디어가 필요하다.

다음 그림의 (a) 랜덤 배열을 보면 부품은 많지 않는 편인데 비해, 번호를 찾기가 힘들다. 자세히 보면 관련 부품을 모아두는 방법을 연구해서 기재한 것은 틀림없지만 기재 방법이 작성자의 편의에 따른 것이어서 쉽게 읽을 수 있게 정리되어 있지 않다.

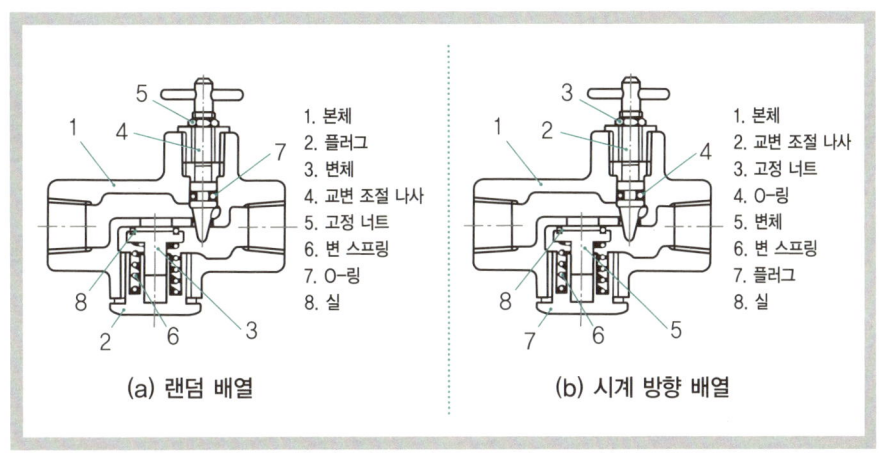

▲ 부품 번호를 붙이는 방법도 쉽게 인식할 수 있도록 연구한다

위의 그림 중 (b) 시계 방향 배열은 시계 방향으로 번호를 붙여서 자연스럽게 각 부분의 명칭을 읽을 수 있게 했다. 번호만 바꾼 것 뿐인데 부품 종류별로 조합이 잘 되어 (a)에 비해서 훨씬 알아보기 쉽다.

8 읽기 쉽게 통일법으로 통일시킨다

● **통일법의 역할**

제목이나 문체의 표기가 제각각이면 읽기가 힘들다. 이런 표기들을 통일시키면 읽기에도 쉬울 뿐 아니라 실수도 줄어든다. 이와 같이 문장의 배열이나 문구 표현을 통일시키는 것을 통일법(parallelism)이라고 부른다.

여기서는 범주의 통일 · 언어의 통일 · 문체의 통일에 대해 설명하겠다.

(1) 범주의 통일

열거된 사항이 다른 범주와 섞여 있으면 잘 알아 볼 수가 없다.

다음은 부품 명칭의 열거 방법이 무질서해서 이해하기 어려운 경우의 예다. 어떻게 하면 쉽게 읽을 수 있을까?

범주의 정리가 나쁜 문장의 예

당사 제품이 니들 로울러 베어링 · 자동조심自動調心 로울러 베어링 · 원통 로울러 베어링 · 자동조심 원통 로울러 베어링 · 니들 로울러 · 싱글 립 실링 · 더블 립 실링 · 외부 스냅 링 · 스러스트 니들 로울러 베어링 · 프랑마 블록 · 필랜지형 하우징 등입니다. 파생 상품과 사이즈의 다양함은 바리에이션는 약 300종류에 이릅니다.

범주별로 분류한 후 나뭇가지 차트로 계층화하면서 수정한다.

수정 예

당사는 로울러 베어링과 베어링 관련 부품을 생산하고 있으며 주요 기종 시리즈는 다음과 같습니다. 파생 상품과 사이즈의 바리에이션은 약 300여 종류에 이릅니다.

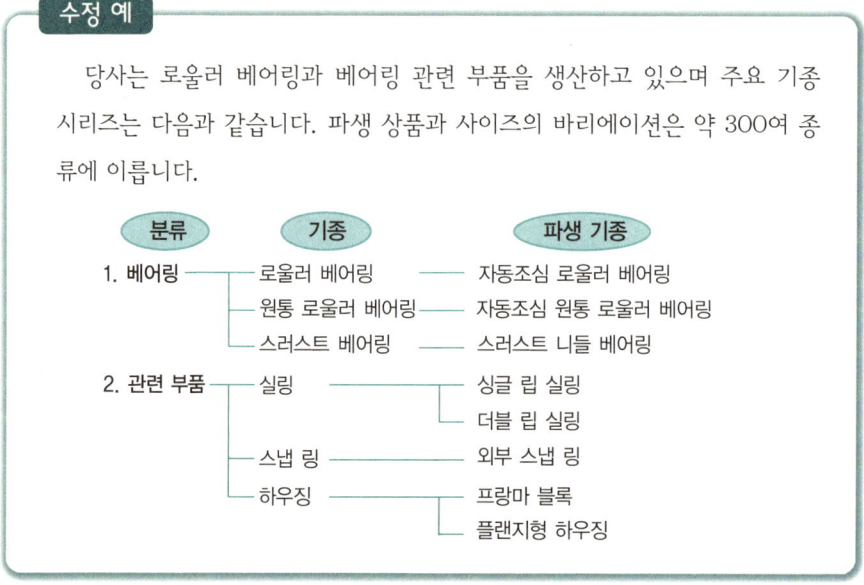

(2) 어순의 통일

　병렬형 항목 구성에서 설명했던 것처럼 복수의 사항을 반복해서 서술하더라도 순서는 동일해야 한다. 모모타로 이야기에서 '옛날 옛날 먼 옛날에 할아버지와 할머니가 살았습니다' 라고 시작하면 듣는 사람은 '할아버지는 산에 나무를 하러……' 라고 이어질 것을 기대한다. 이러한 기대에 반해 '할머니는 강으로 빨래를 하러……' 가 먼저 나오면 듣는 사람은 허를 찔릴 것이다. 개 · 원숭이 · 꿩도 반복해서 등장하는데 그 순서는 절대 바뀌지 않는다. 그렇기 때문에 어린아이라도 쉽게 이해할 수 있는 것이다.

(3) 문체의 통일

　병렬형 구성에서 문체가 제각각이면 산만한 인상을 주기 때문에 통일해서 읽기 쉽게 만든다.

① '입니다/습니다' 말투와 '이다/다' 말투의 통일

　기술문서에서는 명확하게 단정 짓는 '이다/다' 어조가 주로 사용되지만 상사에게 보고하는 보고서나 고객에게 보내는 자료에는 '입니다/습니다' 어조로 해야 하는 경우가 많다. 어느 한 쪽으로 통일시키면 문제는 없다.

　사실의 전달 부분은 '이다/다' 어조로 기술하면서 중간에 보고자의 고찰이나 의견을 서술할 때 갑자기 황송해져서 '입니다/습니다' 어조가 되는 보고서가 있다. 중간에 어조가 바뀌면 형편없는 보고서가 되므로 문체를 바꾸지 않도록 주의하고 고찰이나 소감이라는 식의 제목을 붙여서 구별해 두는 것이 좋다.

② 동격 병렬문의 통일

　동격의 문장을 서술할 때 각각 평서문형 · 명령문형 · 수식문형으로 다르게 하면 읽기가 힘들다. 변화나 강조를 주기 위해서 특별히 다르게 할 경우를 제외하고는 통일시키는 것이 좋다.

　또 병렬문의 문장 끝맺음을 체언 맺음(명사)과 용언 맺음(동사 · 형용사)을 혼용해서 사용하면 정리되지 않은 느낌을 준다.

> **통일되지 않은 항목 쓰기 끝맺음**
>
> 코팅은, 목적으로 설정한 기능성을 첨가하기 위해 여러 가지의 재료의 막에서 기본 재료를 피복하는 표면 개선 기술의 한 방법이다. 주요 목적은 다음과 같다.
> 1. 외장의 미관과 내식성을 향상시킨다
> 2. 내마모성·내열성 향상을 위해
> 3. 기능성 부가와 그 안정화

예를 들어 체언 맺음으로 통일하면 다음과 같이 된다.

> **통일된 끝맺음의 예**
>
> 1. 외장의 미관과 내식성 향상
> 2. 내마모성과 내열성 향상
> 3. 기능성의 부가와 그 안정화

③ **기타**
- 전반적으로 한글과 한자, 영문 표기를 일관성 있게 정리하면 보다 이해가 빠를 수 있다.
- 인용문이나 예문은 바탕글과 문체가 달라도 큰 지장이 없다. 다른 문체 때문에 혼란스러워 하는 사람은 별로 없을 것이다.

논리에 맞는 문장을 구성한다

사실이나 주장을 혼동되지 않게 읽는 사람에게 전달할 수 있는 문장의 작성 방법에 대해 생각해 보자. 여기에는 아름다운 문장을 만든다는 개념과는 전혀 다른 발상이 필요하다. 기술문서에 있어서 좋은 문장이란 어떤 문장을 말하는 것일까?

1 문장의 역할을 이해한다

● **문장이란**

단락의 논제(topic), 다시 말해 화제는 일반적으로 복수의 논리(idea) 즉, 전달 또는 주장하고 싶은 내용들로 구성되어 있다. 이러한 논리들 가운데 하나의 논리를 전달하기 위한 최소한의 기술 단위가 문장(sentence)이다.

● **문장의 길이**

문장의 길이는 1~3줄을 기준으로 한다. 문예 작품이나 수필을 쓰는 문필가는 40자 이내가 적당하다고 하지만 기술문서에서는 복잡한 논리나 기술 용어·합성어가 포함되기 때문에 120~30자 정도가 되는 경우도 흔히 볼 수 있다. 기술문서가 보통의 문장보다는 길다고는 하지만 문장의 처음부터 마지막까지는 시야에 들어올 수 있는 길이로 할 필요가 있다. 왜냐하면 주어와 서술어를 한눈에 볼 수 없다면 논리를 이해하기가 어렵기 때문이다.

2 하나의 문장·하나의 논리 : 장문병에 걸리지 않기 위해

● **하나의 논리로 축약할 것**

한 문장에서 말하고자 하는 논리는 하나로만 축약한다. 하나의 문장에서 복수의 논리를 기술하게 되면 마구잡이로 뒤섞인 주어와 서술어가 구분이 되지 않아 읽는 사람을 혼란스럽게 만들기만 할 것이다. 기술문서에서는 읽는 사람에게 부담을 주지 않는 문장이 잘 쓴 문장의 요건이 된다.

● **장문은 읽는 사람에게 민폐다**

생각을 문자로 표현하는 데에만 충실했던 작성자는 읽는 사람의 고충을 돌아볼 여유가 없다.

▲ 장문병

복수의 논리를 '······가, ······가'라는 식으로 끝도 없이 연결해 놓는다면 읽는 사람에 대한 배려를 전혀 하지 않은 것이다. 주어·서술어·수식어의 조합도 엉망이어서 작성자 본인마저 혼란스럽다. 이와 같은 문장을 '장문병長文病'이라 한다.

이처럼 읽는 이를 헷갈리게 하는 긴 문장은 논리별로 분해해서 각각에 대응하는 복수의 문장으로 만들어 처리하는 게 좋다.

예제 다음 문장이 읽기 어려운 이유는 무엇인가? 분석해서 수정하시오.

> 전동변은 전동기의 회전을 톱니, 웜, 나사, 크랭크 등을 매개로 하여 봉에 전달하고 연속적으로 유로의 개폐를 관장하는 변으로서, 전자변의 경우와는 달리 전동기 종류와 제어장치의 조합에 의해 개폐 2위치 동작 외에 다위치 동작을 비롯해 비례동작이나 적분동작 등을 자유롭게 구성할 수 있으며, 원격 조종이나 압력, 유량의 자동 제어를 용이하게 할 뿐 아니라 긴급차단변이나 역정지변의 기능을 겸비시킬 수도 있다.

이 문장은 166자의 장문이라는 것도 문제지만 하나의 문장에 복수의 논리를 너무 많이 포함시켜서 이해하기가 어렵다. 정리를 위해 먼저 논리별로 문장을 분석해 보자.

1) (전동변의 정의) 전동변은, ~연속적으로 유로의 개폐를 관장하는 변으로서,
2) (동작의 설명) 전자변의 경우와 달리, ~구성할 수 있으며,
3) (주요 기능) 원격 조종이나 압력, ~하게 할 뿐 아니라,
4) (겸비 기능) 긴급 차단변이나, ~겸비시킬 수도 있다.

위와 같은 논리를 적절한 접속사로 연결해서 재구성한다. 밑줄은 보충한 접속사와 설명 부분이다. 참고로 구두점(콤마)은 가운뎃점으로 바꾼다. 애매한 표현을 배제하기 위해 의미가 없는 '등'도 생략하기로 한다.

수정문

> 전동변은 전동기의 회전을 톱니·웜·나사·크랭크를 매개로 하여 봉에 전달하고 연속적으로 유로의 개폐를 관장하는 변이다. 전자변의 경우와는 달리 전동기 종류와 제어 장치의 조합에 의해 개폐 2위치 동작 외에 다위치 동작을 비롯해 비례동작이나 적분동작을 자유롭게 구성할 수 있다. <u>이에 따라</u> 원격 조종이나 압력·유량의 자동 제어를 용이하게 한다는 점이 전동변의 중요한 기능이다. <u>또, 이 외에</u> 긴급차단변이나 역정지변의 기능을 겸비시킬 수도 있다.

3 주어의 생략이 가능한가, 불가능한가

● **주어를 생략할 수 있는 한국어**

　구미어에 없는 한국어의 특색 중 하나는 주어를 확실히 알 수 있을 때나 중요하지 않을 경우에는 생략할 수 있다는 점이다.

　예를 들면 영어의 경우는,

> It rained yesterday.
> There is a pen on the table.

과 같이 형식 주어(이 경우에는 it, there)를 사용해야 하기 때문에 영어를 배우기 시작하는 중학생들이 어려움을 호소하고 있다. 위의 영어 문장을 한국어로 바꾸면,

> 어제는 비가 왔다.
> 책상 위에 펜이 있다.

의 의미여서 주어가 명확해지기 때문에 한국어 표현이 더 간결하다.

　그러나 기술문서에 있어서 주어를 생략하는 습관이 혼동을 초래하는 문장의 원인이 되고 있다. 무엇이 주어인지 이해하지 못한다거나, 긴 문장 중간에서 나도 모르는 사이에 주어가 바뀌어 버린 '뒤틀린 문장'이 되어 버린다면 정확한 논리를 전달할 수가 없다. 그러면 어떤 경우에 주어를 생략할 수 있고 또 어떤 경우에 생략할 수 없는 것일까?

● **한국어의 특징인 생략된 주어**

　주어를 생략할 수 있는 경우는 읽는 사람이 주어의 실체(생략된 주어)를 확실히 인지하고 있다는 전제에서만 가능하다. 즉, 주어에 관해 작성자와 읽는 사람이 '말할 것도 없이'라는 상호 이해가 전제되어야만 한다.

　작성자에게 무엇이 주어인가에 대한 명백한 이해가 있다고 해서 읽는 사람도 그에 대한 예비 지식을 가지고 있다고 단정지을 수는 없다. 독자 분석을 하지 않으면 시작부터 관점이 달라 읽기 어려운 문장이 되고 만다. 구두 보고에서는 상대방의

반응을 보면서 의사를 교환할 수 있지만, 기술문서에서는 상대방의 얼굴을 볼 수 없기 때문에 전달 과정에 어떤 중대한 문제가 발생할지 알 수 없다. 그런 의미에서 기술문서에서는 주어를 생략하지 말고 있는 그대로 표현하는 것이 좋다.

> **생략된 주어가 있는 문장의 예**
>
> 자기 진단 램프는 이상이 있는 부분에 따라 회수가 다르게 점멸하기 때문에 점멸 횟수를 확인함으로써 고장 난 곳이 어디인지 추측할 수 있다.

위의 복합 문장에 나타난 주어는 '자기 진단 램프'이지만 서술어는 '점멸한다', '확인한다', '추정한다'의 세 가지이기 때문에 무슨 논리인지 혼동이 된다. 각각의 서술어에 주어를 대응시켜 봤을 때 부족한 부분이 생략된 주어다.

문장을 분해하면

① 자기 진단 램프는 ── ② 이상이 있는 부분에 따라 횟수가 다르게 점멸한다
　　　　　　　　　　 ③ 점멸 횟수를 확인함으로써
　　　　　　　　　　　└── ④ 고장난 곳이 어디인지 추측할 수 있다

로 정리해 보면 ①-②의 관계는 괜찮지만, ①-③-④의 관계가 이상하다. 마치 '자기 진단 램프'가 인격을 가지고 있는 것처럼 느껴지는 문장이다. 말 그대로 실제로 이 부분에는 인격이 필요한 것이다. 예를 들면 '설비 관리자'나 '작업자'가 이에 해당한다고 볼 수 있지만 이 부분은 추측할 수밖에 없어 읽는 사람에게 부담이 된다.

① 자기 진단 램프는 ── ② 이상이 있는 부분에 따라 횟수가 다르게 점멸한다
① 설비 관리자는 ──── ③ 점멸 횟수를 확인함으로써
　　　　　　　　　　　└── ④ 고장난 곳이 어디인지 추측할 수 있다

> **수정문**
>
> 자기 진단 램프는 이상이 있는 부분에 따라 회수가 다르게 점멸한다. 설비 관리자는 점멸 횟수를 확인함으로써 고장 난 곳이 어디인지 추측할 수 있다.

● **연속되는 문장의 결합**

하나의 문장 속에 복수의 논리가 전개되어 있고 게다가 주어가 생략되어 있다면 읽는 사람의 머릿속은 어지럽기만 할 것이다. 어디까지나 '한 문장·한 논리'로써 논리의 흐름을 간결하게 만드는 것이 기본이다.

그러나 기본대로 한다고 해도 단락을 구성하는 다수의 논리를 독립된 문장의 집합만으로 단순하게 표현하면, 딱딱 끊어져서 흐름을 방해하는 나쁜 문장이 되고 만다. 그럴 때에는 문장을 그룹으로 묶은 후 자연스럽게 접속시키게 되면 쉽게 읽을 수 있다. 하지만 어떻게 그룹지을 것인가가 문제다. 필연성이 없는 결합은 해독을 어렵게 한다. 그러면 어떤 경우에 문장을 결합할 수 있을까? 또 주어를 생략할 수 있을까? 다음의 예문을 보고 생각해 보자.

(1) 주어를 생략할 수 있는 경우

연속되는 문장이 동일한 주어를 가지고 있는 경우는 하나의 문장으로 결합할 수 있다. 이 경우 뒷 문장의 주어는 생략을 해도 혼동되지 않는다.

> **예제문**
>
> (a) 제조 2과는 가공과 조립을 한다.
> (b) 제조 2과는 품질 관리와 완성 검사를 한다.

문장 (a)와 문장 (b)를 결합시켜서 뒤에 이어지는 문장의 주어를 생략하면 다음과 같다.

> **예제문**
>
> '제조 2과는 가공과 조립을 담당하는 것 외에 품질 관리와 완성 검사도 담당한다'
> 또는
> '제조 2과는 가공과 조립 및 품질 관리와 완성 검사를 담당한다'

(2) 주어를 생략할 수 없는 경우

연속되는 문장의 주어가 다른 경우는 하나의 문장으로 결합시킬 수 없다.

> **다른 주어를 가진 문장의 집합**
>
> (c) 제조 1과는 주조와 단조를 담당한다.
> (d) 제조 2과는 가공과 조립을 담당한다.

문장 (c)와 문장 (d)는 주어가 다르기 때문에 주어를 생략할 수 없다. 단, 이에 대응하는 주어가 동격이므로 '……을 하고,'라는 연결형의 형태를 만들어 복합문을 만들 수 있다.

> **복합문(주어를 생략할 수 없다)**
>
> '제조 1과는 주조와 단조를 담당하고, 제조 2과는 가공과 조립을 담당한다'

● 실수하기 쉬운 주어 변경

긴 문장에서는 자기도 모르게 주어가 바뀐 뒤틀린 문장을 쓰고 나서도 눈치채지 못하는 경우가 흔히 있다. 그렇게 되면 읽는 사람의 부담이 커진다.

앞에서 설명했듯이 한국어는 주어를 생략할 수 있지만 생략하는 조건을 잘못 생각하면 주어가 헷갈릴 수 있다. 특히 긴 문장에서의 주어가 문제다. 주어를 생략하는 문장을 작성할 때에는 읽는 사람이 생략된 주어를 이해할 수 있을까를 항상 의식해야 한다(이 문장은 '주어를 생략하는…' 앞에 주어 '작성자'가 생략되어 있는 점에 주의).

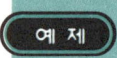 다음의 예를 논리별로 분해한 후, 생략된 주어를 명기해서 이해하기 쉽게 정정하시오.

망원경식 매연 측정계의 비교 농도판은 투명체에 검은 선이 그려져 있기 때문에 비교하기가 매우 용이하고 종래의 링겔만법과 같이 굴뚝 끝과 규격표를 번갈아 가면서 일일이 대조할 필요가 없고, 또 농도판의 배경과 굴뚝 끝의 배경의 차이로 인해 발생하는 측정 오차를 방지할 수 있다.

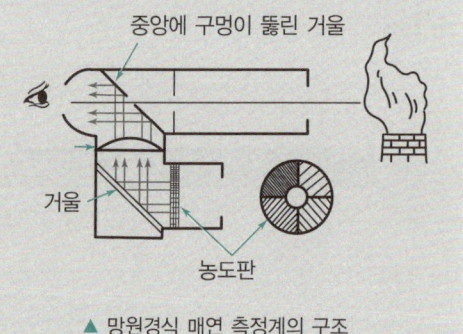

▲ 망원경식 매연 측정계의 구조

분석의 방침

예문의 문장은 너무 긴 문장이라는 점 이상으로 난해한 느낌을 준다. 이 문장은 네 가지의 논리가 들어간 복잡한 문장 구조를 가졌다. 왜냐하면 하나의 문장에 생략된 주어를 포함해 세 개의 주어가 들어 있거나 생략되어서 읽는 사람을 혼동시키고 있기 때문이다.

이와 같은 혼란은 다음과 같은 순서로 정리한다.
❶ 전체 문장을 논리별로 분해한다.
❷ 각 문장의 주어와 서술어를 확인한다. 주어가 생략된 경우에는 논리에 적합한 주어를 보충한다.
❸ 논제를 밝히고 전개문의 조건을 충족시키도록 편집을 한다.
❹ 교정, 교열을 하여 문장을 완성한다.

(1) 논리별 분해와 주어 확인(순서 ❶~❷)

다음과 같이 분석한다. 밑줄은 주어를 표시한다. 괄호 안에는 생략된 주어와 보조어다.

① (망원경식) 매연 측정계의 비교용 농도판은 투명체에 검은 선이 그려져 있기 때문에,

② (측정자가 비교용 농도판과 매연 측정계를) 비교(하는 것)이 매우 용이해서,

③ (측정자는) 종래의 링겔만법과 같이 굴뚝 끝과 규격표를 번갈아 가며 일일이 대조할 필요가 없고,

④ 또 (망원경식 매연측정계는) 농도판의 배경과 굴뚝 끝의 배경 차이로 인해 발생하는 측정 오차를 방지할 수 있다.

(2) 논제문의 추가와 전개문의 설명 보충(순서 ❸)

예제문을 몇 번이나 다시 읽어도 전달하려는 내용의 요지를 이해할 수가 없다. 읽는 사람에게 이러한 부담을 안겨서는 안 된다. 쉽게 읽을 수 있게 하기 위해서는 첫 부분에 대상과 목적을 정리한 논제문을 서술해서 읽는 사람에게 예고 효과를 주면 좋다. 예를 들면,

'(종래의 방식과 다른) 망원경식 매연 측정계의 특징을 설명한다.'

또 망원경식 매연 측정계의 구조는 그림에 나와 있는데, 설명이 요령 있게 되어 있지 않아 원문이 한층 난해해졌다. 바로 이해할 수 있도록 구조와 기능에 대한 설명을 보충한다.

(3) 교정, 교열을 하여 최종 문장 완성(순서 ❹)

① '매연 측정계'는 다른 방식(예를 들면 링겔만법)과 구별하기 위해 '망원경식 매연 측정계'라고 구체적으로 기재한다.

② 비교 문에서는 반드시 비교 대조를 한다(두 번째 문절).

③ 두 번째 문절과 세 번째 문절은 공통된 주어이기 때문에 결합시킨 후에 주어를 생략할 수 있다.

> **수정문**
>
> 망원경식 매연 측정계의 장점을 설명하겠다. 매연 측정계의 비교용 농도판은 투명체로 표면에는 검은색의 선이 그려져 있다. 앞의 그림 [망원경식 매연 측정계의 구조]와 같이 대상의 잔상은 농도판 중심에 있는 구멍을 통과한 후 측정자의 눈에 비치는 구조로 되어 있다. 이와 같은 구조로 인해 측정자는 매우 용이하게 비교용 농도판과 매연을 비교할 수 있고 측정자는 종래의 링겔만법처럼 굴뚝 끝과 규격판을 번갈아 가며 일일이 대조할 필요가 없다. 그 결과 망원경식 매연 측정계는 농도판의 배경과 굴뚝 끝의 배경의 차이로 인해 발생하는 측정오차를 없애는 것도 가능하다.

밑 줄 : 주어를 나타낸다. 예제문을 보조 또는 보강 했다.
점 선 : 망원경식 매연 측정계의 추가 설명이다.
이중 밑줄 : 비교문의 비교 대조를 추가했다.
체커선 : 같은 주어를 가진 연속된 문장을 결합했기 때문에 주어를 생략했다.

4 주어와 서술어를 대응시킨다

● 주어와 서술어의 대응

산만하게 써 내려가기만 하면 주어(또는 생략된 주어)와 서술어가 대응되지 않았는데 이를 깨닫지 못하는 경우가 있다. 작문이 끝났다면 주어와 서술어가 올바르게 연결되어 있는지의 여부를 세심하게 살펴볼 필요가 있다.

(1) 주어에 대한 서술어의 대응이 잘못된 예

> 정밀 측정을 한 결과 알게 된 사실은 축의 외경이 공차의 상한을 넘고 있다.

'알게 된 사실'에 '넘고 있다'는 대응되지 않는다.

> **수정문 1**
>
> '정밀 측정을 한 결과 알게 된 사실은 축의 외경(S)이 공차의 상한을 넘고 있다(V)는 것이다.
>
> (S=주어, V=서술어)

더욱 간결하게 정리할 수 있다.

> **수정문 2**
>
> ('정밀 측정을 한 결과, 축의 외경(S)이 공차의 상한을 넘고 있다(V)는 사실을 알 수 있었다.'

(2) 생략된 주어를 의식하지 않는 서술어의 예

> ○○부품의 내구 실험은 120℃ : 30G : 60Hz의 조건에서 항온 가진기 내에서 실시할 것

생략된 주어를 대응시켜 보면 주어, 서술어의 관계가 성립되지 않는다. 생략된 주어인 '작업자'를 살릴 수 없는 문장이다.

> **수정문**
>
> ○○부품은 120℃, 30G, 60Hz의 조건에서 항온가진 테스트를 실시할 것

예제 다음 예문의 주어·서술어의 관계를 올바르게 연결하시오.

> 자동차 배기가스에 의한 공해의 경감은 자동차 기관에 대한 개선 조치 외에 환경 관계 즉, 도로의 확장과 교통 흐름을 원활히 하는 등의 개선책에 있다.

수식 어구를 제거하고 주어와 서술어를 직접 연결하면 대응이 잘 되었는지의 여부를 알 수 있다. '경감은'과 '개선책에 있다'는 대응하지 않는다.

> **수정문**
>
> 자동차 배기가스에 의한 공해는 자동차 기관에 대한 개선 조치 외에 환경 관계 즉, 도로의 확장과 교통 흐름을 원활히 하는 등의 개선책에 의해 경감된다.

5 구두점(, .)으로 논리를 명확하게 한다

● **구두점은 근대의 발명**

구두점은 주어와 수식어의 관계가 명확해지고 논리 파악을 쉽게 할 수 있도록 도와준다. 그런데 구두점을 찍는 방법에는 실력의 차이가 있어 문장의 이해도에도 차이를 보여 준다. 어떻게 구두점을 찍으면 논리가 명확해지는지에 대해 살펴보자.

● **쉼표의 사용 방법**

공용 문서에서 콤마(,)와 마침표(.)의 조합을 특별히 규정짓는 것 외에 학술지 등에서 독자적으로 규정하는 경우도 있다.

쉼표는 다음과 같은 경우에 찍는다.
(1) 공통의 주어를 가지고 있는 독립된 두 개의 문장을 결합할 때 찍는다.
　　특성은 충분하지만, 내구성은 부족하다.
(2) 꾸미는 말과 꾸밈을 받는 말, 수식하는 말과 수식을 받는 말의 관계를 명확히 할 때 찍는다.
　　예 큰, 안경을 쓴 남자였습니다.
　　　큰 안경을 쓴, 남자였습니다.

(3) 문장 처음에 오는 접속사·수식어 다음에 찍는다.

　예 따라서, 개선안 A를 채택하기로 했습니다.

● **쉼표를 찍는 방법에 따라 달라지는 문장의 뜻**

다음의 예는 몇 가지로 해석될 수 있다.

> (1) 홍길동은 기특하게 눈물을 참으면서 출발하는 아유미를 전송했다.
> (2) 미국에서 유학하고 있는 김유신의 동생이다.
> (3) 여기서 신발을 벗어 주세요 / 여기서는 옷을 벗어 주세요.

(1) 기특한 것은 홍길동인가 아유미인가? 눈물을 참은 사람은 홍길동인가, 아유미인가?

　'홍길동은, 기특하게 눈물을 참으며 출발하는 아유미를 전송했다.'
　'홍길동은 기특하게, 눈물을 참으며 출발하는 아유미를 전송했다.'
　'홍길동은 기특하게 눈물을 참으며, 출발하는 아유미를 전송했다.'

(2) '미국에서 유학하고 있는, 김유신의 동생입니다.'
　'미국에서 유학하고 있는 김유신의, 동생입니다.'

(3) 쉼표를 찍으면서 '한 단어·한 의미'의 한자 혼용 문장으로 만들면 명료해진다.

　'여기서, 신발을 벗어 주세요.'
　'여기서는 옷을 벗어 주세요.'

예제 다음의 복합 문장을 분석한 후 수정하시오.

> 이것은 사용이 익숙하지 않은 사람도 조작하기 쉬운 CD 오토 체인지 기구를 갖춘 음질 조정 장치가 장착된 미니 콤퍼넌트입니다.

조작하기 쉬운 것은 'CD 오토 체인지 기구'인가, '음질 조정 장치'인가, '미니 컴포넌트'인가? 이에 따라 이 문장의 해석이 달라진다.

> **수정 예제문 1**
>
> '이것은 음질 조정 장치가 장착된 미니 컴포넌트로 사용이 익숙하지 않는 사람도 쉽게 조작할 수 있는 CD 오토 체인지 기구를 갖추고 있습니다.'

또는,

> **수정 예제문 2**
>
> '이것은 사용이 익숙하지 않은 사람도 조작하기 쉬운 미니 컴포넌트로 CD 오토 체인지 기구와 음질조정 장치를 갖추고 있습니다.'

● 초등학교에서 배우는 세 가지 원칙

학교 교육에서는 일반적으로 쉼표의 원칙에 대한 지도가 불충분한 것 같다. 그러나 학교 자체적으로 훌륭한 교과서로 교육을 하고 있는 초등학교도 있다. 초등학교 교과서에서 가르치고 있는 쉼표의 세 가지 규칙을 참조해 보자.

> (a) 수식을 받는 단어가 바로 뒤에 이어질 때는 찍지 않는다. 떨어져 있을 경우에는 찍는다.
>
> 　나는 소년입니다.
> 　삼촌 집에 갔다.
> 　**나는, 삼촌 집에 갔다.**
>
> (b) 두 개의 문장이 합쳐진 문장은 중간에 찍는다.
>
> 　비가 내려서, 소풍은 취소되었다.

> (c) 쉼표(콤마)가 너무 많아서 해석이 어려울 때는 (a)의 쉼표(콤마)는 생략해도 된다. 그런 의미에서 생략할 수 있는 쉼표가 두 개일 경우는 '수식하는' 단어와 '수식을 받는' 단어 중에 거리상으로 가까운 쪽에 있는 쉼표를 생략한다.
>
> 오늘, 나는, 삼촌 집에 갔다.
>
> '나는' 쪽이 가까우므로
>
> 오늘, 나는 삼촌 집에 갔다.

　법률문서나 계약서와 같은 긴 문장은 쉼표가 없으면 전혀 해독을 할 수가 없게 된다. 대기오염방지법 제1장 제1조를, 쉼표 없이 옮겨 보겠다.

> **법률에서 쉼표를 생략하면**
>
> 　　이 법률은 공장 및 사업장에서 사업 활동을 함으로써 발생하는 매연의 배출을 규제하고 그와 함께 자동차 배기가스에 관한 허용한도를 정하는 등 대기오염으로부터 국민의 건강을 보호하고 그와 더불어 생활환경을 보전함과 동시에 대기의 오염에 관한 분쟁에 화해의 중개를 꾀함으로써 문제 해결에 이바지하는 것을 목적으로 한다.

　법률문서로서 길이가 긴 것은 아니지만 133자를 한 번에 읽기는 곤란하다. 원문대로 쉼표를 찍기만 해도 상당히 읽기가 쉬워진다.

> **원문대로 쉼표를 찍으면**
>
> 　　이 법률은, 공장 및 사업장에서 사업 활동을 함으로써 발생하는 매연의 배출을 규제하고, 그와 함께 자동차 배기가스에 관한 허용한도를 정하는 등, 대기 오염으로부터 국민의 건강을 보호하고, 그와 더불어 생활환경을 보전함과 동시에, 대기의 오염에 관한 분쟁에 화해의 중개를 꾀함으로써, 문제 해결에 이바지 하는 것을 목적으로 한다.

앞에서 배운 병렬형이나 항목 쓰기 방법으로 분해하면 더욱 이해하기 쉽다. 한 문장·한 논리의 기본을 염두에 두고 다시 한 번 정리해 보자.

> **읽기 쉽게 편집한다면**
>
> 이 법률은 다음에서 기술하는 두 가지 항목을 실시하는 것을 목적으로 한다.
> (1) 대기 오염으로부터 국민의 건강을 보호하고, 그와 더불어 생활환경을 보전하기 위해,
>   (a) 공장 및 사업장에서 사업 활동을 함으로써 발생하는 매연의 배출을 규제하고,
>   (b) 자동차 배기가스에 관한 허용한도를 정한다.
> (2) 대기 오염에 관한 분쟁에 화해의 중개를 꾀함으로써 문제 해결에 이바지한다.

6 가운뎃점(·)을 이용해 배열을 쉽게 읽을 수 있게 한다

쉼표만으로는 혼동이 될 것 같은 경우에 가운뎃점을 이용하면 쉽게 읽을 수 있게 된다. 자주 사용되는 두 가지의 경우를 소개하겠다.

(1) 동격어의 배열

쉼표를 사용할 수도 있으나 문절을 구분할 때 사용하는 쉼표와 혼동되는 경우에는 가운뎃점을 이용할 것을 추천한다.

다음의 예는 문절의 구분에 쉼표를 사용하고, 배열 부분에는 가운뎃점을 사용해서 구별하는 효과를 보여 주는 예문이다.

일렉트로닉스 분야에서 자주 사용되는 빔에는, 전자 빔, 이온 빔, 원자 빔, 레이저 빔, X 선 빔 등이 있다.

수정문

일렉트로닉스 분야에서 자주 사용되는 빔에는, 전자 빔·이온 빔·원자 빔·레이저 빔·X 선 빔 등이 있다.

(2) 외국어의 구분

외국사람의 이름이나 사물의 명칭을 구분할 때 사용한다.

1883년, 독일인 고트프리트·다임러는 4스트로크·가솔린 엔진을 발명했고 1885년 8월에 이륜차로 특허를 획득했다. 같은 무렵, 다임러씨와 관계없이 내연기관의 발명에 열중하고 있던 같은 독일인 칼 벤츠는 5개월 후에 가스 엔진 탑재 삼륜차로 특허를 취득했다.

7 콜론(:)으로 데이터의 조건을 나타낸다

(1) 선행 문구의 설명

앞 줄에서 표현한 문구의 내용을 구체적으로 설명한다.

콜론의 용법-1 : 선행 문구의 설명

본 보고서의 구성 :
1. 실험 방법
2. 결과
3. 고찰

(2) 좌우 균등 배치

콜론의 좌우를 균등하게 배치할 수 있는 경우 '='과 같다고 생각해도 좋다.

콜론의 용법-2 : 수식 중의 파라메타 설명과 그래프의 조건 설명

(a) 서식 중의 파라메타 설명

$pV=(M/m)RT$
p : 압력의 강도
V : 가스 체적
M : 가스의 질량
m : 가스의 분자량
R : 가스 정수
T : 절대 온도

(b) 그래프의 조건 설명

월일 : 1998년 3월 10일
온도 : 23℃
기압 : 1,013 hPa
온도 : 65%
장소 : 130kW 동력실

뜻이 명확한 단어를 사용한다

한 단어가 문서 전체의 가치를 좌우하는 경우도 있다. 애매한 용어로 문서의 책임을 회피하지 않도록 읽는 사람을 위해 정확하고 명확한 단어를 사용한다.

1 단어의 역할을 이해한다

단어(word)는 의미(meaning)를 전달하는 최소 단위다. 단락을 문장으로 분해하고, 한 단계 낮은 단어로 분해하는 것은 물질의 구성을 분자에서 원자로 분해하는 것과 비슷하다. 분해할수록 원래의 속성은 사라지고 일반적인 성질의 단위가 된다. 반대로, 이 최소 단위를 조합해 가면 어떤 물질이라도 만들 수 있다.

문장을 분석한 뒤에 단어를 주어·서술어·목적어·보어·수식어로 분류한다. 다시 단어의 역할에 따라 체언(명사)·대명사·용언(동사·형용사)·조동사·조사·접속사 등의 이름으로 부른다.

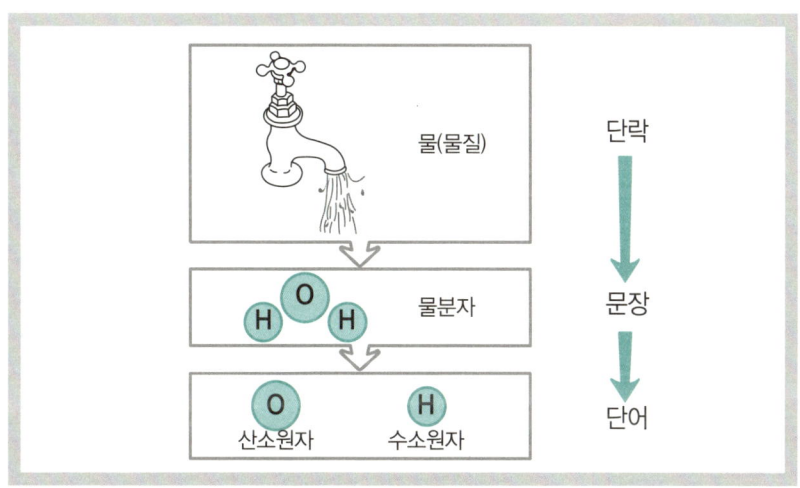

▲ 물질과 문장의 계층 대비

또한, 전문 분야에서는 일반적인 단어와는 다른 의미를 가진 기술 용어 (technical term)가 있다. 기술문서에서는 전달 능률을 높이기 위해 몇 가지의 단어를 결합해서 만든 합성어를 사용하는 경우도 있다.

어느 쪽이나 작업상 필요에 의해 신조어를 만들 수는 있지만 처음으로 문서에서 사용할 때는 명확하게 정의를 해야 할 필요가 있다.

2 하나의 단어·하나의 의미 : 애매한 여운을 남기지 않기 위해

● 하나의 단어·하나의 의미란

기술문서에서는 하나의 의미를 가진 단어를 사용한다. 바꿔 말하면 몇 가지의 의미를 지니고 있는 단어(애매한 단어)를 사용하지 않는다는 말이다.

사전을 찾아보면 여러 가지 의미가 있는 단어가 있다. 구어체에서 많이 사용되는 단어일수록 많은 의미를 갖고 있는 경향이 강하다. 거꾸로 생각해 보면 유사한 의미를 가진 단어가 많이 있기 때문에 혼동이 된다. 문학적으로는 많은 의미를 가진 단어가 풍부한 뉘앙스를 낳지만 기술 현장에서는 문제가 된다. 읽는 사람에게 해석을 맡겨도 되는 문학 작품과는 달리, 기술문서는 읽는 사람에게 결론을 정확하고·혼동되지 않게 전달하는 것이 최대의 역할이기 때문이다. 따라서 기술문서에서는 구어체에서 사용하는 애매한 표현을 피하고, 읽는 사람이 해석할 때 망설이지 않도록 한 가지 의미를 가진 단어를 선택한다.

가장 자주 사용되는 말 중에 하나인 '보다'를 실험삼아 사전에서 찾아보자.

① (시각으로) 사물의 모양을 알다
② (시각으로) 즐기거나 감상하다
③ 대상의 내용이나 상태 등을 알려고 살피다
④ (일 따위를) 맡아서 하다
⑤ 맡아서 관리하거나 지키다

> ⑥ (어떤 행사나 격식 따위를) 치르거나 겪다.
> ⑦ 자손이 생기거나 며느리나 사위를 맞이하다.
> ⑧ (궂은 일이나 좋은 일을) 맞이하거나 당하다
> ⑨ 마무리를 짓다.
> ⑩ 평가하다. 그렇게 여기다.
> ⑪ 고려하다, 생각하다.
> ⑫ 똥이나 오줌을 몸 밖으로 내보내다.
> ⑬ (올바르지 못하게) 이성 간에 정을 통하다.
> ⑭ 물건을 사거나 팔러 가다.
> ⑮ (음식상 따위를) 차리다.

(동아 새국어 사전 제4판)

'사실로 보다', '상태를 보다'와 같은 표현은 위의 예를 보면 틀리지는 않지만 혼동되기 쉽다. '사실이라고 생각하다', '상태를 조사하다'와 같이 한 단어·한 의미의 단어를 사용하는 것이 좋다.

● **애매한 주어**

주어로 사용되는 단어는,

기계 → 공작 기계 → 선반 → NC선반
(높은 계층)   (낮은 계층)

이와 같이 범위를 좁힐수록(낮은 계층으로 이동한다) 표현이 구체적이다. 즉, 한 단어·한 의미에 가깝고 읽는 사람은 헷갈리지 않고 확실하게 이해를 할 수 있게 된다.

(1) 포괄어

관련된 말 중에서 높은 계층의 단어를 말한다.

보고서 제목이나 논의를 포괄어로 기술하게 되면 구체적인 정보를 원하는 독자의 요구에 응할 수가 없다. 단, 포괄어는 기초어에 비해 넓은 의미를 나타내는 성질이 있다. 아래 그림에서 보듯이 내부 감사를 기초어로 논할 때는 ISO 9000 규격이 포괄어가 되지만 내부 심사 순서에 대해 논할 때는 내부 감사가 포괄어가 되는 것이다.

상황에 맞게 계층 단어를 선택한 예를 생각해 보자.

2000년 우리나라는 제조물 책임법(이하 PL법)을 시행함에 따라 모 회사도 체제 정비가 필요했다. 그러나 PL에 관한 사내 인식은 아직 불충분하다. 무엇을 할 것인가를 정하기 전에 왜 지금 행동에 옮겨야만 하는가에 대한 PR이 필요한 단계다. 사장실의 특명을 받은 A씨는 PR 팸플릿에 다음과 같은 제목을 붙였다.

(a) '제조물 책임(PL)에 대해'

이 문서는 사내의 관심을 끌지 못했다. 주제에 대해 막연하고 광범위한(포괄어) 제목이여서 시급히 읽어야 한다는 긴박감을 주지 못했던 것이다.

(b) '제조물 책임(PL) 분쟁은 더 이상 강 건너 불구경이 아니다'

라고 한다면 회사 내에서 책임 있는 직책에 있는 사람이라면 읽어야 한다고 생각하게 될 것이다. 이 표현이라면 계층이 '분쟁'으로까지 내려가서 읽는 사람에게 직접적으로 튀는 불똥처럼 느껴질 수 있기 때문이다.

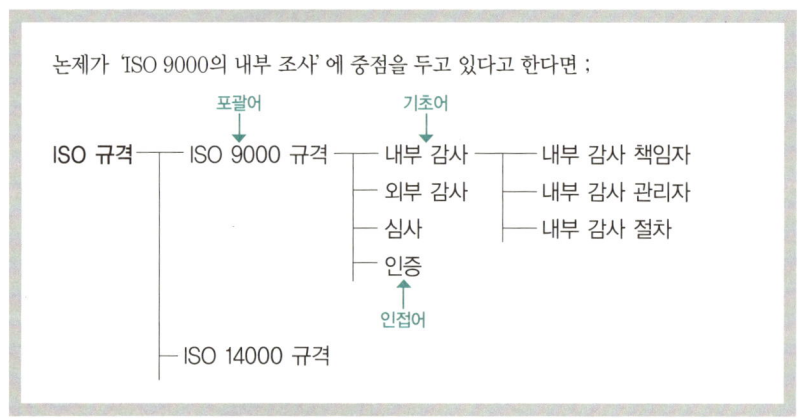

▲ 단어의 계층 구조

(2) 인접어

 (b)의 경우, 사용한 '분쟁'이라는 단어를 동격 단어인 '소송사건'이나 '법정투쟁'으로 바꿀 수 있다. 이들을 인접어(즉, 같은 계층의 단어)라고 한다. 보고서에서는 한 단어·한 의미의 용어를 선택하고 보고 대상을 인접어를 통해 확실히 구별할 필요가 있다. 특히 제목이나 요약에서 이와 같은 구별이 되지 않으면 읽는 사람의 관심을 끌지 못한다. 이후의 파일링 관리에도 어려움이 따른다.

(3) 유의어(동의어)

 거의 동일한 내용을 다른 단어로 표현한 것을 유의어라고 한다(예를 들어 계측과 측정). 논리의 흐름에 따라 가장 적절한 표현을 선택한다. 유의어 사전을 이용하면 편리하다(영문의 경우는 Thesaurus).

(4) 전형적인 책임 회피 단어 – '등'

 '~등'이라는 말은 편리한 용어라서 남용하기 쉽다. 그러나 논제와 관련 있는 대상을 열거할 때에는 '등'이라는 말로 얼렁뚱땅 넘어가지 말고 명확하게 규정지어야 한다.

 '등'을 사용하면 대상이 무책임하게 넓어져서 작성자가 나중에 어떤 이유를 들던지 빠져나갈 수 있다. 이것은 전형적인 책임 회피 단어다. 기술문서에서는 애매한 표현 없이 당당하게 문서의 책임을 지는 자세로 임하지 않으면 작업에 지장이 생긴다.

> **계획에 '등'을 포함한 예**
>
> 이후의 방향으로는 점화시기 등의 검토에 들어갈 예정입니다.

> **개선문 예**
>
> 7월 30일까지 점화시기와 연료분사 특성의 최적화 매칭을 완료할 계획입니다.

일정과 대상을 명확하게 한다. '방향'과 '예정'은 중복되므로 '계획'으로 정리한다. '점화시기 등의 검토'도 구체화한다.

> **목표 요건에 '등'을 포함한 예**
>
> (1) 출력성능 등의 10% 향상
> (2) 제품불량률 등의 30% 경감

얼마만큼 작업을 해야 목표가 달성되는지 알 수 없기 때문에 작업은 아무리 시간이 흘러도 정리되지 않고 지연될 것이다.

매뉴얼이나 작업 지시서나 작업 처리서의 애매한 표현은 이뿐만 아니라 '등'이라는 한마디가 기업 간의 분쟁의 씨가 될 수도 있다. 쌍방의 의무·권리 범위를 엄밀하게 규정하지 않으면 모두 손해를 입게 된다.

● **애매한 수식어**

수식어가 애매하기 때문에 대상을 특정 지을 수 없는 경우가 있다. 애매한 수식어는 어떻게 사용되는 것일까? 어떻게 하면 사용을 피할 수 있을까?

(1) 포괄어를 사용하면 애매해진다

문장의 논리에 가장 잘 대응하는 계층의 수식어를 사용하는 것이 필요하다. 너무 높은(포괄적인) 계층의 수식어를 사용하면 전달하려고 하는 문제가 명확하게 전달되지 않는다. 다음의 예를 보자.

3년 정도 사용했던 청소기가 고장이 났다. 구입했던 전자제품 가게에 전화를 해서

'OO회사의 청소기가 고장이 났는데 고칠 수 있나요?'

라고만 하면 어떤 고장 내용인지 알 수가 없다. 전화를 받은 전자제품점에서도

'어쨌든 가지고 나오십시오. 한번 봅시다.'

라고 말할 수밖에 없을 것이다.

그러나

'3년 정도 전에 그쪽에서 구입한 OO회사의 △△형 청소기입니다. 매일 두 번씩 사용하고 있는데, 빨아들이는 힘이 약해졌어요. 필터를 교환해도 나아지지 않아요. 지지지~ 소리가 나고요.'

라고 한다면

'알겠습니다. 아마 모터의 카본 블러시 마모인 것 같습니다. 그게 맞다면 재고가 있으니까 바로 고칠 수 있습니다. 언제든지 가져오십시오.'

라는 식이라면 전화통화라도 이야기를 진행시킬 수 있다.

다음의 차트처럼 하위 계층의 단어를 사용할수록 구체화 되는 모습을 볼 수 있다.

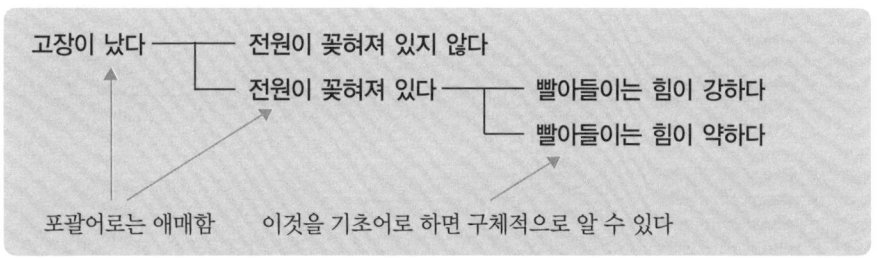

(2) 문서의 책임을 회피하는 단어의 사용은 뜻을 애매하게 한다

기술문서에서는 사실의 전달과 흐름 때문에 문서의 책임을 정확히 기재할 필요가 있다. 문서의 책임을 명확하게 하기 위해서는 여러 가지로 해석될 수 있는 표현은 피하도록 한다.

약간 · 조금 · 가능한 한 · 잠시 동안 · 얼마 지나지 않아 · 비교적 · 살짝 · 강하게 등과 같은 애매한 단어나 함축적인 의미를 지니고 있는 단어의 사용은 금물이다.

> '한일 정상 회담에서 보인 자세 때문에 야당 의원에게 비판받은 총리는
> 『그것이 국가에 대한 모욕이었다고 한다면 지적하신 말씀은 겸허히 받아들이겠습니다』
> 라고 국회에서 답변했다. ···중략··· 질문자의 의견이나 비판에 솔직하게 귀를 기울이고 있는 것처럼 들리지만 사실은 정치적 용어로
> 『나는 동의 할 수 없다』
> 라는 의미로 사용되고 있다고 한다'
> (아사히신문 1997. 3. 5)

이와 마찬가지로 관료들이 사용하는 용어 중에 '긍정적이고 적극적으로 선처하겠습니다'라는 말은 다음에 인용하는 책에 의하면 '상대방에게 기대를 갖게 하여 시간을 벌면서 아무것도 하지 않는다'는 의미다.

이런 글이 실려 있는 책은 한 관료 기관에서 총리 답변용 원고를 작성하기 위해 만든 매뉴얼로 정부 기관 내에 실제로 존재한다(미야모토 마사오『관청 규정』강담사, 1993).

관료용『국회 답변 매뉴얼』

- **긍정적으로** : 먼 장래에는 어떻게든 될지도 모른다고 하는 식으로 상대방에게 다소 밝은 희망을 갖게 하는 말투
- **전심** : 전망이 밝지는 않지만 자신이 노력한다는 점은 인상 깊게 남기고 싶을 경우에 사용한다.
- **충분** : 시간을 충분히 벌고 싶다는 뜻
- **노력한다** : 결과적으로는 책임을 지지 않는다는 뜻
- **배려한다** : 책상 위에 쌓아 놓는다.
- **검토한다** : 검토만 할 뿐 실제로는 아무 일도 하지 않는 뜻
- **겸허히 듣는다** : 들을 뿐 아무것도 하지 않는 뜻

> 신중하게　　　: 거의 어떻게 할 수 있는 방법이 없지만 거절하기 어려울 때
>　　　　　　　　 사용한다. 하지만 실제로는 아무것도 하지 않는다는 뜻

　역사와 생활 속에서 사용되고 있는 애매한 표현이나 무책임주의를 모조리 없애기 위해서는 엄청난 노력이 필요하다. 강남이 주 무대인 요즘 젊은이들의 대화도 전통화법을 사용하고 있지 않은가?

　'취미 쪽은 그냥 음악도 하고, 스포츠도 하고'
라고 자기소개를 하고,

　'괜찮다면 영화라도 보러 가지 않을래?'
라고 권한다. 특히 '괜찮다면'은 늘 붙게 되는 말버릇으로 영화가 재미없었을 때는 상대방이 본인이 판단해서 보러 갔다를 보증하고 있는 것이다.

　이야기를 꺼낸 사람 즉, 화자인 본인이 주장하고 혼자서 결정한 것이 아니라 듣는 쪽 즉, 청자인 상대방이 나의 뜻을 받아들인 후에 함께 결정해서 동행해 줄 것을 기대하고 있다는 뜻이다. 그렇게 되면 결정은 화자 자신만의 책임은 아니고 상대방과 공동 책임이 된다. 상대방에게 판단의 여지와 책임을 전가하는 어법이다. 화자의 말이 애매하면 애매할수록 상대방의 책임이 증대된다.

(3) 시간·수량·분량이 애매해지기 쉽다

　일상에서 자주 사용하는 단어 중에 알 것 같으면서 모르는 표현을 모아 통계를 냈던 예가 있다.

- **잠깐 거기까지**　　　　　: 99미터 이상이라고 생각한 사람이 33.8%, 1000미터 이상이 9%
- **가까운 시일 내에**　　　: 2~7일이 44%, 15일 이상이 29.2%
- **조금만 기다려 주세요**　: 2~3분
- **잠시 기다려 주세요**　　: 5분

그 외에 '괜찮습니다'(=필요 없습니다, 거절합니다), '또 부탁드립니다'(=더 이상 부탁하지 않겠습니다), '전과 변함없이', '어떻게든'(=자세하게 말할 필요가 없습니다) 등 끝이 없다.

텔레비전 프로그램에서 이런 종류의 애매한 표현을 예로 들며 문제를 제기한 적이 있었다.

조미료 · 버터 · 마가린에는

「개봉 후에는 빠른 시일 내에 드시기 바랍니다」

라고 써 있다. 빠른 시일 내라고 하면 도대체 언제까지를 말하는 것인가? 유통기한이 용기에 써 있기는 하지만 그것은 개봉하기 전 상태에서 보관하는 기간을 말한다. 일단 개봉했을 때 맛의 변화를 느끼지 않고 언제까지 먹을 수 있는가에 대해 주부들이 직접 테스트를 했다. 그 결과

마요네즈 : 4주간은 거의 변함이 없으나 여섯 째 주부터 맛이 변했다.
마가린 : 4~6주 지나자 맛도 냄새도 떨어졌다.

○○업체 것은 2~4주만에 맛이 떨어졌지만 △△△은 1년 정도 유지되었다. 이때 중요한 것은 보관 방법에 따라 기간이 연장된다. 마요네즈는 용기에서 공기를 빼고 마가린은 랩으로 싸서 공기와의 접촉을 차단시키면 풍미는 그대로 유지할 수 있다고 한다.

소비자의 고민을 무시하고 모든 회사가 애매한 표현을 하는 이유는, 만약

'개봉 후 4주 이내에 드시기 바랍니다'

라고 기재했을 경우 소비자가 4주 이내에 먹었는데 맛이 변해서 식중독에 걸리기라도 하면 자신의 보관상 부주의는 차치하고, 회사에 항의할 것이 틀림없기 때문이다. 여러 가지로 해석할 수 있도록 뭉뚱그려서 표현하는 업체의 태도가 문서 책임을 회피하는 애매한 표현을 만들어 낸다.

그러나 한국의 소비자도 '아무 말도 못하는 대중'에서 '현명한 소비자'로 성장하기 시작했다. 언제까지 업자들의 책임 회피를 용서할 수는 없다. 미국으로 수출하는 경우에도 이런 표현은 인정되지 않는다. 보나마나 PL 소송의 재료가 될 것이다. 랩 등의 보관 조건을 부기해서 개봉 후의 유통기간을 기재하는 것이 책임을 안고 있는 업체가 당연히 취해야 할 자세다.

정리해 보자. 어떤 경우에 애매한 단어를 사용하고 있는 것일까?

- **자신을 지키는 방벽**(사실을 숨기고 싶다, 구실을 만들고 싶지 않다)
- **상대방에 대한 배려**(상대방에게 상처를 주고 싶지 않다, 나쁜 인상을 주고 싶지 않다)
- **고도의 대화술**(함축적인 의미를 지니고 있어서 이후의 상황에 따라 대처하고 싶다)

어느 것이나 인간 관계나 정치적 관계에서 대처하는 방법이지 사실의 전달과 주장을 전달하는 기술문서와는 상관이 없다. 보고서 내용에 애매한 단어를 포함시키는 것은 기본적으로 잘못된 태도다.

● 애매한 서술어

기술문서에서는 특히 동작을 표현할 때 정확함이 요구된다. 애매한 단어는 절대 사용해서는 안 된다.

주어와 마찬가지로서 서술어에서도 실제 생활에서 자주 사용되는 단어일수록 여러 가지 의미로 사용된다. 보통 전후 관계를 통해 이해할 수 있는 경우가 많지만 논리를 흐리게 하는 경우가 있기 때문에 기술문서에서는 피하는 것이 좋다.

'실용문에서는 읽는 사람이 추측할 필요가 없는 문장을 작성하는 것이 철칙이다. 읽는 사람이 작성자가 기대하는 만큼 생각해 줄 것인지 알 수가 없다'(시노다 요시아키 『통하는 문장 기술』).

즉, 한 단어 · 한 의미의 단어를 선택하는 것이 필요하다.

애매한 서술어의 실제 예를 들어보자. 애매한 표현은 오른쪽의 명확한 표현 예와 같이 구체화된 표현으로 바꾼다.

애매한 표현	명확한 표현	
검토한다	원인을 추궁하다	대책을 강구하다
재고한다	비교 판단하다	조사하다
차를 움직인다	재점검하다	다시 한 번 고찰하다
	개선하다	본래의 가치를 인정하다
	자동차의 시동을 걸다	자동차를 달린다
		자동차를 이동시킨다

'재고하다'는 정부의 국회 답변에서 사용하는 말 중에서 가장 사용 빈도수가 높은 단어 가운데 하나다. 가령 국방부의 예산안 질문에 대해,

'삭감 대상에 대한 성역은 없다'

라고 했다면 질문자는 '예산안 삭감 답변을 이끌어 냈다'라고 오해할 수 있는 소지가 있다. 그러나 국방부 장관이 중반기의 방위 부담비에 관한 답변에서

'재고의 결과, 감액하는 경우가 있다면 증액되는 경우도 있다'

라고 말한 것처럼 평소에 사용되는 '삭감한다'와 동의어가 아니다. 즉, 정부 측에서 말하는 '재고'의 의미에 대해 『재고한다』라는 의미는 『고치다』에 역점을 두고 있는 것이 아니고 재고하는 행동을 취한다는 뜻이다'

라고 정확하게 설명해 주었다고 한다(아사히신문1997. 3. 5 기사에서 인용).

● 처칠의 말

애매한 서술어가 사용되는 예를 살펴보면서 윈스턴 처칠의 말이 요즘 시대에 새삼 신선하게 느껴진다. 1940년, 제 2차 세계 대전의 전세가 긴박해지고 있을

당시, 괴멸 위기에 처한 영국의 재상 자리에 있던 그는, 정부 각 부서의 장관들에게 다음과 같은 메시지를 보냈다.

> 우리들은 직무를 수행하기 위해 많은 양의 서류를 읽어야 한다. 대부분의 서류는 내용이 너무 길다. 시간도 오래 걸리고 요점을 찾기가 번거롭다.
> 동료 여러분과 부하 여러분들에게 부탁드리고 싶은 것은 보고서를 좀 더 짧게 작성하도록 배려해 주기 바란다는 점이다.
>
> (1) 보고서의 요점은 각각 짧고 명확하게 구분한 패러그래프로 정리해서 기술한다.
> (2) 복잡한 요인을 분석한 후 작성한 보고서나 통계를 바탕으로 한 보고서는, 기초로 삼았던 요인 분석이나 통계는 부록으로 첨부한다.
> (3) 정식 보고서가 아닌 제목만을 적은 메모를 활용하고 필요에 따라서는 구두로 보충하는 방법이 좋은 때가 많다.
> (4) 다음과 같은 어법은 금지한다.
> '다음의 여러 가지 사항을 마음에 새겨두는 것도 중요하다',
> '……을 실행할 가능성도 고려해야만 한다' 이런 식의 우회적인 표현은 여백을 채우기 위한 말에 지나지 않는다. 생략하거나 한마디로 잘라 말한다.
>
> 과감하게 잘라서 짧고 바로 의미가 전달되는 어법을 사용한다. 허물없는 말이라도 상관없다. 내가 지시한 대로 작성한 보고서는 얼핏 비교해 보면 관청 용어를 늘어놓은 문서와 비교했을 때 거칠게 표현될지도 모른다. 그러나 상당한 시간을 절약할 수 있고, 확실한 요점만을 간결하게 말하는 훈련은 사고를 명확하게 하는 데 도움이 된다.

3 기술 용어로 전문 지식을 간결하게 표현한다

● **기술 용어를 사용할 때의 효과**

　기술 분야에서는 저마다의 역사적인 의미를 지닌 독창적인 용어가 있어 빈번하게 활용되고 있다. 이들을 기술 용어(technical term)라고 하는데 일상 용어로 표현하면 길어지는 내용을 간결하게 표현할 수 있다는 점이 특징이다.
　예를 들면 '응력'을 '재료가 외부의 힘을 받을 때 모든 단면에서 발생하는 재료 내부의 저항력'이라고 일일이 쓴다고 한다면 매우 읽기가 어려울 것이다.
　그뿐만 아니라 문장이 복잡해져서 논리 전달에 혼동이 오기 쉽다.

● **사용상의 주의**

　기술 용어의 오용이나 남용은 읽는 사람을 당황스럽게 할 수 있으므로 주의해야 한다.

(1) 부서 내부의 용어를 사용하지 않는다

　작성자는 작성자 그룹(기업·부·과·프로젝트)에서만 통용되는 전문 용어를 일상적인 용어처럼 사용해서는 안 된다. 읽는 사람이 다 이해한다고 볼 수 없기 때문이다.
　평소에 기술서나 전문 잡지의 용어를 익혀 두지 않은 사람이라면 기술 분야에서 통용되는, 말하자면 시민권을 얻은 용어와 부서 내부 용어를 구별하지 못하고 남용하는 경향이 있다. 작성자의 꾸준한 학습과 읽는 사람의 세심한 체크가 필요하다.

> **부서 내부의 용어는 사용하지 않는다**
> × 이 시스템에는 프로콘을 사용했다.
> ○ 이 시스템에는 프로그래머블 컨트롤러를 사용했다.

> **전문 분야에서 통용되는 용어는 활용한다**
>
> ✗ (a) 엔진의 피스톤이 최고 위치인 30도에 도달하기 전에 점화하면 최대 출력 축회전력을 얻을 수 있다.
> ○ (b) 점화시기 30° BTDC에서 최대 축 토크를 얻을 수 있다.

점화시기를 '°(도)'의 단위를 나타내는 명칭과 단위가 조화되지 않기 때문에 (a)처럼 기술하는 것은 너무 억지스럽고 전문 기술자는 오히려 이해하기가 어렵다. 또 '출력 축회전력'이라고 정의를 내린 부분은 틀리지는 않지만 '축 토크'라는 관용어가 있으므로 이를 사용하는 편이 쉽게 이해된다. 보고서를 읽을 수 있을 정도의 전문성이 있는 독자에게는 (b) 문장을 더 빨리 이해할 수 있다.

단, 엔진을 거의 모르는 독자에게 엔진에 대한 지식을 전해 주는 문장이라고 한다면 (a)가 적당할지도 모르겠다. 결국 읽을 대상이 누구인가에 대한 분석을 통해 어떤 수준으로 설명을 할 것인가, 어떤 용어를 사용할 것인가를 정하는 것이 필요하다.

(2) 영어의 약자는 먼저 정의하고 난 후 사용한다

약자는 작성자의 생각처럼 읽는 사람이 이해할 수 있다고 장담할 수 없으므로 맨 처음에 정의해 둔다.

예를 들면, 콤팩트디스크(Compact Disk)를 설명할 생각으로 CD를 사용했는데 읽는 사람은 공기항력 계수(Coefficient of Drag)라고 생각하고 머리를 갸웃거릴지도 모른다. 화학물질인 싸이클로덱스트린(CycloDextrin)이라고 생각하는 사람은 없겠지만 어쨌든 영어 약자를 사용할 때에는 사전으로 찾아보는 것과 첫 부분에 정의해 두는 것이 매우 중요하다.

정의 방법은 간단하게 문장 중에 '콤팩트디스크(이하 CD)는 ……'와 같이 기입하면 된다. 이후에 다시 나올 때는 무조건 'CD를 세트시켜서 ……'와 같이 영어 약자를 사용할 수 있다.

(3) 조사를 한 후에 조어를 만든다

    기술 분야에서는 새로운 개발이나 관리 업무 중에 신조어를 만들고 싶은 때가 있다. 신조어는 후대에 길이 남을지도 모르기 때문에 동료나 다음 작업자에게 나쁜 영향이 미치지 않도록 정확하게 명명해야 한다.

    특히 영어로 명명할 때는 이미 관용적으로 사용되는 용어가 없는지, 영어의 용법에 맞는지 정확히 조사한 후에 만들지 않으면 해외에 나가서 창피를 당할 수도 있다. 단순히 창피를 당하는 것에서 끝나면 좋지만 최악의 시나리오는 해외기관과 업무적으로 오해를 낳아 PL문제나 공업 권리 분쟁에 이르는 경우도 있다.

오용되는 영어	영어
2 cycle engine	2 stroke engine
unbalance	imbalance
claim	complaint, callback, recall
veteran	expert

한국식 영어	영어
after service	repair service, warranty, guarantee
hard schedule	tight schedule
auto-bye, bike	motorcycle
back mirror	rearview mirror
sign pen - felt pen	felt pen

▲ 오용 영어와 한국식 영어의 예

● **기술 용어를 정의하는 방법**

    읽는 사람의 전문 지식 수준을 배려하는 마음이 필요하다. 미정의어 즉, 읽는 사람의 이해 범위 밖에 있는 기술 용어는 처음에 사용할 때 정의해 두어야 한다.

정의에 맞게 활용할 수 있는 것이 다음의 공식이다.

> 정의의 공식 : 단어 = 구별 + 개념

예를 들면 태양전지를 정의해 보자.

전지의 개념은 '보유하는 어떤 에너지를 전기 에너지로 변환하는 장치'이다. 구별의 단서로서 '태양'이라는 접두어가 있으므로 에너지원은 태양이고 변환 방법은 광기 전력을 가지고 있는 다이오드다.

> 단어 : 태양전지는
> 구별1 : 다이오드의 광기전력을 이용해서,
> 구별2 : 태양열 에너지를
> 개념 : 전기 에너지로 변환하는 장치다.

4 합성어로 서술 능률을 높인다

● 한자의 높은 조어 능력

한자의 조어 능력에 대해 킨다이치 하루히코 씨는(일본 저자) 다음과 같이 기술하고 있다.

> 일본어는 어떤 내용의 단어라도 새로운 내용의 단어를 끊임없이 만들어 내는 능력을 가지고 있다. ····(중략)···· 그것은 한자의 덕이다. 한자는 하나하나의 의미를 가지고 있다. 그 때문에 한자를 조합해 가면 어떤 내용이라도 표현할 수 있다. 예를 들면, 현대를 자동차 만능의 시대라고 하는데 '차'라는 글자 하나만 있으면 자동차에 관련된 말은 얼마든지 만들 수 있다. 상대편에서 오는 차가 있으면 '대향차對向車', 새 차는 '신차新車', 조금 낡은 차라면 '중고차中古車', 그

> 리고 외국에 만든 차는 '외제차外製車', 국내에서 만든 차라면 '국산차國産車'라고 하며 주차장이 꽉 차면 '만차滿車'라고 한다.
>
> 차 사이의 거리는 '차간거리車間距離'라고 하는데 이것을 영어로 하면 the distance between cars로 길어진다. 그런 연유로 메이지 시대의 학자는 한자 지식을 마음껏 활용하면서 새로운 기술 용어를 만들었던 것이다.

이러한 한자의 조어 능력은 일본어에 국한된 것이 아니라 우리나라 역시 한자 문화권이어서 유사성이 매우 높다. 마찬가지로 the internal combustion engine은 '내열기관'이라고 정확하게 표현할 수가 있다. the proportional-plus-integral-plus-derivative control은 너무 길기 때문에 보통 'PID control'이라고 쓰지만 약자를 쓰기 때문에 전문가 이외에는 전혀 의미를 알 수 없는 기호처럼 느껴진다. 한국이나 일본은 '비례 미적분 제어'로 번역해서 사용하고 있는데, 조금이라도 관계가 있는 분야의 담당자라면 충분히 짐작할 수 있는 표현이다. 한자를 이용한 훌륭한 조어 능력을 엿볼 수 있는 부분이다.

● 합성어의 길이

합성어를 제대로 사용하면 기술문서를 알기 쉽고 간결하게 작성할 수 있는 데 도움이 된다. 반대로 무제한으로 말을 연결하면 읽기 어려워진다는 한계가 있다. '국제지질학연합비교혹성학위원회'라는 단체가 있으나 위원들이 제대로 읽을 수 있을까? 기준을 10문자 이내로 했으면 한다.

(1) 한글과 영문, 한자를 섞어서 사용하는 문장

한자의 나열만이 아니고 우리글과 알파벳 또는 숫자를 혼용하면 긴 용어라도 쉽게 읽을 수 있다. 이름에 따라서는 10자 이상으로 구성되어 있어도 어려움 없이 외울 수 있는 단어도 있다.

```
┌─ 합성어의 표현법 ─────────────────────────┐
│                                              │
│   ┌─ (a) 혼합기연소방식                      │
│   └─ (b) 도전성 플라스틱                     │
│                                              │
│   ┌─ (c) 연소 분사 제어 기관                 │
│   └─ (d) 주사형 터널 현미경                  │
│                                              │
│   ┌─ (e) 국제 극궤 기상 위성 조정 회의       │
│   └─ (f) 석탄 가스화 복합 사이클 발전        │
│                                              │
└──────────────────────────────────────────────┘
```

예문의 (a)와 (b), (c)와 (d), (e)와 (f)는 글자 수가 같은데 읽는 느낌이 다르다. (b), (d), (f)는 한글과 한자를 혼용했기 때문에 변화가 보여서 인지성이 높아진다.

(2) 사자성어 · 약자 · 네 글자 단어

이른바 사자성어 · 약자 · 네 글자 단어라는 것은 리듬감을 좋게 하기 위한 표현 방법이지만 구어체에서 사용하는 단어가 많다. 이와 같은 단어들을 그룹 내에서 사용하는 것은 지장이 없지만 기술문서에 사용해도 괜찮은가의 여부는 해당 단어의 보급도에 따라 다르다. 기술 문헌이나 전문 잡지에서 특허권을 가지고 있는지 여부에 대해서도 확인해 볼 필요가 있다.

```
┌─ 4자성어와 네 글자 이하의 약자 ──────────────────┐
│                                                   │
│   사자성어 : 기승전결, 아전인수, 철두철미, 대동소이 │
│   약자    : 원발, 품관, 특훈, 산폐물, 금속노련,    │
│             실주시험                              │
│   네 글자 : 퍼스컴(personal computer), 콘파치     │
│             (compatible), 리모컨(remote control), │
│             에어컨(air conditioner)               │
│                                                   │
└───────────────────────────────────────────────────┘
```

engineer report

표현의 기술을 갈고 닦는다

1 _ '쉽게 이해시키는 방법'을 분석한다
2 _ 문장을 명쾌하게 기술한다
3 _ 조연 역할의 단어를 활용한다
4 _ 효과적인 표기법을 궁리한다

엔지니어를 위한
보고서 작성기술!

Chapter
4

01 '쉽게 이해시키는 방법'을 분석한다

STEP

'쉽게 이해시키는 방법'을 안다면 더욱 쉽게 이해할 수 있는 문서를 작성할 수 있게 될 것이다. 읽는 사람에게 부담을 주지 않고 자연스럽게 전달 목적을 달성하는 문서를 쉽게 이해되는 문서라고 한다. 이러한 문서 작성의 조건을 살펴보자.

1 한눈에 읽을 수 있다

'빠짐없이 기재해 두면 이해할 것이다'라는 안이한 자세로 실험했던 내용, 알아 낸 사실을 남김없이 기재하여 보고하는 태도는 읽는 사람에게 민폐를 끼치는 것이다. 읽는 사람이 어렵지 않게 읽을 수 있는 한계는 어디까지인가?

이 절에서는 인간의 두뇌 기능을 염두에 두고 생각해 보자. 인지 심리학이라는 분야에서 사용하는 표현을 빌리면 '안다는 것은 입력 정보를 인간의 정보 처리계에서 적절히 처리한 후 머릿속에 이미 저장되어 있는 지식과 동화시키는 것, 혹은 이미 있는 지식과 잘 조절하는 것'이다. 이 말은 무슨 뜻일까?

인지 심리학에서는 다음 쪽의 그림에서처럼 두뇌 속에 축적되어 있는 기억을 단기 기억(Short-Term Memory)과 장기 기억(Long-Term Memory)으로 나누어서 취급한다.

입력 정보는 먼저 단기 기억 저장 창고에 축적되는데 여기에서는 아주 짧은 시간(약 20초)만 유지한다. 유지할 수 있는 양은 7±2 단위가 상한이라고 한다. 이 단위를 인지 심리학에서는 청크(Chunk)라고 부른다.

예를 들면 0325822424이라는 숫자는 10청크인데, 단기간만이라도 기억하라고 한다면 보통의 사람들은 힘든 숫자다. 그러나 정보 제공 수단을 연구해서 청크 당 정보량을 늘리면 처리 능률이 오른다. 032 582-2424이라고 수정해 보자.

이 숫자는 일반적인 인천의 전화번호 체계로 장기 기억 속에 있는 내용의 도움을 받아 032는 1청크로 처리된다. 582-2424는 오빨리-이사이사라는 식으로 말을 만들면 앞부분의 인천을 더해도 전부 4청크로 단축시킬 수 있다.

 '한눈에 들어오게' 표현하기 위해서는 이와 같은 두뇌의 특성을 이해할 필요가 있다. 장문이 읽기 힘든 이유와 이를 개선하는 힌트는 여기에 숨겨져 있다. 주어나 논제의 배치·어구나 문장의 길이·단락의 구분 방법·한글과 영어, 한자의 비율 등에 관한 설계를 연구하면 문장을 읽기 쉽게 작성할 수 있다.

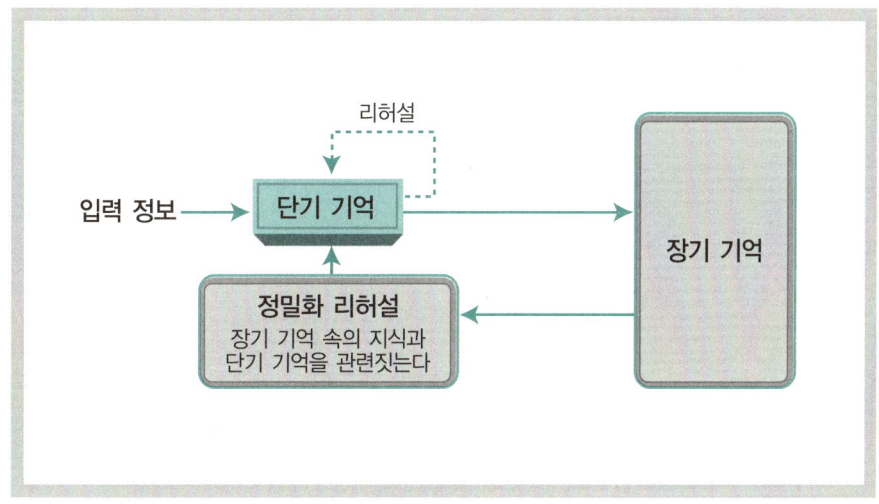

▲ 인간의 정보 처리 시스템 모델

 한편 단기 기억 저장 창고에는 리허설을 하는 회로가 있어 기억을 반복해서 불러내어 기억 유지 기간을 연장할 수 있게 한다. 주판의 달인이 머릿속에 주판을 그려서 암산하는 것도 이와 같은 원리다. 리허설을 하지 않으면 수십 초에 이미지가 소실되고 숫자는 두 번 다시 생각나지 않게 된다.

 단기 기억은 지워지기 전에 장기 기억 저장 창고에 전송되어 지식으로써 축적된다.

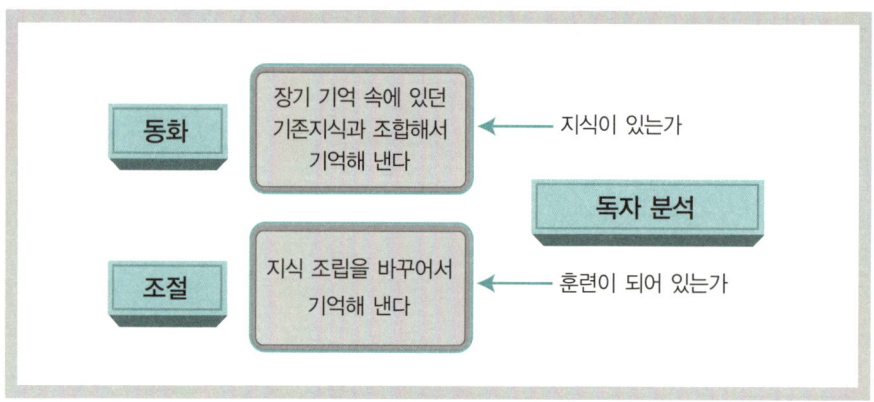

▲ '이해한다'는 것의 메카니즘

그러면서 장기 기억은 사장되는 것이 아니고 활발하게 단기 기억 저장소에 역송신하여 처리 정보로서 활용된다(정밀화 리허설). 단기 기억 정보는 처리하려는 정보와 관련된 지식이 장기 기억 속에 원래 저장되어 있었다면 보다 효과적으로 기억해 낼 수 있게 된다(전화번호의 예).

장기 기억 속에 이미 있는 지식과 정보를 조합해서 기억해 내는 것이 동화다. 또한 처음과 똑같이 기억해 내지 못하고 이미 있는 지식과 조합하고, 조회해서 기억해 내는 데 성공하는 경우를 조절이라고 한다(위의 그림 참조). 어느 쪽으로도 기억해 내지 못했다면 '모른다'가 된다.

예를 들면 '해류발전'이라는 말이 정보로 입력되었을 때, 이미 이 단어가 장기 기억 속에 있었다면 바로 이해할 수 있다. 이것이 동화다. 그러나 단어를 처음에 들었을 때는 이해했다고 볼 수 없다. '해류의 속도 에너지'와 함께 '물차'나 '프로펠러'의 이미지를 장기 기억 속에 이미 가지고 있었고, 그와 더불어 연쇄적으로 이 단어와 관련된 지식을 불러내어 결합할 수 있었다면 '해류의 속도 에너지로 프로펠러를 회전시켜 발전기를 돌린다'라고 이해할 수 있는 것이다. 이것이 조절이다. 이렇게 기억해 낸 사람이라면 '흑조 발전'이나 '조석 발전', '해양 온도차 발전' 등의 정보를 조절해서 이해하는 것도 그리 어렵지 않을 것이다.

작성자는 읽는 사람이 정보를 동화할 수 있는가(지식이 장기 기억 속에 있어서 그대로 이해할 수 있는가), 또는 조절할 수 있는가(관련 지식을 잘 정리해서 이해하는 훈련이 몸에 익혀 있는가)를 고려해서 정보를 가공해야 한다. 이것도 분석의 일환이다.

2 쉽고 혼동되지 않게 이해할 수 있다

확실하게 기억해 내려면 어떻게 하는 것이 좋을까라는 질문에 대해 예전의 심리학자들은 '외우겠다는 의지를 가지고 몇 번이나 반복하는 것입니다' 라고 대답했다. 이것은 옛날 서당 선생님이 아이들에게 '소리 내어 백 번 정도 읽지 않으면 내 것이 되지 않는다' 라고 가르쳤던 것과 다르지 않다.

그러나 이 질문은 인지 심리학 연구가 진행된 1970년경을 경계로 해서 '당신이 가지고 있는 지식과 관련지어서 의미를 이해하는 것입니다' 라고 바꾸어 대답하고 있다.

지식과 관련짓는 데에는 다음의 두 가지 요소가 중요하다.

(1) 읽는 사람 측에서 정보를 동화·조절하기 쉬운 형태로 가공할 것

다듬지 않은 정보를 있는 그대로 읽는 사람에게 전달하고 이해를 요구하는 것은 무리일 것이다. 전달하기 전에 정보를 분해해서 의미 있는 덩어리로 분류하고 수정한다. 이것을 카테고리 별로 정리해서 계층화하고 장기 기억과 조합하기 쉬운 형태로 가공한다. 이런 준비 작업이 이해하기 쉬운 보고서의 기초가 된다.

(2) 읽는 사람에게 관련 지식이 풍부할 것

읽는 사람에게 있어서도 평소에 지식에 대한 욕구가 높고 많은 정보를 흡수하여 장기 기억을 강화해 두는 것이 중요하다. 지식은 전문 분야에 한정할 필요는 없고 오히려 일견 관계가 없는 분야의 지식이라도 동화·조절을 할 때 활용되는 경우가 있다. 전문 분야에만 집착하지 말고 많이 읽는 습관을 들이도록 권하고 싶다.

3 읽는 사람의 이해도에 수준을 맞춘다

'쉬운 이해'는 읽는 사람이 기대하고 있는 이해도의 깊고 낮음에 따라 결정된다. 상대방이 조금만 알아도 만족한다고 생각했을 때 깊이 이해시키려고 하면 '귀찮다'고 느끼게 된다. 반대로 자세히 알기를 기대했는데 기대에 못미치게 조금만 이해를 시켰다면 '부족한' 느낌을 갖게 된다.

이것도 여러 번 이야기 했던 읽을 대상에 대한 분석의 문제다. 실무에서 읽는 사람을 이해하는 데는 한계가 있고, 독자의 층이 넓어서 특정 지을 수 없기 때문에 좀처럼 정확하게 분석할 수 없다는 고충이 있다. 그러나 최대한의 정보 수집과 추정으로 읽을 사람에 대한 분석을 하면 상대도 반드시 높이 평가해 줄 것이다.

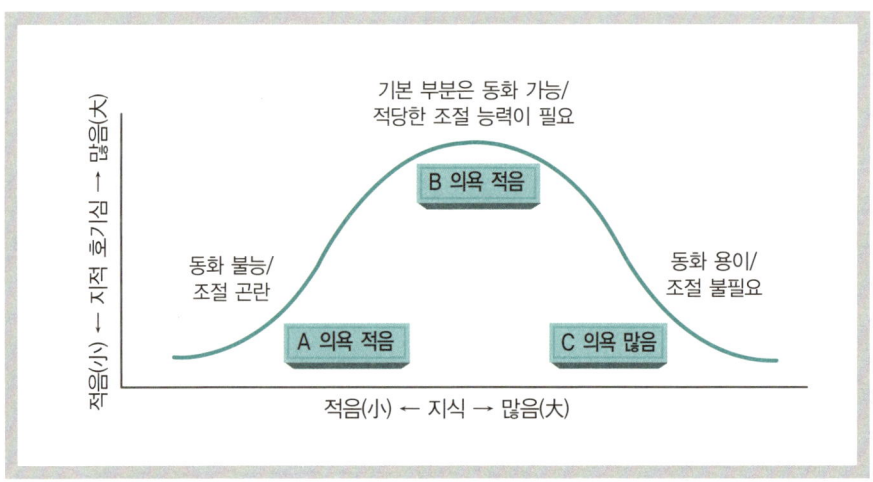

▲ 동화와 조절의 균형

다른 각도에서 보면 쉽게 이해시키는 요건은 공급하는 정보가 읽는 사람의 지적 호기심을 불러일으키는 내용이라는 것이다. 앞의 그림은 그에 대한 메카니즘을 나타낸다.

(A) 읽는 사람의 지식이 너무 적으면 동화·조절은 곤란하고 지적 호기심도 왕성해지지도 않는다. '모르겠다'고 내팽개쳐 버릴 뿐이다. 극단적인 예로 초등학생에게 미분/적분을 가르치는 것과 같다.

(B) 반대로 읽는 사람의 지식이 풍부해서 대부분의 정보가 이미 알고 있는 내용일 경우에도 지적 호기심은 일어나지 않는다. 어려움 없이 이해할 수 있는 '부족한' 정보로는 흥미를 불러일으킬 수 없다. 화학자에게 원자의 주기율표를 가르치는 것과 마찬가지다.

(C) 읽는 사람으로써는 신선한 정보가 가득하고 게다가 장기 기억에서 관련 지식을 꺼낸다면 다소의 노력으로 동화·조절할 수 있는 경우가 가장 지적 호기심을 자극한다. 기본적인 부분은 동화가 가능한 것이지만 동시에 적당한 조정 노력을 필요로 하는 수준일 것이다. 사실 이와 같은 정보는 읽는 사람에게 있어서 가장 도움이 되는 새로운 지식이 되는 것이다.

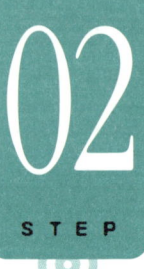

02 문장을 명쾌하게 기술한다

STEP

한눈에 읽어 내려갈 수 있도록 기술하려면 혼동되기 쉬운 표현은 피하는 것이 좋다. 이 절에서는 복잡한 수식어구·무의미한 수동태나 부정문·기술문서에 많은 비교문의 오용에 대해 개선하는 방법을 생각해 본다.

1 꾸미고 꾸밈을 받는 수식어를 정확히 표현한다

● **수식어구의 역할**

수식어구란 주어 또는 서술어에 종속되어서 주어와 서술어의 목적·의미·성질·사정을 설명하는 어구의 총칭이다. 수식어구가 없이는 문장의 의미가 구체적으로 전달되지 않으므로 수식어구의 선택과 사용 방법이 중요하다.

● **장문병**

수식어구의 남용은 장문병의 원인이 된다.

너무 긴 수식어구는 분할하는 것이 좋다. 하나의 주어나 서술어를 꾸미는 수식어구의 수가 너무 많을 때는 분해해서 독립적으로 사용한다. 중간에 들어가는 수식어구도 분해해서 다른 문장으로 만드는 것이 읽기가 편하다.

● **이해하기 쉬운 배치**

주어·서술어에 대해 수식어를 읽기 쉽게 배열할 때 다음의 두 가지 원칙을 고려하면 효과적이다.

(1) 긴 수식어일수록 처음에, 짧을수록 나중에(장원단접(長遠短接)의 원칙)

긴 수식어구일수록 먼저 기술하고 짧을수록 나중에 쓴다. 이 순서가 반대가 되면 긴 수식어구를 읽고 있는 사이에 먼저 나왔던 짧은 수식어구의 내용을 잊어버리고 말기 때문이다. 같은 의미로 수식어구를 먼저 쓰고 수식어를 나중에 쓴다.

다음 문장에 포함된 긴 수식어구는 어디에 배치하면 쉽게 이해할 수 있을까?

> 연소가 진행되는 동안에 몇 가지 과정이 그 최종 상태에 도달하기까지의 중간 단계로서 직렬로 연결되고 있는 경우가 많다.

'몇 가지의 과정'이 '도달한다'를 꾸미는 것인지, '연결되고 있다'를 꾸미는 것인지 잠깐 생각하게 된다. 이 같은 경우, 긴 수식어구를 먼저 기술하고 짧은 쪽을 꾸밈을 받는 말에 가깝게 쓰면 쉽게 읽을 수 있다.

수정문
> 연소가 진행되는 동안에 그 최종 상태에 도달하기까지의 중간 단계로서, 몇 가지의 과정이 직렬로 연결되고 있는 경우가 많다.

(2) 친화도가 강한 수식어는 나중에 (꾸밈말 접근의 원칙)

꾸밈을 받는 말(수식 당하는 말)에 비해 논리상 가장 중요한 관계를 가진 수식어구를 꾸밈을 받는 말과 가장 근접한 위치에 배치한다. 중요한 수식어구가 부차적인 수식어구에 가려지지 않도록 한다.

> 일반적으로 플라스틱은 뛰어난 내식성을 산이나 알칼리 등의 약품에 비해 가지고 있다.

문장의 주어는 '플라스틱', 서술어는 '가지고 있다'지만 중간에 복수의 수식어가 들어가 있어서 논리를 이해하기가 어렵게 되어 있다. 논리상 중요도가 가장 높은 '내식성을' 서술어 가까이에 두면 좋다.

수정 문

일반적으로 플라스틱은 산이나 알칼리 등의 약품에 비해 뛰어난 내식성을 가지고 있다.

예 제 다음 문장의 수식어구를 읽기 쉽게 재배치하시오.

특성 요인도란 문자 그대로 문제가 되고 있는 특성(작업, 공정의 결과로 초래되는 문제)과 그 특성에 영향을 미친다고 생각되는 요인과의 관련을 일정한 순서에 따라 이해할 수 있도록 그림으로 그린 것이다. 'QC써클 탄생의 모태'이기도 한 이시카와 카오루 선생이 1952년에 가와자키 제철에서 품질관리 지도를 하던 중, 기술자들로부터 '공장 문제를 해결하는 데에 원인이 너무 많아 정리가 되지 않는다'라는 문의를 받고 특성 요인도 형태로 대답했던 것이 시작이다.

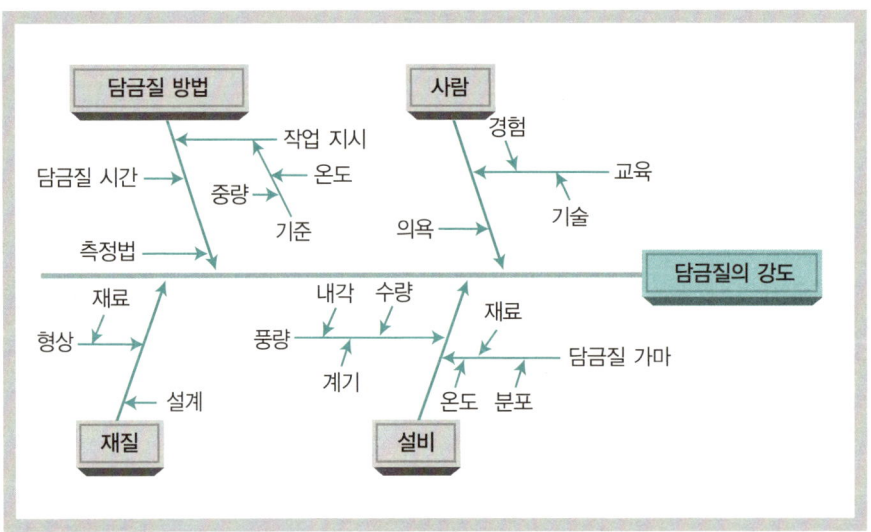

▲ 특성 요인도의 예

> **재편집의 방침**

논제(두 가지)를 발견하고 각각으로 단락 구분을 한다. 다음으로 단락 내의 핵이 되는 주어와 서술어를 추출하여 수식어구의 꾸밈 형태를 조사해서 정리한다.

(1) 논제의 발견

첫 번째 단락(세 번째 줄까지) : '특성 요인도의 정의'
읽는 사람이 주제를 자세히 모를 때에는 우선 정의를 내리고 나서 본론에 들어간다.

두 번째 단락(네 번째 줄~끝까지) : '특성 요인도를 사용하게 된 유래'

(2) 논제의 핵이 되는 주어·서술어

첫 번째 단락 : 주어 = 특성 요인도는
: 서술어 = (특성과 ···· 요인의 ····) 관련을 그림으로 그렸다

두 번째 단락 : 주어 = (특성 요인도는) 이시카와 선생이
: 서술어 = 사용하기 시작했다

(3) 수식어구의 정리

첫 번째 단락은 괄호 사용 방법이 통일되어 있지 않으므로 괄호를 지우고 주어 부분에 기술한다.
두 번째 단락은 네 가지의 수식어가 서술어를 꾸미고 있어 혼란스러우므로 문장을 분할한다.

> **수정문**
>
> 특성 요인도란 문자 그대로 공정의 결과로 초래된 문제의 특성과 그 특성에 영향을 끼쳤다고 생각되는 요인과의 관련을 일정한 순서에 따라 이해할 수 있도록 그림으로 그린 것이다.
>
> 특성 요인도를 고안한 사람은 'QC써클의 탄생의 모태'인 이시카와 카오루 선생이다. 1952년에 카와자키 제철에서 품질관리 지도를 하던 중, '공장의 문제를 해결하는 데에 원인이 너무 많아 정리가 되지 않는다'라는 기술자들의 문의가 있었다. 그래서 이를 설명하기 위해 연구했던 형식이 특성 요인도의 시작이다.

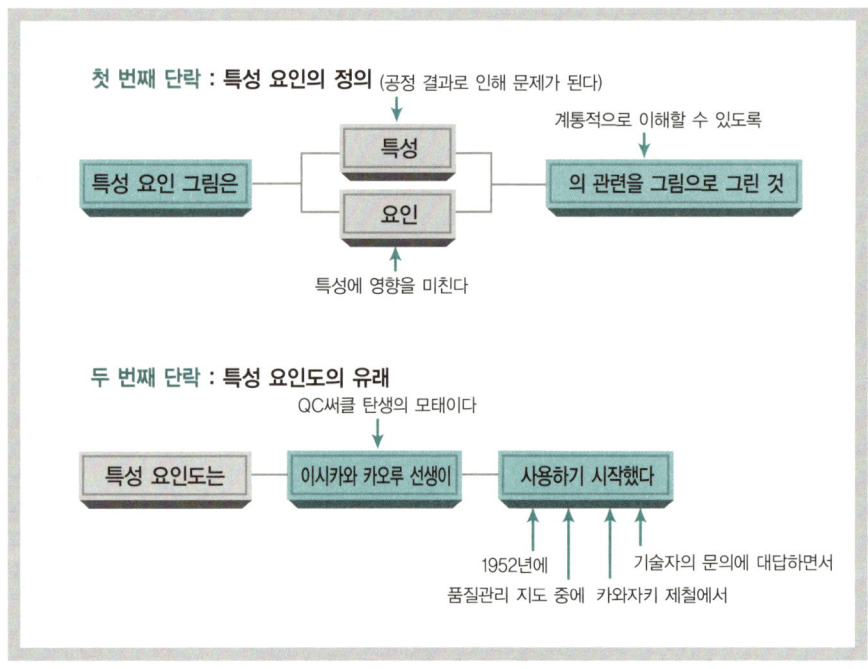

▲ 논리의 핵을 수식어구가 꾸미는 형태

2 무의미한 수동태를 사용하지 않는다

● **문서의 책임을 면하는 표현**

　주어를 생략할 수 있다는 점은 우리말의 특성 중 하나지만 생략하려면 앞에서 기술한 대로 조건이 필요하다. 무의미한 수동태를 사용하는 것은 그 조건에 해당하지 않는다.

　'당했다' 등의 수동태는 문장의 논리가 작성자의 생각뿐만 아니라 일반 통념이라는 점을 암시하는 표현이다. 많이 쓰게 되면 작성자의 주장이 애매해지고 자신이 없다는 인상을 준다. 나쁘게 생각하면 책임을 회피하려는 비겁한 말투가 된다. 주장을 펴야 할 때에는 문서의 책임을 지고 주장을 하면서 능동태로 단언하는 작문법이 간결하고 설득력 있는 문장이 된다.

　앞에서 설명했던 키노시타 씨의 책에서 무의미적인 수동태의 좋은 예가 있어 인용해 보았다.

> 　그러므로 에탄올이 항온 동물에 의해 분해되서 유효한 에너지원이라는 사실은 인정하나 그렇게 되면 다음의 문제가 제기된다.
> 　'에탄올의 화학적 잠재 에너지는 어떻게 이용되는가?'

　' ' 안에 생략된 주어가 항온 동물이라는 것은 앞의 문장을 보고 추측할 수 있지만 확실하게 명시하는 것이 읽는 사람에 대한 좋은 서비스다. 그리고 전체 문장을 능동태로 바꾸면 훨씬 읽기 쉬워진다.

수정문

> 　그러므로 항온 동물이 메탄올을 분해해서 유효한 에너지원으로 삼고 있다는 사실을 알 수 있다. 이와 같은 사실에서 다음의 문제가 대두되는 것이다.
> 　'항온 동물은 메탄올의 화학적 에너지를 어디에 사용하는 것인가?'

3   부정문의 남용은 논리를 애매하게 한다

● **애매한 부정문·명쾌한 긍정문**

　부정문은 사실이나 행동을 부정할 뿐 결과에 직접 관련된 정보를 주지는 않는다. 바꿔 말하면 금지는 하지만 '그러면 어떻게 하면 좋은가'에 대해서는 대답하지 않아서 읽는 사람을 곤혹스럽게 한다.

　읽는 사람에게는 '그렇지 않다/그렇게 해서는 안 된다'라는 부정문보다 '그렇습니다/이렇게 하십시오'라는 긍정문이 편하게 느껴진다.

> **부정문**
>
> (a) 이 문으로 출입할 수 없습니다.
> (b) 1000만 원 미만의 설비 구입은 부장의 결재가 필요 없다.
> (c) 기본적으로는 이 설을 의심할 이유를 생각할 수 없습니다.

> **긍정문으로 바꾸기**
>
> (a) 왼쪽 문으로 들어가십시오.
> (b) 1000만 원 이상의 설비 구입에는 부장의 결재가 필요하다.
> (c) 기본적으로는 이 설을 지지합니다.

● **혼란스러운 부분 부정문**

　서술한 내용의 일부는 부정하고 일부는 긍정하는 표현이다. 부정 부분과 긍정 부분의 구별이 쉽지 않고 혼동되기 쉬우므로 사용하지 않는 편이 좋다.

> **부분 부정문**
>
> 모든 라인이 2교대로 가동되고 있는 것은 아니다.

'모두가 ~은 아니다'라는 부분 부정은 부정하는 일부분과 부정하지 않는 부분과의 구별이 불명확해서 여러 가지로 해석될 수 있다. 위의 예에서는 2교대 외에 1교대·3교대이라는 근무 형태도 있으므로 조합은 더욱 복잡해진다.

다음의 예는 어느 쪽으로 말하든 의미가 확실해지게 수정한 것이다.

> **긍정문**
>
> (a) 2교대로 가동되고 있는 라인은 없다.
> (b) 2교대로 가동되고 있지 않은 라인도 있다.
> (c) 2교대로 가동되고 있는 라인뿐만 아니라 1교대 또는 3교대으로 가동되고 있는 라인도 있다.

● **책임을 회피하는 이중 부정문**

이중 부정문은 확실히 주장하는 것을 꺼리는 사람들이 자주 사용하는 대화문인데, 기술문서에서는 헷갈리므로 사용하지 않는 편이 좋다. 대부분의 문장은 긍정문으로 바꿔 쓸 수 있으며, 긍정문의 문장이 문서의 책임을 명쾌하게 밝혀주는 표현이 된다.

> **이중 부정문**
>
> (a) 좋은 품질의 제품을 생산할 수 없는 것은 한 사람 한 사람이 '다음 공정은 손님'이라는 마음가짐을 가지지 않기 때문이다.
> (b) 자동차가 전복되는 원인으로 급커브에서 필요 이상의 스피드를 냈다고 생각하지 않을 수 없습니다.

> **긍정문**
>
> (a) 좋은 품질의 제품을 생산하려면 '다음 공정은 손님'이라고 생각하는 한 사람 한 사람의 마음가짐이 필요하다.

> (b) 자동차가 전복되는 원인으로 급커브에서 필요 이상의 스피드를 냈을 가능성이 있습니다.

● **문장의 첫 부분을 부정하면 이미지가 어두워진다.**

단락의 첫머리는 부정문이 아닌 긍정문으로 기술하는 것이 좋다.

확실히 대립되는 논리를 먼저 제시해서 부정한 다음에 주장하고자 하는 논리의 우위성을 증명하는 수사법(이 경우에는 대비법)은 사용하는 상황과 타이밍에 따라 강한 설득력을 지닌다.

그러나 일반적으로 문장의 첫 부분을 부정문으로 시작하면 읽는 사람에게 아무래도 비관적인 인상을 주고 만다. 뒤에 이어지는 문장에서 다시 부정을 해서 결국은 긍정적인 결론을 도출한다고 해도 이는 읽는 사람을 혼동시킬 뿐이다. 또, 바쁜 보고 대상자는 세심하게 문장을 읽어 내려가지 않고 부분적으로 단락의 첫머리만 읽을지도 모른다. 이 경우에는 부정적인 문장만 인상에 남게 된다.

따라서 대비법을 사용하는 경우에도 단락의 처음에는 긍정적인 논제문을 기재하고 이후에 '반'의 논리를 전개하는 것이 좋다. 그런 다음 이것을 논파하는 '정'의 논리로 다시 설명하는 전개법이 효과적이다.

부정문의 서두

> 자동차용 내연기관이 발명된 지 100년, 특히 가솔린 엔진 및 디젤 엔진의 개량은 동력 성능·연비·배기청 정화에 있어 큰 진보를 이루어 왔다. 이후 한층 더 높은 개량이 요구되지만 그 여지는 점차 적어지고 있다.
> 그래서 연소는 연료와 산소의 화학 반응이라고 하는 기본으로 다시 되돌아 갈 필요가 있다. 연소의 개량을 위해서는 연소실이라고 하는 기계 측면에서의 검토와 더불어 연료 측면에서의 어프로치가 필수 사항이 되고 있다. 개량 가솔린은 이미 실용화되었고, 개량 경유도 실험 작업이 검토되고 있지만 저공해 고효율의 연료 탐색이 더욱 필요하다. 엔진이라는 기계 기술과 연료라는 화학 기술의 통합이 시스템적 어프로치의 첫 걸음이다.

결론은 건설적인 제안이지만 서두 단락에 부정문이 있기 때문에 비관적인 인상을 받는다. 읽는 이가 바쁜 상황이라면 자동차 기술은 이제 성장을 멈춘 것인가라고 생각할 것이다. 긍정적인 결론을 논제문의 처음에 두면 다음과 같다.

> **긍정문의 서두**
>
> 자동차용 내연 기관이 발명된 지 100년, 특히 가솔린 엔진 및 디젤 엔진의 개량은 동력 성능·연비·배기청 정화에 있어 큰 진보를 이루어 왔다. 그러나 이후 한 층 더 개량해 나가려면 종래의 엔진 기술에 멈추지 말고 시스템적 어프로치에 의한 기술 혁신이 필요하다.
>
> 그러기 위해서는, 먼저 연소는 연료와 산소의 화학 반응이라고 하는 기본으로 다시 되돌아갈 필요가 있다. 연소의 개량을 위해서는……
>
> —이하 생략—

4 비교문의 대상을 누락시키지 않는다

● 비교 대상의 명확화

기술문서에서는 여러 개의 사실이나 제안을 비교 평가하는 경우가 많다. 따라서 비교 문장을 많이 쓰게 된다는 것이 특징 중의 하나다.

비교 문장을 쓸 때 잊지 말아야 할 점은 비교 대상을 명기하는 것이다. 한국어 사용의 습관에서는 주어나 목적어를 생략하는 경우가 있기 때문에 습관의 연장 선상에서 '무엇을·무엇과 비교하는가'까지 잊어버리고 쓰는 문장이 많다. 그로 인해 결론이 정확하게 전달되지 않으면 곤란하다.

'비교적', '꽤', '상당히', '어느 쪽이냐 하면', '먼저' 등의 애매한 부사도 사용하지 않는 것이 좋다.

> **비교 대상이 애매한 문장**
>
> (a) 코스트 절감은 상당한 성과를 올렸다.
> (b) 이 자동차는 비교적 연비가 높은 편이다.

예 (a)에서는 목표 수치가 평가되고 있지 않다.

예 (b)에서는 자동차 전반에 걸쳐 비교한 것인지, 같은 수준의 자동차와 비교해서 언급한 것인지에 대해 확실하지가 않다. 또한 연비가 어느 정도 높은 것인지도 알 수가 없다.

> **비교 대상이 명확한 문장**
>
> (a) 코스트 절감은 목표치의 10%를 달성했다.
> (b) 이 자동차는 같은 수준(자동차에서 같은 수준이라고 하면 동일한 엔진용량을 가리킨다)의 평균 연비보다 10% 정도 연비가 낮다.

03 STEP 조연 역할의 단어를 활용한다

이해하기 쉽고 명확하게 문장을 구성하려면 주인공인 주어나 서술어를 잘 사용하는 것만으로는 충분하지 않다. 조연 역할의 대명사나 조사의 사용 방법, 비유나 설명어의 역할을 알고 활용하는 것이 효과적이다.

1 대명사를 헷갈리지 않게 사용한다

● 한 가지 뜻을 지닌 표현

작성자 중에는 문장의 내용을 숙지하고 있기 때문에 읽는 사람의 이해도를 배려하지 않고 안이하게 대명사를 사용하는 경우가 있다. 그러나 사용하는 대명사가 앞에 나왔던 어떤 명사를 가리키는 것인지 명확하지 않으면 읽는 사람은 해당 명사를 찾아야 하고, 결과적으로 문장 전체를 이해하지 못하게 된다. 그러므로 대명사는 읽는 사람이 대명사가 앞에 제기된 특정의 명사를 가리키고 있다는 사실을 명백하게 알고 있는 경우에 한해 사용할 수 있다.

● 애매한 대명사 '이·그·저·어느'

지시 대명사 이·그·저·어느(이것·그것·저것·어느 것)는 선행하는 명사에 모두 대응시킬 수가 있다. 무엇을 가리키는가는 문장의 논리에 따라 읽는 사람이 추측해야만 한다. 논리가 복잡하게 얽혀 있는 문장에서는 대명사를 판독하는 것이 읽는 사람에게 있어서 부담이 될 뿐 아니라 실수의 원인이 되기도 한다.

이와 같은 경우에 지시하는 명사의 일부분을 이·그·저·어느 대명사로 대신 표현하면 훨씬 이해하기 어렵게 된다.

업체는 품질보증 시스템을 확실하게 실시해야 한다. 제삼자 기관은 구매자를 대신하여 이것이 규격에 맞는지 맞지 않는지를 감사한다.
　　　　　　　　↑
　　　　　　이 시스템

> **예 제** 대명사가 많은 다음의 문장을 분석해 보자.

자동차에서 배출되는 질소산화물은 대부분이 일산화질소 NO이다. 이것❹은 대기 중에서 분자상산소와 반응하여 조금씩 이산화질소 NO_2로 변환된다. 그러나 태양광선의 아래에서 어떤 종류의 탄화수소와 공존하면 이 반응❺은 현저하게 가속화한다. 이것❻은 처음에 소량으로 존재하거나 혹은 생성된 NO_2지만 태양광선의 자외선 에너지를 흡수해서 NO와 원자상산소로 분해되어 이것❼이 탄화수소를 공격하고 유리기를 생성시켜서 이 연쇄기구❽에 의해 변환되었기 때문이다.

예제문의 단락에는 대명사의 명확한 용법과 혼동되는 용례가 혼재되어 있다. 대명사를 분석한 결과를 설명한다.

(1) 대응하는 명사가 한 가지 뜻으로 정해지는 예
　　❺ 이 반응　　　＝　　NO_2 생성 반응
　　❽ 이 연쇄기구　＝　　4~6째 줄에 기재된 연쇄기구

(2) 대응하는 명사가 복수여서 혼동되는 예
　　❹ 이것　＝　질소산화물　　　　　- ✕ 대응하지 않는다
　　　　　＝　NO　　　　　　　　　 - ○ 대응한다
　　❻ 이것　＝　어떤 종류의 탄화수소　- ✕ 대응하지 않는다

	= NO와 분자상산소와의 반응	- × 대응하지 않는다
	= 반응이 가속화한다는 것	- ○ 대응한다
❹ 이것	= NO₂	- × 대응하지 않는다
	= NO	- × 대응하지 않는다
	= 원자상산소	- × 대응하지 않는다
	= NO와 원자상산소	- ○ 대응한다

문제는 대명사 앞에 명사가 두 개 이상 있는 ❶와 ❸와 ❹다. 이와 같은 경우는 대명사를 사용해서 오해를 낳지 않도록 세심하게 정리할 필요가 있다. 헷갈리는 경우는 ❷나 ❺와 같이 정확하게 지시어를 제시하는 것이 효과적이다.

2 조사로 논리를 정리한다

● **조사의 탁월함과 주의해야 할 부분**

조사는 문장의 논리를 미묘하게 바꾸는 역할을 한다.
다음의 예는 어떤가?

쌀 씻는 앞쪽에 반디가 두 개, 세 개
쌀 씻는 앞에서 반디가 두 개, 세 개
쌀 씻는 앞을 반디가 두 개, 세 개

첫 번째 '~에(장소)'는 반디가 눈앞에 죽어 있는 상황이고, 두 번째 '~에서(방향)'는 건너편에서 날아오고 있는 모습이다. '을'은 눈앞을 날아다니는 정경이 떠오른다.

영어로는 각각 'lie before……', 'fly to……', 'are flying about……'가 된다. 아무리 생각해 보아도 한마디로 안성맞춤인 표현이 없다. 우리말이 재미있다·탁월하다고 생각되어지는 한편, 조사를 신중하게 사용하지 않으면 문장의 논리가 한 순간에 바뀌어 버리는 조심스러운 면도 있다. 한 단어·한 의미에 가까운 구미 언어에 비해 융통성이 많은 미묘한 뉘앙스가 있는 조사를 사용하기 때문에 특히 기술문서에서는 세심하게 마무리했으면 한다.

이 항에서 조사의 모든 것을 논하는 것은 도저히 불가능하지만 어쨌든 자주 사용되는 조사만 몇 가지 골라 살펴보기로 하자.

● '~가/이' 와 '~은/는' 은 어떻게 다른가?

'코끼리는 코가 길다' 라는 문장을 가지고 조사에 따른 논리를 명쾌하게 설명할 수 있다.

주어가 무엇인가라고 질문하면 대부분의 사람은 '코끼리'라고 대답한다. 그러면 핵심이 되는 문장만을 빼내어서 보았을 때 '코끼리는 길다'라고 한다면 확실히 이상한 문장이 된다. 핵심은 '코가 길다'임이 틀림없다. 그러면 주격은 '코'이므로 '~가'를 격조사로 부르는 것이 타당하다. 한편 '코끼리는'의 의미는 '코끼리에 대해 말하자면'이라는 의미를 내포하고 있으므로 '~는'을 제제 조사提題助詞라고 부른다.

'내가 공장장입니다'는 문장은 사실을 직접적으로 전달하는 문장이지만 '나는 공장장입니다'라고 말하는 경우는 한정되어 있다. '실례지만 누구신가요?'라고 물었을 때는 이렇게 대답할 것이다. 즉, '~에 관해 말하자면'으로 바꾸어 말할 때는 '~은/는'이 어울린다고 생각하면 이해가 쉬울 것이다. 다음의 예는 어떤가?

> (a) A회사의 승용차가 캘리포니아 주의 배기가스 규제에 적합했다.
> (b) A회사의 승용차는 캘리포니아 주의 배기가스 규제에 적합했다.

두 문장이 어떤 질문에 대한 답변인가를 생각하면 의미를 알 수 있다.
(a) '캘리포니아 주의 배기가스 규제에 적합했던 자동차는 어느 회사 자동차

인가?'

단순히 'A회사의 승용차가 적합했다'라는 사실, 또는 결과를 말하고 있다. 승용차 이외에 A사에서 생산하는 자동차나 다른 회사의 자동차가 적합했는지 여부는 알 수가 없다.

(b) 'A회사의 자동차는 캘리포니아 주 배기가스 규제에 적합했는가?'

'A회사의 승용차에 대해 말하자면' 적합했다라는 사실 외에 '승용차 이외에 A사에서 생산하는 자동차나 다른 회사의 자동차는 적합하지 않았다'라는 사실을 암시하고 있다. 얼핏 보면 비슷한 문장 같지만 조사의 차이만으로 전달되는 의미는 이렇게 다르다.

> **예 제** 이하의 '～이/가'와 '～은/는'의 역할을 분석하시오.
>
> (a) NC머신이 있습니다.　　(b) NC머신은 있습니다.
> (c) 이것이 NC머신입니다.　(d) 이것은 NC머신입니다.

이 대답을 유도하는 질문은 어떤 것이었을까 상상해 보자.

(a) '이 공장에는 어떤 머신이 있습니까?'

(b) '이 공장에는 무언가 머신이 있습니까?'

'NC머신'에 대해 말하는 것이라면' 있지만 다른 머신은 없을지도 모른다.

(c) '어떤 것이 NC머신입니까?'

많이 있는 머신 중에서 특정의 '이것'을 가리키고 있다. 이 경우 '이것'은 즉, 'NC머신'이다.

(d) '이것은 무엇입니까?'

사람들이 지금 한 대의 NC머신(또는 그 영상) 앞에 서 있다. 발언자는 '이것에 대해 말하자면……'이라고 화제가 된 사항에 대해 대답한 것이다.

- **'~이/가'와 '~은/는'은 어느 쪽이 먼저 오는가?**

    '~이/가'와 '~은/는'은 역할이 다를 뿐만 아니라 어순에도 의미가 있다.

    '옛날 옛날 어느 곳에 할아버지와 할머니가 살았습니다. 할아버지는 산에 나무를 하러 가고 할머니는 강에 빨래를 하러 갔습니다.'

    읽는 이가 예비 지식이 없을 때에는 격조사 '~가'로 사실을 제시한다. 독자의 이해를 얻었을 때에 '(모두가 알고 있는 사실의)~에 대해 말하자면'을 의미하는 제제조사 '~는'을 사용한다.

    > **'~이/가'와 '~은/는'의 어순 예**
    >
    > 수차의 형식에는 펠톤 수차·프란시스 수차·사류 수차·프로펠러 수차가 있다. 수차들 가운데 펠톤 수차는 물의 속도 에너지가 날개에 직접 작용하는 형태로 충동 수차라고 하며, 다른 형식의 수차는 반동 수차라고 한다.
    >
    > 이것이 커넥팅 로드 가공용 트랜스퍼 머신이다. 이 머신은 새로운 경량화 커넥팅 로드 생산에 사용됩니다.

- **'~만'(접속조사)의 남용은 장문병의 원인**

    편리한 접속조사에 '~지만'은 문장을 결합하는 데 없어서는 안 되는 조사다. 그러나 문장에서 이것을 남용하면 끝이 없이 이어지기 때문에 장문병(특히 이 경우에는 '~지만, ~지만 병')에 걸린다. 읽는 사람의 입장에서 주의 깊게 정리하여 남용을 하지 않는다.

- **용법이 너무 많은 '~지만'**

    또한 '~지만'에는 다음에 서술하는 것처럼 사용 방법이 여러 가지여서 읽는 사람을 혼란시키는 경우가 많다. 이러한 혼란을 방지하기 위해서는 '~지만'을 사용하지 말고 한정된 의미를 지닌 접속사를 사용해서 전후 문장의 연결을 명확하게 하는 것이 좋다.

(1) ~하지만, ~에도 불구하고를 의미하는 역접의 용법

'수소 엔진은 가동 시에 CO를 전혀 배출하지 않는다는 의미에서 유망한 클린 에너지지만, 문제는 수소 가스의 생산 코스트와 저장 및 공급을 위한 사회간접자본 시설의 정비에 있다'

(2) 두 개의 구를 연결하기만 하는 공존 또는 변화되는 용법

'이것은 실린더의 호닝 가공 라인이지만, 저것은 크랭크의 완성 라인이다.'

(3) 주요 문장으로 연결하는 전치의 용법

'전기 자동차는 1880년대에는 내연 기관과 셰어 경쟁의 역사를 가지고 있지만, 현재 전지의 중량이 많이 나가기 때문에 매우 한정된 용도로만 사용되고 있다'

(4) 문장 중간에 삽입되는 보충 설명의 용법

'최근이라고 해도 특히 10년 이내의 일이기는 하지만, 주로 유럽에서 산성가스 대책을 실시하게 되었다'

● '~의'의 남용

'~의'는 사용이 용이하다고 해서 포괄어에서 낮은 계층의 단어까지 열거하면서 남용을 하면 다음의 예와 같이 유치한 문장이 된다.

> 변속기의 시프트 레버의 그립의 표면의 마킹은……

> 수정문('의'를 4번에서 1번으로 줄였다)
> 변속기 시프트 레버·그립의 표면에 생기는 마킹은……

● 도달점의 '~에'와 방향의 '~으로'

도달점의 '~에'와 방향의 '~으로'는 혼동되기 쉬운 경향이 있으나 다음 그림

과 같이 구분하면 틀리지 않고 사용할 수 있다.

(1) 도달점의 '~에'는 행동 또는 동작의 도달점을 나타낸다

> (a) 부품은 인 타임으로 조립라인으로 투입된다.(不)
> 　　부품은 인 타임으로 조립라인에 투입된다.(正)
> (b) 문제 분석 결과와 향후 대처를 A회사 앞으로 보고했다.(不)
> 　　문제 분석 결과와 향후 대처를 A회사에 보고했다.(正)

(2) 방향의 '~으로'는 행동 또는 동작의 방향을 나타낸다

> 조립라인은 왼쪽에서 오른쪽에 흐릅니다.(不)
> 조립라인은 왼쪽에서 오른쪽으로 흐릅니다.(正)

'왼쪽에서 오른쪽에 흐릅니다'라고 써도 거의 위화감을 느끼지 않는다. 도달점의 '~에'는 방향을 나타내는 의미로도 표현할 수 있다.

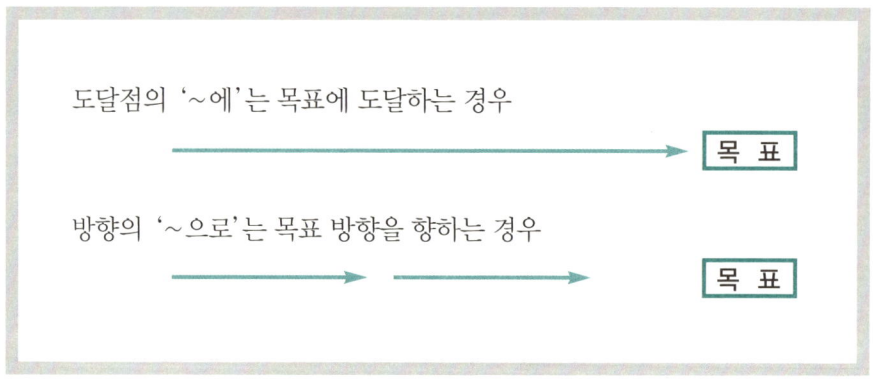

▲ 도달점의 '~에'와 방향의 '~으로'의 용법

그러나 이처럼 복수의 용법을 사용하면 읽는 사람에게 부담을 주기 때문에 도달점의 '~에'는 '도달점'의 의미로 한정해서 사용하는 것이 좋다.

● 시간을 나타내는 '~에'와 '~까지'

'~에'는 어떤 행동을 때 마침 그때에 실현한 것 ┐
                                  실현하는 것 ├── 을 나타낸다
                                  실현할 예정 ┘

'~까지'는 지정된 시간 이전에 행동이 실현한 것 ┐
                                  실현하는 것 ├── 을 나타낸다
                                  실현할 예정 ┘

> **'~에'와 '~까지'의 용례**
>
> (a) 생산 일정에 맞추어 필요한 <u>때에</u> 필요한 양의 부품을 라인에 제공해 주십시오.
> (=on time)
>
> (b) 생산 일정에 맞추어 지정일<u>까지</u> 납품해 주십시오.
> (=in time)

　(a)는 생산 시스템의 '저스트 인 타임(just in time)'의 개념으로 많이 사용되지만 영어의 본래 의미는 '그 시간에 늦지 않게 맞춰서'라는 의미다. 이 개념은 온 타임(on time)의 '정각에 맞춰서'라는 의미와는 뉘앙스가 다르다. 저스트 인 타임을 만들어낸 도요타 전 사장이 '본래의 뜻은 온 타임이었을지 모르지만 이제 바꿀 수가 없다'라고 한 말도 일리가 있다.

　(b)는 지정일 이전이라면 언제라도 좋다는 표현이다. 이론상으로는 지정된 날짜에 정확히 맞추는 것도 좋지만 현실적으로 사용되는 용법으로는 다소 일정(시간)에 여유가 있는 느낌이다.

　기술문서에서는 '다소의 여유'라는 애매한 표현을 사용하지 말고 필요한 만큼의 여유를 가지고 일정을 설정한 후에 '지정된 날짜'로 하는 것이 좋다.

> **예 제** 다음 문장의 '~에'와 '~까지'의 용법을 분석하시오.

> (a) 제3회 전략 회의에 보고해 주십시오.
> (b) 제3회 전략 회의까지 보고해 주십시오.
> (c) 제3회 전략 회의에 보고서를 제출해 주십시오.
> (d) 제3회 전략 회의까지 보고서를 제출해 주십시오.

(a) ○,   (b) ○,   (c) ×,   (d) ○

(a)는 '회의에 참석해서 보고한다', (b)는 '중요한 회의이므로 사전에 내부 보고를 한다'는 양쪽 모두 있을 수 있는 상황이다. (c)는 중요한 회의인데 아슬아슬하게 시간에 경우 맞춰 보고서가 완성되었다면 어떻게 될까? 생각만 해도 등골이 오싹하다. 상급자 회의에서 상사나 프로젝트 팀장의 체크 없이 소속 부서의 보고를 하게 된다면 큰일이지 않을까? (d)와 같이 회의 전에 상사나 프로젝트 팀장에게 제출하는 것이 바람직하다. '~까지'의 애매함을 피해서 '~의 전날'로 표현하면 더욱 확실해진다.

● **재료와 원료를 나타내는 '~로'와 '~부터'**

가공해서 부품이나 완성품을 만드는 데 기본이 되는 물질을 재료 또는 원료라고 한다. 가공을 했는데도 소재를 알 수 있다면 재료가 되고 조사 '~로'를 사용한다. 겉으로 봐서 알 수 없는 것은 원료가 되며 조사 '~부터'를 사용한다.

영어에서는 '~로'가 made of, '~부터'가 made from에 해당한다.

> **재료** : (a) IC의 패키지는 가소성 수지로 만든다.
> (b) 접점은 금으로 도금을 합니다.
>
> **원료** : (a) 황동은 동과 아연으로부터 만들어진다.
> (b) 플라스틱은 석유로부터 합성된다.

또, '~로'는 많은 의미를 지닌 조사로, 다음의 예문과 같이 장소와 수단에서도 사용할 수 있다. 이와 같이 헷갈리기 쉬운 말은 한 단어·한 의미의 단어로 바꾸는 편이 좋다.

> '웜 기아는 이 공장에서(=에 있어서) 자사제품의 자동기로(=를 이용하여) 제조하고 있다'
> 　　　　　　　　　〈장소〉　　　　　　　　　　　〈수단〉

3 접속사로 논리를 매끄럽게 이어간다

단락은 하나의 논제를 설명하기 위해 관련된 문장들을 모아 놓은 것이다. 단락에서 전개문 배열 순서에 대해서는 앞에서 설명했다.

그러나 전개문을 올바르게 구성할 수 있다고 해서 논리의 흐름이 자연스럽다고는 볼 수는 없다. 이에 대한 도구로써 접속사를 효과적으로 사용하는 방법을 생각해 보자.

● **접속사의 예고 효과**

접속사는 앞에 나온 문장의 논리에 이어서 다음 문장을 시작하는 역할을 할 뿐 아니라 다음 문장의 논리를 예고하는 일도 한다. 예를 들면, '그러나'가 나온다면 앞의 문장이 가진 논리를 부정하는 논리, 또는 다른 논리의 등장을 예측할 수 있다. '처음으로'는 '두 번째'가 이어질 것을 예고한다. 이와 같은 예고의 효과 때문에 읽는 사람은 다음 문장에서 이어지는 논리의 전개를 예측하면서 읽어 나갈 수 있어 불안함이나 초조함을 느끼지 않게 된다.

> (a) 그러나 이번은 다른 결과가 나타났다.
> (b) 드디어 평화의 시대가 올 것이다.

예문 (a)의 접속사 '그러나'는 이후에 반대되는 논리가 이어진다는 사실을 암시하고 있으므로 역접의 접속사라고 부른다. 역접 조사가 처음에 나왔기 때문에 읽는 사람은 '다른 결과'를 듣는다고 해도 놀라지 않는다.

예문 (b)의 '드디어'는 장래의 귀결을 동반하기 때문에 예고의 접속사라고 불린다. 이 경우의 '것이다'와 같이 추측의 조동사와 함께 사용되는 것이 특징이다.

● **접속사의 여러 가지 사용 방법**

앞에서 기술한 예와 같이 접속사에는 여러 가지 용법이 있다. 상황에 따라 전후의 논리에 대응하는 접속사를 선택하면 전개가 자연스럽게 흐르는 단락을 구성할 수 있다.

열거 : 먼저, 다음으로, 마지막으로, 첫 번째로, 두 번째로, 또, 및

예시 : 예를 들면
선택 : 또는, 혹은

추가 : 다음으로, 게다가, 그리고, 다른 쪽의
유사 : 마찬가지로, 또, 이와 같이

순접 : 그러므로, 따라서
역접 : 그러나, 하지만, 한편, 그 반면, 이와 반대로
전환 : 그것은 그렇고, 그렇지만

예고 : 머지않아(……일 것이다)   /   결국(……일 것이다)
　　　 분명히(……일 것이다)   /   반드시(……인 것은 아니다)
　　　 확실히(……임이 틀림없다) /   결코(……하지 않는다)

요약 : 즉, 결국, 정리하자면

● 접속사의 남용

접속사를 남용하면 문장이 어색해져서 오히려 읽기가 어려워진다. 필요에 따라 최소한도로 사용하는 것이 문장의 흐름을 좋게 한다.

다음의 예문은 같은 접속사를 중복해서 사용하고 있기 때문에 유치한 인상을 준다.

> '시스템 관리자는 유저 어카운트나 패스워드의 설정 및 디스크 스페이스의 할당 등의 임무를 수행한다. 그리고 보안 접근 레벨의 확립 및 무단 접근 감시를 실시한다. 그리고 바이러스나 트로이의 목마 프로그램이 시스템을 침입하는 것을 막아야 할 책임이 있다.'

수정문

> '시스템 관리자는 유저 어카운트나 패스워드의 설정 및 디스크 스페이스의 할당 등의 임무를 수행하는 외에 보안 접근 레벨을 확립해서 무단 접근을 감시한다. 그리고 바이러스나 트로이의 목마 프로그램이 시스템을 침입하는 것을 막아야 할 책임이 있다.'

4 비유는 거짓말이라는 사실을 자각하면서 사용하라

다른 사물의 잘 알려진 특징에 빗대어 설명하는 표현을 비유(metaphor)라고 한다. 기술문서에서는 비유를 사용하지 않고 직설적으로 표현하는 것이 기본이지만, 사용 조건을 알고 적당한 타이밍을 맞춰서 사용하면 효과적으로 설득력을 높일 수 있다.

대상에 대해 상세하게 설명했다고 해도 상대방에게 어느 정도 이상의 이미지를 그릴 수 있는 지식이 없다면 이해하기가 어렵다. 앞 항에서 설명한 동조 기능이나 조절 기능이 작동하지 않기 때문이다. 이때 상대방이 잘 알고 있는 사물에 비유해 설명하면 간단하게 이해할 수 있을 것이다.

> 영국 일간지는 1960년 만 섬에서 우승했던 혼다 250cc 엔진에 대해 시계처럼 정교한 기계라는 칭찬을 아끼지 않았다.

'매우 정교한 기계'라고 했다면 추상적이어서 전혀 상상력을 자극할 수 없었겠지만 '시계처럼 정교한 기계'라는 짧은 표현을 듣는 순간 이미지가 왕성하게 그려진다. 이것이 비유 표현의 탁월함이다.

한편, 비유를 올바르게 사용하려면 비유가 거짓말이라는 사실을 자각하는 것이 필요하다. 엔진이 시계가 아니라는 사실을 상대방이 알고 있다는 전제하에 유사점을 이용한 대비가 아니라면, 비유가 비유로써 이해되지 않기 때문이다. 다음의 예를 보도록 하자.

```
전자 제어 시스템    센서 ——— ECU ——— 액츄에이터
비유의  예  (a)   오관 ——— 뇌 ——— 손발
            (b)  정탐대 ——— 사령부 ——— 전투부대
```

(a)는 누구라도 금방 납득할 수 있는 예다. ECU가 뇌라고 생각하는 사람은 없지만 정보의 전달과 동작으로의 연결을 생각하면 잘 이해할 수 있을 것이다.

(b)도 상당히 좋은 예이지만 읽는 사람의 연령층이나 직업에 따라 받아들이는 느낌이 다를 것이다. 군부대에서 세미나를 할 경우는 별도지만 보통의 경우에는 일반인을 대상으로 할 때 (a)를 비유로 사용하는 것이 타당하다.

5 장황한 설명을 어떻게 자를까?

● '꽃을 버리고 열매를 취한다'

문학 작품이건 기술문서건 훌륭하다고 알려진 문장들은 한 글자의 군더더기도 없다. 바꿔 말하면 모든 어구가 필자의 계산대로 본연의 역할을 다하고 있는 것이다.

'나는 문장에는 실용과 예술의 구별이 없다고 생각한다. 문장의 요소가 무엇이냐고 묻는다면 자신의 마음속에 있는 생각, 자신이 말하고 싶다고 느낀 점들을 가능한 한 있는 그대로 명료하게 전달하는 것이라고 대답할 수 있으며, 편지를 쓸 때도 소설을 쓸 때도 이러한 요소 이외에 특별한 작문법은 없다. 옛날에는 「꽃을 버리고 열매를 취한다」라는 말이 문장의 본래 취지라고 여겼었는데 이 말의 의미는 필요 이상으로 꾸미려는 자세를 버리고 실제로 필요한 단어만 쓴다는 말이다. 그리고 보면 가장 실용적인 구성이 가장 아름다운 문장이 되는 것이다(다니자키 준이치로).'

이와 같은 문장을 쓰고자 한다면 올바른 문서 작성 지식과 세심한 교정·교열이 필요하다. 마무리의 체크 포인트 중 하나가 장황한 표현을 정리하는 것이다.

● 불필요하게 장황한 어구의 정리

강조한다고 해서 수식어를 중복되게 사용하면 오히려 말하고자 하는 논리를 명확히 표현할 수 없다. 옛날부터 전해지는 유머러스한 표현 중에 '옛날에 무사인 사무라이가 말에서 떨어져 부인들이 웃자 얼굴이 화끈거려 배를 잘라 할복했다'라는 긴 문장으로 장황한 어구의 예를 들고 있다.

> **수식어의 중복**(밑줄 친 부분은 필요 없다)
>
> (a) <u>또</u> 조정 항목이 많고, 최종 일정은 미정입니다.
> (b) 이 건에 관한 변경 내용<u>의 전언</u>을, 귀사 관계부서에 전달해 주십시오.
> (c) 이것은 <u>누구도 생각하지 못했던</u> 독창적인 아이디어입니다.
> (d) 이 데이터에 <u>관한</u> 기록이 기재되어 있지 않은 것은 조작자의 휴먼 에러에 의한 것이다.

단어의 꾸밈(밑줄 친 부분은 생략 가능)

(a) 업무 효율의 향상을 어떻게 어떤 식으로 추진할까를……
(b) 본 건의 대책은 긴급하고 신속하게 실행할 필요가 있다.
(c) 어디에 원인이 숨어 있는지 조사한다는 것이 필요하다.
(d) 이 건에 관해 일련의 과정을 보고 드립니다. 실은……

문장 맺음의 간결화(밑줄 친 부분은 필요 없다)

(a) 이것이 원인이다 라고 할 수 있다. / 이것이 원인이다 고 말할 수 없는 것은 아니다.
(b) 다음으로 분석을 전개한다.
(c) ……라는 결과가 되었던 것이다.
(d) 이 조건 이외에서는 실행하지 않는다.

예 제 다음 문장의 장황한 표현을 지적하고 전체 문장을 간결하게 수정하시오.

> 초 LSI에서는 소자의 집적도를 높여 한 가지의 LSI에 많은 기능을 갖출 수 있게 하기 위해 LSI에서 이용하는 소자의 크기를 작게 한다(소자의 크기가 반이 되면 동일한 면적으로 집적할 수 있는 소자수가 네 배가 된다).
>
> 또 소자의 크기를 반으로 줄이면, LSI의 동작 속도도 빨라진다. 메모리에 있어서는 하나의 LSI 당 기억 용량을 늘리기 위해 메모리 소자의 크기를 작게 한다. 이와 같은 이유에서 LSI의 소자를 작성할 때의 가공 치수는 매년 작아지며 현재에는 $0.3\mu m$를 밑도는 단계에 이르고 있다.

(힌트) 긴 문장을 줄이기 위해서는 단어를 수정하는 것 뿐만 아니라 단락이나 문장 배열 구성까지 편집하고 고칠 필요가 있다.

> 분석과 재편집

(1) 논제
먼저, 예제문의 논제를 발견하는 것부터 시작한다.

'초 LSI의 집적도를 높이는 목적'

(2) 단락의 구성
하나의 논제밖에 없기 때문에 예제문처럼 복수의 단락으로 나눌 필요가 없다. 논제가 끝나지 않았는데 의미 없이 줄을 바꾸는 것은 하나의 단락·하나의 논제의 원칙에서 벗어나며 논리의 흐름을 저해한다.

논리의 흐름을 분석하면 다음과 같다.

초 LSI의 집적도를 높이는 목적 : 1. 많은 기능을 갖추게 하기 위한 것
　　　　　　　　　　　　　　　 2. 동작 속도를 높이기 위한 것
　　　　　　　　　　　　　　　 3. 기억 용량을 늘리기 위한 것

이 세 항목은 소자 집적도 향상의 효과로써 동격이면서 독립되어 있다. 그러므로 병렬형의 기술이 가장 적당하다.

또, 예제문의 구성에 미련을 갖고 '이상의 이유에서 가공 치수가 $0.3\mu m$를……' 또는 '이 때문에 가공 치수가 $0.3\mu m$를……'로 끝맺고 싶겠지만 이것은 논리가 거꾸로 흐르고 있는 것이다. 정밀가공 기능이 향상되었기 때문에 집적도가 높아진 것이지 그 반대가 아니다.

(3) '역전 앞 광장'식의 중복 표현
눈에 띄는 장황한 어구를 꼽는다면 '크기를 작게'가 세 번이나 나온다. 이 말에 대응하는 반대 의미의 표현을 상상하면 '크기가 크고'가 될 것이다. 여기까지 생각하면 장황한 문장이라는 것이 확실해지므로 이렇게 쓰는 사람은 없을 것이다. '속도를 빠르게'나 '작성할 때의 가공 치수'도 마찬가지로 장황한 표현이다.

(4) 반복

LSI와 소자가 불필요하게 반복되고 있기 때문에 문장 전체가 길다는 느낌을 준다. 이 짧은 문장에서 LSI가 6번, 소자가 7번 나온다.

(5) 불필요한 논리

괄호 안의 문장은 이미 알고 있는 내용이므로 생략하는 편이 낫다. 생략한다고 해도 논리를 이해하기 어렵다는 느낌은 조금도 느낄 수 없다. 그리고 이 부분은 앞 부분에서 기술한 세 가지 논리 사이에 삽입되어 무의미한 줄바꾸기를 종용하고 있다. 한꺼번에 이해해야 하는 세 가지 이론이 뿔뿔이 흩어져 있기 때문에 이들이 동격 병렬이라는 사실을 간과하기 쉽다.

수정 예-1. 평서문

초 LSI의 가공 치수는 매년 작아지고 있고 현재는 $0.3\mu m$를 밑도는 단계에 이르고 있다. 이와 같이 집적도를 높여 나가는 목적은 주로 다음의 세 가지 이유가 있기 때문이다. 즉, 하나의 LSI에 많은 기능을 갖추게 한다. 동작 속도를 높인다. 기억 용량을 더욱 많이 늘린다는 요구에 응하기 위한 것이다.

항목 쓰기로 기술하면 더욱 읽기 쉬워진다.

수정 예-2. 항목 쓰기

초 LSI의 가공 치수는 매년 작아지고 있고 현재는 $0.3\mu m$를 밑도는 단계에 이르고 있다. 이와 같이 집적도를 높여 나가는 이유는 주로 다음의 세 가지 요구에 응하기 위한 목적에서이다.

1. 하나의 LSI에 많은 기능을 갖추게 하는 것
2. 동작 속도를 높이는 것
3. 기억 용량을 늘리는 것

이 후에 세 개 항목 각각에 대해서 순서대로 설명을 첨부하면 되는 것이다.

● 긴 문장을 살리는 경우

정확하고 혼동되지 않게 정보를 전달하는 방법으로 장황한 문장을 정리하라고 주장해 왔으나, 이번에는 반대로 긴 문장을 살리는 경우를 생각해 보자.

단락 단위의 말하자면 전술적인 작문 방법으로서의 긴 문장은, 단순히 언어의 낭비며 독자의 바른 이해를 저해하기만 할 뿐인지도 모른다. 그러나 문서 전체를 관리한다는 전략적인 견해에서 보면 반복이나 문장의 절단 부분을 바꾼 중복 표현 기법이 효과를 올리는 경우가 있다.

아이의 정신 발달에는 엄마로부터 옛날이야기를 반복해서 듣는 것이 필요한 것처럼, 중요한 내용은 형태나 상황을 바꿔서 반복적으로 이야기하지 않으면 이해되지 않는다. 모모타로 이야기에 개·원숭이·꿩의 동물 세 마리가 등장하고 카구야 공주가 세 가지의 어려운 문제를 내고, 신데렐라가 왕자에게 세 번 청혼을 받는다는 이야기처럼 반복은 문장 구성면에서 능력이 뛰어난 전략이다. 단, 전략을 잘못 세우면 타격이 크기 때문에 세심하게 구상하고 퇴고를 소홀히 하지 않아야 한다.

효과적인 표기법을 궁리한다

내용의 가치가 높아지면 구성이 한눈에 들어오지 않거나 기호의 용법이 틀렸다거나 하면 읽는 사람을 확실하게 이해시킬 수 없다. 문서 작성에 있어서 보기 좋은 지면 구성을 연구하는 것은 내용의 마무리 못지않게 중요한 사항이다.

1 지면을 보기 쉽게 레이아웃한다

기술문서는 읽는 사람에게 제공하는 기술 서비스라는 관점에서 성의를 다해 쉽게 읽을 수 있는 방법을 연구하는 자세가 필요하다. 그런데 내용이 아무리 훌륭하다고 해도 지면 구성이나 작성법이 형편없다면 제대로 읽어 주지 않는다. 그렇게 되면 지금까지 노력한 수고가 수포로 돌아간다.

● 지면의 구조

지면 구조는 용지의 형식이 정해져 있는 경우에는 서식에 따르면 되지만 워드 프로세스를 사용하는 경우에는 작성자가 레이아웃해야 한다. 263쪽의 서식은 철할 것을 고려한 형식의 예이다.

● 여러 가지 레이아웃의 예

서식 안에 기입하는 방법은 기재하고자 하는 정보의 양과 내용 구성의 균형을 고려해서 결정한다. 취급 설명서나 매뉴얼에서 많이 사용하는 형식도 참고를 위해 기재했다.

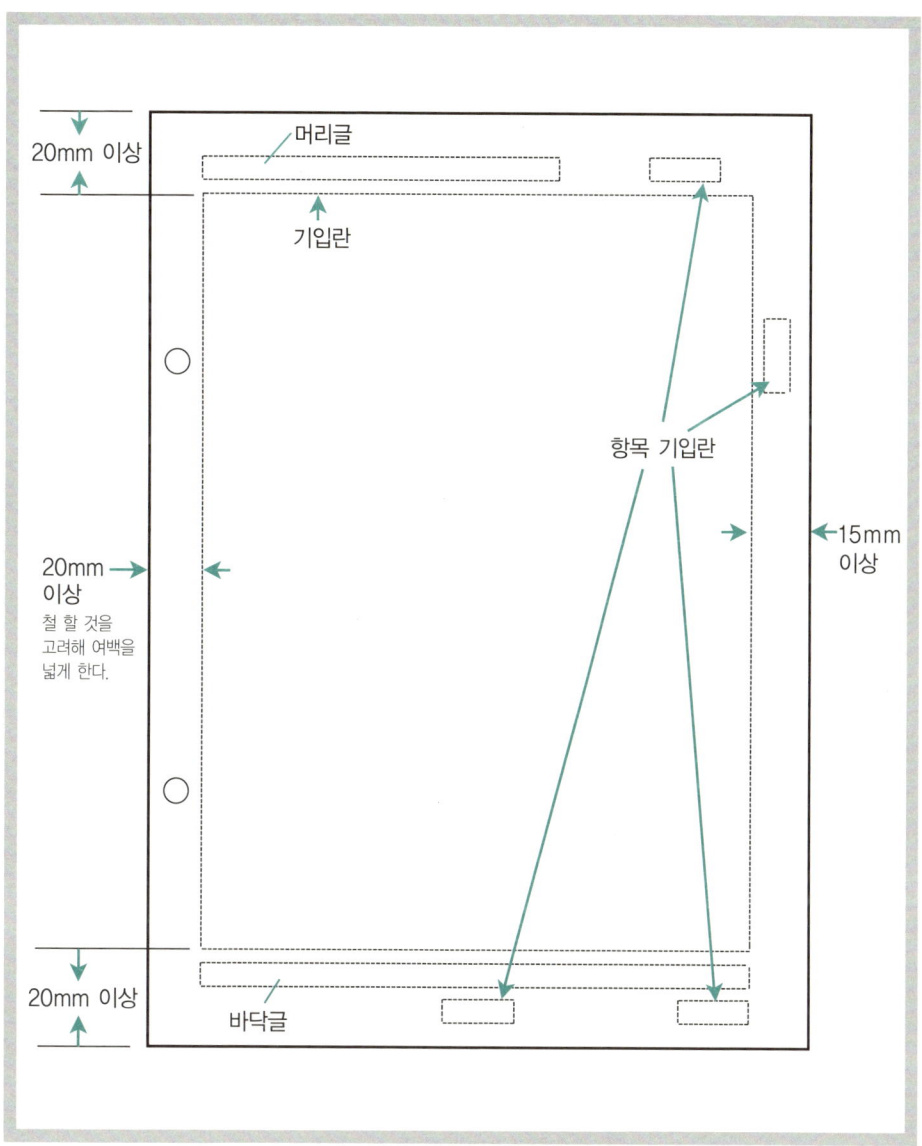

▲ 철 할 여백이 있는 지면 구성(A4판)

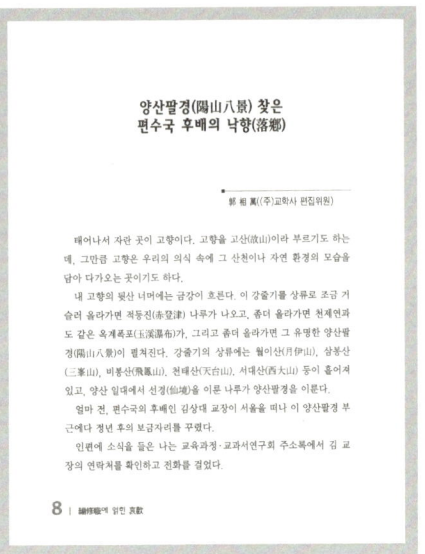

(a) 바탕 형식
기본적인 레이아웃이다.

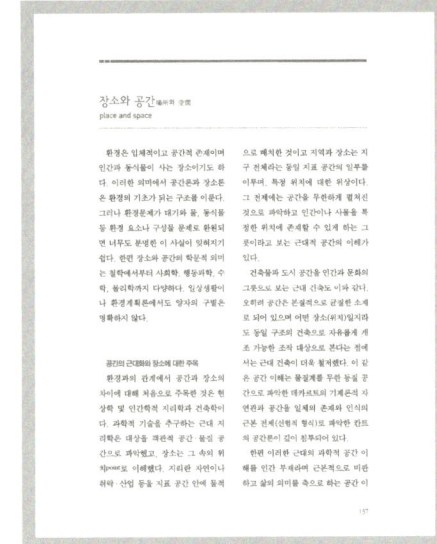

(b) 단 형식
많은 양의 정보를 쉽게 읽을 수 있도록 구성한다.

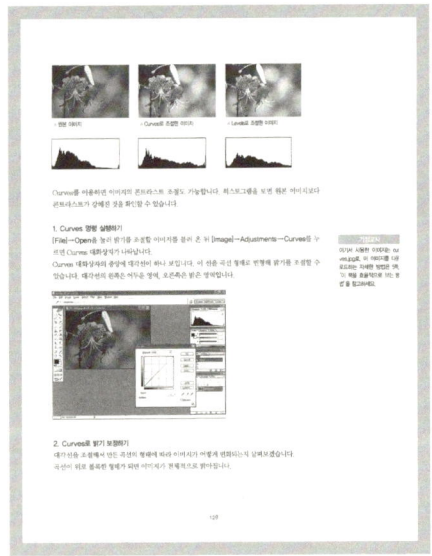

(c) 취급 설명서 형식
삽화와 내용이 이해하기 쉽도록 연관지은 구성이다.

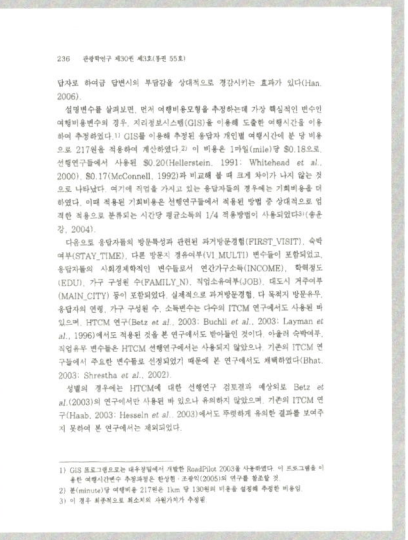

(d) 주석란을 첨부한 편집
쉽게 읽을 수 있도록 연구한 것이다.

▲ 지면 레이아웃의 예

2 제목으로 강조한다

● **질서 정연하게 정리한 계층 구조의 제목**

장·절 등의 문장 집합에 붙이는 표제를 큰 제목(main-head), 종속되는 항 등의 작은 문장 집합에 붙이는 제목을 작은 제목(sub-head)이라고 한다. 작은 제목이 해당되는 항의 전달 목적을 표현하고 있다면 논제문을 생략하고 바로 전개문을 쓸 수도 있다.

모두 한눈에 파악될 수 있도록 바탕글보다 강조된 글씨체를 사용한다. 다음 그림의 예에서는 제목의 모든 글씨체를 고딕체로 하여 바탕글과 구별하고 계층이 높은 제목일수록 글자를 크게 해서 구조를 명확하게 나타내고 있다.

> ## 4장. 표현의 기술을 갈고 닦는다
> ### 1 '쉽게 이해시키는 방법'을 분석한다
>
> 1 한눈에 읽을 수 있다
>   '빠짐없이 기재해 두면 이해할 것이다' 라는 안이한 자세로 실험했던 내용, 알아낸 사실을 남김없이 기재해서 ....
>
> 2 쉽고 혼동되지 않게 이해할 수 있다
>   확실하게 기억해 내려면 어떻게 하는 것이 좋을까라는 질문에 대해 예전의 심리학자들은 ....

▲ 활자체의 제목 강조

▲ 자필 보고서의 제목 강조

　손으로 작성할 때는 글씨체의 구별이 어려우므로 글상자나 밑줄을 그어 강조하면 좋다.
　문장 전체에 붙이는 표제(title)에 대해서는 설명식의 부제(sub-title)를 첨부하는 경우가 있다.

● **바탕글과 구별하는 한 줄 띄기 · 한 칸 띄기**
　앞의 보고서 예에서 보는 것처럼 큰 제목 전후에는 한 줄을 띄어서 바탕글과 구분시킨다. 작은 제목 뒤는 보통 공백을 두지 않는다. 줄을 바꾸고 문장 앞에 한 글자 정도의 공백을 두고 문장을 쓰기 시작한다.

3 읽기 쉬운 작문법을 연구한다

● **읽기 쉬운 방법의 4요소**

　기술문서를 읽을 때는 위아래 줄을 구별하면서 어구나 문절을 그룹으로 파악해야 한다. 그런데 행간이 좁으면 나도 모르는 사이에 줄을 잘못 봐서 의미를 이해하지 못하는 경우가 있다.

　용지의 형식이 정해져 있는 경우는 별도로 하고 자필 작성이나 워드프로세스 작성을 불문하고 자유롭게 쓸 수 있는 경우에는 다음의 네 가지 요소를 주의하면서 편집한다.

- 한 줄의 글자 수를 보기에 적당한 수로 정한다.
- 정보량에 따라 글자의 크기를 선택한다.
- 자간을 좁게 한다.
- 행간은 넓게 한다.

(1) 한 줄의 글자 수를 보기에 적당한 수로 정한다.

　보기 쉽게 한다는 차원에서 보면 한 줄의 글자 수는 자필일 때 30자 이하, 워드프로세스로는 35자 이하가 기준이다.

　워드프로세스 화면에서는 10포인트 크기가 초기 설정이 되어 있고 A4 크기로 한 줄에 43자가 들어가도록 정해져 있는 것이 보통이다. 이 설정이 일반 사무용으로는 적당할지 모르나 기술문서에 이용하기에는 한 페이지에 기재되는 정보의 양이 너무 적어 불편하다. 기술문서에서는 9포인트를 사용하는 경우가 많다.

　하지만 이 책과 같이 A5 크기라면 괜찮지만 A4 크기에서 한 줄에 45자 이상이 들어가면 보기도 힘들고 실제로 이렇게 설정하는 경우는 없다. 이 문제를 해결하기 위해서는 단으로 쪽을 나누어 사용하는 서식이 효과가 있다. 2단·3단이 일반적이며, 몇 단 구성으로 할 것인가가 결정되면 워드프로세스의 서식 기능을 사용해서 등록해 두는 것이 편리하다.

줄 앞부분·줄 마지막 부분에 쓰면 답답한 기호가 있다. 줄 첫 부분에는 , ´.
°)"'」』〉》！？ 등이고, 줄 끝 부분에는 ("'「『〈《 등이다. 이 기호가 줄
의 첫 부분·줄의 끝 부분에 오지 않도록 하는 것을 금칙 처리라고 한다. 워드프
로세스에서는 보통 자동적으로 관리되는 금칙 처리 기능이 있으므로 이용하면
편리하다.

(2) 정보량에 따라 글자의 크기를 선택한다

보급되고 있는 포인트 단위로는 활자의 크기를 $1/72\text{in}$(0.353mm)의 몇 배인가
로 표시한다. 워드프로세스의 초기 설정은 10.5포인트가 많으나 다량의 정보를
전달하는 기술문서에서는 주로 9포인트를 이용한다.

주기나 참고문 또는 머리글·바닥글과 같은 참고용 단문에는 다소 읽기가 어
렵지만 지면을 활용하기 쉬운 8포인트나 7포인트를 사용하는 경우가 있다.

아래는 각종 포인트의 글자 크기를 비교해 본 것이다.

```
7포인트 - 쉽고 혼동되지 않게 이해할 수 있는 것

8포인트 - 쉽고 혼동되지 않게 이해할 수 있는 것

9포인트 - 쉽고 혼동되지 않게 이해할 수 있는 것

10.5포인트 - 쉽고 혼동되지 않게 이해할 수 있는 것

12포인트 - 쉽고 혼동되지 않게 이해할 수 있는 것
```

▲ 포인트와 글자 크기

(3) 자간을 어느 정도 좁게 할 것인가

자간은 적당하게 근접시키는 편이 어구나 문절을 덩어리로 파악하는 데 보기

좋다. 너무 떨어뜨리면 어구를 한눈에 보기 어렵고 줄을 잘못 읽는 실수가 생긴다. 다음의 범위가 읽기 쉽다. 워드프로세스에 따라서는 0~3%라고 표시가 된다.

자간 = (1.00 ~ 1.03) × 글자 폭
단, 글자 폭(mm) = 0.353 × 포인트

계수 1.0에서는 글자가 밀착되어서 읽기 어렵게 느껴지지만 글자 틀 안에서 들어가는 문자 주변에 공백이 생겨서 간격이 적당하게 벌여진다.

(4) 행간(중간)은 어느 정도 띄어야 좋은가?

잘못 읽는 실수를 방지하고 싶을 때는 행간을 넓게 하면 된다. 단, 간격을 너무 넓게 벌리면 지면에 들어가는 정보량이 적어지므로 어느 한도를 정하는 것이 좋다. 가장 균형이 잘 잡힌 설정은, '행간/자간' 비율=1.6~1.8의 범위다. 워드프로세스에 따라서는 60~80%라고 표시된다.

그림 [행간의 설정과 보기(1)]은 글자 크기에 비해 행간이 너무 넓어서 균형이 잘 맞지 않는다. 쉽게 읽을 수 있는 반면 전달할 수 있는 정보량이 적어지는 예이다. 그림 [행간 설정과 쉽게 눈에 들어오는 정도(2)]는 '행간/자간' 비율이 1.0으로 행간이 매우 좁은 예이다. 즉, 자간과 행간을 동일하게 설정했다.

이것은 '콩 뿌리기'라고 불리는 작성법으로 행에서 행으로 시선을 옮기며 읽기가 힘들다. 모눈용지 한 칸에 글자를 채워 넣은 식이다. 글자 크기를 바꿔도 보기 어려운 문제는 개선되지 않는다.

> 앞에서 테크니컬 라이팅이 기술자로서 반드시 갖추어야할 능력이 있다고 언급했다. 그 이유는 실험이나 연구개발 등의 결과를 다른 사람에게 글을 써서 알릴 필요가 있기 때문이다. 반면 현장의 기술자나 이공계의 학생 중에는 실험이나 연구에는 충분한 시간을 투자하지

▲ 행간의 설정과 보기(1) ([행간/자간] 비율=2.5) 읽기는 쉬우나 정보량이 적다

> 앞에서 테크니컬 라이팅이 기술자로서 반드시 갖추어야 할 능력이 있다고 언급했다. 그 이유는 실험이나 연구개발 등의 결과를 다른 사람에게 글을 써서 알릴 필요가 있기 때문이다. 반면 현장의 기술자나 이공계의 학생 중에는 실험이나 연구에는 충분한 시간을 투자하지만 이 글쓰기 작업은 별로 중요시하지 않는 사람이 있다. 그런데 실험이나 연구개발을 자기 자신을 위해서 해

> 앞에서 테크니컬 라이팅이 기술자로서 반드시 갖추어야할 능력이 있다고 언급했다. 그 이유는 실험이나 연구개발 등의 결과를 다른 사람에게 글을 써서 알릴 필요가 있기 때문이다. 반면 현장의 기술자나 이공계의 학생 중에는 실험이나 연구에는 충분한 시간을 투자하지만 이 글쓰기 작업은 별로 중요시하지 않는 사람이 있다. 그런데 실험이나 연구개발을 자기 자신을 위해서 해야 한다고 말하는 경우는 거의 없다. 의무적으로 결과를 보고하는 것이 보통이다. 학생은 실험 결과를 반드시 리포트로 제출해야만 한다. 과학자는 연구한 결과를…

(a) 모눈종이 칸 안에 채워 적은 예   **(b)** 여백 없이 칸 전체에 글씨를 쓰면 더욱 읽기가 힘들다

▲ 행간 설정과 쉽게 눈에 들어오는 정도(2) ([행간/자간] 비=1.0 '콩 뿌리기'의 예)

4 공간을 활용한다

● **공간을 이용한 강조**

　공간을 활용해서 제목이나 단락을 두드러지게 하고 문장을 읽기 쉽게 편집하는 방법을 연구해 보자.

　계약·약관 같은 글은 읽기 쉬운 것이 거의 없는데 거기에는 두 가지 이유가 있다.

　(1) 페이지 수가 많아지는 것을 피해서 작은 용지에 조그마한 글자로 문장을 채워 넣으려고 한다. '행간/자간' 비는 1.2 정도가 많다.

　(2) 더욱 중요한 점은 규약 작성자에게는 '사용자가 쉽게 이해할 수 있게끔 만들자'라는 마음이 결여되어 있는 것이다.

아래 서식의 (a)는 신용 카드 규약이지만 전혀 읽고 싶은 마음이 생기지 않는다.

제10조(현금자동지급기의 이용) (1) 회원은 카드로 현금자동지급기(이하 '지급기'라 함)를 이용하여 제9조의 현금서비스를 제공받거나 제13조의 자동대체 결제계좌에서 현금인출을 할 수 있습니다. (2) 지급기를 이용하고자 하는 회원은 자동대체 결제계좌를 개설하고 4자리 숫자의 비밀번호를 신고하여야 합니다. (3) 지급기의 가동시간, 1회 한도 및 연속이용 가능 횟수는 카드사 및 카드사(비씨카드의 경우 카드사 또는 비씨카드(주))와 제휴한 기관이 정하는 바에 따릅니다. **[휴대폰 알림서비스(SMS) 이용약관]** 제1조(목적) 본 약관은 ○○카드(주)(이하 "회사"라 칭함)와 서비스 가입자(이하 "회원"이라 칭함) 간에 회사가 제공하는 휴대폰 알림서비스(이하 "SMS"라 한다)의 이용조건 및 절차에

(a) A사의 신용카드의 규약
빽빽하게 써넣어서 조항별로 구분이 되는 부분을 알 수가 없다.

제10조(현금자동지급기의 이용)
(1) 회원은 카드로 현금자동지급기(이하 '지급기'라 함)를 이용하여 제9조의 현금서비스를 제공받거나 제13조의 자동대체 결제계좌에서 현금인출을 할 수 있습니다.
(2) 지급기를 이용하고자 하는 회원은 자동대체 결제계좌를 개설하고 4자리 숫자의 비밀번호를 신고하여야 합니다.
(3) 지급기의 가동시간, 1회 한도 및 연속이용 가능 횟수는 카드사 및 카드사(비씨카드의 경우 카드사 또는 비씨카드(주))와 제휴한 기관이 정하는 바에 따릅니다.
[휴대폰 알림서비스(SMS) 이용약관]
제1조(목적)
　본 약관은 ○○카드(주)(이하 "회사"

(b) B사의 신용카드 규약
글씨가 너무 작기는 하나 편집과 강조를 잘 살린 경우다.

▲ 행간 설정과 보기 (보기 (a) (b) 모두 [행간/자간] 비=1.2)

일부러 읽기 힘들게 한다는 설도 있으나 미국과 같이 소송이 빈번한 사회였다면 당장 법정 논쟁에 휘말렸을 것이다. 이 경우, 패소해서 손해를 보게 되는 쪽은 물론 A카드 회사이다. (a)에 비하면 (b)의 약관은 글자가 더욱 작아졌음에도 불구하고 한결 보기가 좋다. 여기에는 제목의 강조나 항목쓰기가 공헌하고 있으며, 줄을 바꿀 때 생기는 공백을 활용하고 있는 것에 주목하고 싶다. (a)와 같이 빽빽하게 쓴 글에 비해 올바른 표기법을 활용한 효과가 나타나고 있다. 게다가 제목 전후에 여백을 넣어 '행간/자간' 비를 1.7 정도로 설정하고 있어 글자만 크게 한다면 만점을 줄 수 있다.

5 글자체나 기호를 사용해 강조한다

● **강조하고 싶은 부분**

바탕글과 구분된 특정한 사항을 강조한다. 읽는 사람이 이 부분을 바탕글과 달리 특별히 주목해 줄 것을 기대한다.

- **제목**(큰 제목, 작은 제목)
- **장·절 ·항·항목쓰기 등의 구분**
- **단락의 전환**
- **중요한 어구, 문장**(키워드, 키 센텐스)
- **공식, 도표**
- **인용**(예를 들면, 216쪽에서 인용한 처칠의 말)
- **그 외, 바탕글과 구별하고 싶은 사항**(예를 들면 이 책의 예문·예제)

● **강조 방법**

강조하는 방법에 문법 같은 법칙은 없지만 관습적인 방법을 따르거나 작성자의 기호에 맞게 한다. 둘 중의 어느 쪽을 사용해도 상관은 없으나, 같은 문서 안에서 강조하는 방법이 서로 다르지 않도록 통일시키는 것이 중요하다. 다음에서 일반적인 강조 방법의 예를 들어 보겠다.

(1) 한 줄 띄기를 이용해 눈에 띄게 한다.

장·절·항의 제목 전후에 한 줄을 띄어서 강조한다. 그 외에 도표·인용문·예문·예제 전후에 공백을 두어서 바탕글과 구별되었음을 강조하는 경우도 있다.

(2) 줄을 바꾸어 단락을 구별한다

단락이 끝났음을 강조하기 위해 줄을 바꾼다. 단락 중간이라도 공식이나 단문을 삽입하는 경우에는 줄을 바꾸는 경우가 있다. 앞의 '자간' 공식이 그 예이다.

항목쓰기에서도 항목 별로 반드시 줄을 바꾸도록 한다.

(3) 글자체의 변화로 중요한 단어를 강조한다

이 책에서도 그렇지만 바탕글은 일반적으로 명조체를 사용한다. 자필일 경우라면 글자체를 바꿀 수는 없지만 워드프로세스를 사용하는 경우에는 강조할 때 글자 모양 기능을 적극적으로 활용하면 좋다.

워드프로세스에는 많은 종류의 글자체(font)가 저장되어 있지만 기술문서에서 실제로 사용할 수 있는 것은 명조체와 고딕체뿐이다. 단, 이 글자들도 굵기나 형태의 특징에 따라 여러 종류가 있으므로 기호에 맞게 선택한다.

숫자를 강조하기 위해서는 원 모양 숫자, 로마자 숫자를 사용하는 경우가 있다.

원 숫자 : ① ② ③ ④ ⑤ ⑥ ⑦ ⑧ ⑨ ⑩
로마숫자 : Ⅰ Ⅱ Ⅲ Ⅳ Ⅴ Ⅵ Ⅶ Ⅷ Ⅸ Ⅹ   ⅰ ⅱ ⅲ ⅳ ⅴ ⅵ ⅶ ⅷ ⅸ ⅹ

【한글 글자체】

이 추론을 **작업가설**이라고 부른다.
　　　　　↗
　　　　고딕체

이 추론을 **작업가설**이라고 부른다.
　　　　　↗
　　　굵은 고딕체

(고딕체 이외에는 명조체)

【영문 글자체】 (글자체 이름만 굵은체)

Time New Roman :
If you don't do it, then the reader will have to. And that's not the....

MSP명조(영문부속문자) :
If you don't do it, then the reader will have to. And that's not the....

Arial:
If you don't do it, then the reader will have to. And that's **not** the....

▲ 기술문서에서 사용되는 글자체의 예

8포인트	단어와 문장	12포인트	단어와 문장
9포인트	단어와 문장	15포인트	**단어와 문장**
10포인트	단어와 문장	20포인트	**단어와 문장**

꾸밈 문자 **단어와 문장**   **단어와 문장**

▲ 글자 크기와 꾸밈의 예

(4) 크기로 구별한다

제목 · 중요한 문자 · 공식 등을 바탕글보다 크게 해서 눈에 띄게 한다. 외곽선 글자나 그림자 글자 등의 꾸밈 글자를 사용하여 효과를 높일 수 있다.

(5) 밑줄로 주의를 끈다

글자체의 종류를 활용하기 어려운 자필 보고서일 경우에 특히 편리한 방법이다. 하지만 남용하면 오히려 내용을 읽기 어려워지므로 균형을 맞춰서 사용한다.

(6) 괄호의 사용 방법을 안다

기술문서에서 자주 사용되는 범위까지 소개하겠다.

- ( ) : 괄호(parentheses)
- 「 」 : 낫표(brackets)
- [ ] : 각 괄호(square brackets)
- { } : 활괄호(braces)
- 『 』 : 이중 낫표(double brackets)
- 〈 〉 : 꺾쇠표(guillemet)

(7) 상자 안에 글자를 넣어서 바탕글과 구별한다

예를 들면, 삽입 도표 · 예제 · 인용문 등을 네모 안에 기재해서 바탕글과 구별한다. 이 책에서 많이 이용하고 있다.

(8) 항목쓰기나 표 형식으로 정리한다

병렬형의 일종으로 각종의 다양한 자료를 읽기 쉽게 정리하는 서술 방법이다. 본문을 단순히 분할해서 표 안으로 옮기는 것만으로는 효과가 적다. 키워드를 강조하고 간결하게 요점을 정리해서 읽는 사람이 한눈에 전체를 파악할 수 있도록 한다.

6 괄호를 적절하게 사용한다

(1) 직접 화법

문장 중에 인용문을 직접화법으로 취급하려면 낫표(「 」)를 사용한다. 좀 더 작은 단위로 다른 직접 화법 문장에 삽입할 때는 이중 낫표(『 』)로 묶는다.

> 「흔히 『전쟁이 신 기술을 발전시켜 왔다』라고 말을 하지만 군수 산업이 그 나라의 기술 수준을 선도한다고는 볼 수 없다」 – 이부카 마사루 –

(2) 설명·주석

용어 설명이나 영어 스펠링 등을 설명식으로 첨부할 때에는 괄호를 사용한다.

> (a) 설비진단 기술을 활용한 새로운 보전방식인 예방 보전(CBM : Condition Based Predictive Maintenance) 방식은 이후의 설비 보전 방향을 제시하고 있습니다.
> (b) 6대 화장품 회사가 경험한 흑피증 소송(1981년 화해)은 수만 명 중에 한 사람의 비율로 일으킨 알레르기 반응이 계기가 되었다.

(3) 강조

강조하고 싶은 어구를 이중 낫표(『 』)・각 괄호([ ])・꺾쇠표(〈 〉) 등으로 묶는다. 낫표(「 」)는 직접 화법과 혼동되지 않도록 주의해서 사용한다.

> 테크니컬 라이팅이란 보고서나 매뉴얼과 같은 기술문서를 「알기 쉽게」 그리고 「헷갈리지 않게」 전달하는 기술이다.

(4) 수식

" ' ( ) ' "의 순으로 기재한다. 안쪽 괄호 안에 있는 것부터 순서대로 계산한다. ISO(국제 표준 기구) 단위에서 추가하여 SI(공학) 단위를 병기할 때에는 { }를 사용한다.

> (a) 수식의 괄호 사용 순서
>
> $[5 + 3 \times \{6 \times (7-3) + 4\}] - 21 = 68$
>
> (b) ISO 단위에 대한 SI 단위의 병기
>
> 축 토크 $T = 3Nm \{29.40kgf - m\}$

7 주석으로 이해를 돕는다

읽는 사람의 이해를 돕기 위한 주석이나 보다 깊이 논제를 연구하기 위한 참고 사항으로써 주석을 다는 경우가 있다. 주석에는 다음과 같은 경우가 있다.

(1) 중요한 어구의 해설이나 보조 자료
(2) 타인의 의견이나 기재 내용의 인용
(3) 참고 문헌의 인용

(1) (2) 항은 본문 중에서 문제가 되는 어구 다음에 괄호로 표시를 한다. 주석이 괄호로 다 표현할 수 없을 정도로 길 때는 해당 문장 또는 단락이 끝났을 때 첨부할 수 있다. 주석을 표시하는 기호에는 *, **, 주1), 주2), 1), 2) 등이 있다. 아스트릭(*)의 경우는 해당 페이지 안에 설명해 놓아야 한다.

주석은 문장 앞 부분을 몇 글자 들어가게 한 후 기재하거나 글자의 포인트를 작게 하고 윗첨자로 지정하여 한눈에 본문과 구별할 수 있도록 한다.

> 기존의 업체들의 책임으로는 업체에게 사고의 직접 책임을 묻는 『과실 책임』*과 물품의 품질·성능보증의 내용이 사실과 다를 경우에 구매자에 대해 책임을 지는 『보증 책임』*이 문제가 되었다.

과실 책임
불법행위법의 일반법리에서 제조자 등이 당연히 해야 할 주의 의무를 다하지 않고 제품을 제조하고 판매한 경우에 주의 의무 위반을 근거로 구매자에 대해 책임을 지는 것

보증 책임
제품의 제조자 또는 판매자는 구매자에게 제품의 품질·성질에 관해 명시 또는 암시적으로 보증을 할 때, 보증 내용이 사실과 다를 경우에 구매자에 대해 책임을 지는 것

주석이 길 경우나 너무 자주 나와서 본문의 흐름을 방해할 경우에는 순서대로 번호를 붙이고 장 끝 부분이나 권말에 주석란을 만들어 정리한다.

8 표를 만들어 자료를 정리한다

기술 자료에서는 복수의 동격 사항을 열기하는 경우가 많다. 앞에서(전개문을 혼동되지 않게 배열한다)에서 항목쓰기의 효과를 설명했지만 표의 형식을 활용하면 한층 보기 좋게 편집할 수 있다. 작성법을 마스터하면 실무에서 큰 위력을 발휘할 수 있다.

● **표의 구성 방법**

표는 행(line)과 열(column)의 이차원 구성으로 되어 있다. 보통 표의 행과 열의 배열은 현상을 행에 배열하고, 현상들을 특징 짓는 항목을 열에 배정한다. 행의 항목 배열순은 다음 표 [표의 구성]을 참조한다.

현상의 수가 적고 항목 수가 많을 경우는 반대로 해서 현상을 열에 배정하고 항목을 행에 배정한다. 아래 표의 예에서는 네 가지 현상, 네 가지 항목을 16개 칸으로 구성했다. 표를 작성해서 효과를 올릴 수 있는 경우는 칸들이 가능한 한 많이 채워졌을 때다. 빈 칸만 있다면 표의 가치가 낮아진다.

한편, 작업이 중간 단계일 때는 다소 빈 칸이 있을 수 있더라도 표를 작성해 놓고 빈 칸을 채워나가는 방식으로 완성해 나가는 것도 나쁘지 않다.

▼ 표의 구성

	항목 1	항목 2	항목 3	항목 4
현상 1				
현상 2				
현상 3				
현상 4				

● 표의 작성 순서

표의 작성 순서를 '시간적 서열'의 예를 들어 설명하겠다.

> **역사적 경과의 예문**
>
> 가솔린 분사는 1930년대에 항공 기관을 대상으로 연구가 진행되어 제2차 세계 대전 후반에 군사용으로 이용되었다. 승용차에는 1950년대에 고리아트 사가 최초로 2스트로크 2실린더 기관을 채택했다. 그 이후 1957년에 벤츠 사가 4스트로크 기관인 300SL에 사용했다. 출력·과도응답성 등 성능 향상을 요구하는 레이싱 카에서 다량으로 장착되게 된 것은 1950년대 말이었다. 한편 자동차로 인한 대기 오염 문제가 1960년부터 심각하게 대두되었고, 사회적으로는 공연비 제어 정밀도에는 보다 높은 연료 공급 장치가 요구되었다. 때마침 큰 진보를 이루어 온 전자 공학의 도움을 빌려 1967년 보쉬 사에서 일반 승용차 양산에 적용된 전자 제어 연료 분사 장치로써 D제트로닉을 발표했다. 1980년대부터는 컴퓨터의 발전에 힘입어 디지털 제어의 전자 제어식 연료 분사 장치가 널리 실용화되고 있다.

(1) 열거할 사건들을 확인한다. 여섯 번 등장한 연도에 관한 사건이 서술되어 있다.

• 1930년대 • 1950년대 • 1957년 • 1950년대 말 • 1967년 • 1980년대 이후

(2) 이러한 사건들을 특징 짓는 항목을 설정한다.

예문을 분석하면 일목 요연하게 '언제', '누가', '어떻게' 형태로 기술되어 있다. 사건들을 열에 기입해서 표를 만든다.

▼ 자동차용 연료 분사 장치의 역사

시기	개발자	성과
1930년대	군대	항공기관에서 채택
1950년대	고리아트 사	2스트로크 2실린더 승용차 기관에 채택
1957년	벤츠 사	스포츠 카(벤츠 300SL)에 사용
1950년대 말	(다수의 업체)	레이싱 카에 장착
1967년	보쉬 사	전자 제어 연료 분사 장치(D제트로닉) 발표
1980년대 이후	(다수의 업체)	디지털 전자 제어 연료 분사 장치의 실용화

9 숫자를 정확하게 표기한다

● **콤마는 왜 3자리마다 찍는 것일까?**

아라비아 숫자는 3자리마다 콤마(,)를 찍어서 읽기 쉽게 한다. 우리나라의 모든 기술 문헌에 3자리 단위로 콤마를 찍게 되어 있기 때문에 이제 와서 바꿀 수는 없다. 스스로 익숙해지는 수밖에 없다.

학회지 등에서는 콤마를 찍지 않은 등 독자적인 표기법을 지시하는 경우도 있으므로 기고를 할 때에는 집필 요령을 꼼꼼히 참조할 필요가 있다.

그리고 소수점 이하는 숫자가 많아도 콤마를 찍지 않는다.

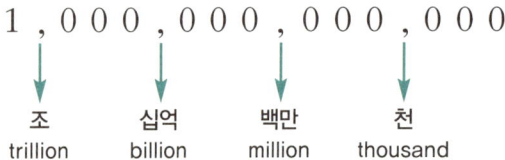

● **유효 숫자 취급 방법에서 기술력이 드러난다**

수치 데이터는 '유효 숫자'로 표시해야 한다.

안타깝게도 유효 숫자에 대해 신경을 쓰지 않은 보고서가 많은 것이 현실이다. 예를 들면, 45.2/3.74=12.085561이라는 결과에서 어느 수치까지가 의미 있는 숫자인가? 옛날의 계산척으로 측정하던 시대에는 유효 숫자만 읽었기 때문에 문제가 없었다. 디지털 계산기가 보급되고 있는 현재, 몇 단위나 되는 수치라도 쉽게 출력되기 때문에 보고서나 현장 기록에 모두 기재해 버리는 경우가 많다.

'단위가 모자란다면 정밀도가 떨어지는 것인데 숫자가 좀 많다고 해도 상관없는 것은 아닐까?'라고 유효 숫자를 소홀히 취급하는 경향이 있는데 이것은 큰 잘못이다. 그 이유는 다음의 네 가지로 설명할 수 있다.

(1) 계산을 통해 얻은 수치는 작업의 중요한 성과이며 그 수치는 목표 수치와 대비

되어 평가된다. 성과에 부정확한 수치가 포함되면 올바른 판단을 할 수가 없다.
(2) 유효 숫자를 넘어선 많은 단위의 수치를 목표로 설정하면 작업자에게 불필요한 작업이나 노력을 강요하게 되어 업무 효율을 저하시키는 결과가 된다.
(3) 단위 수가 너무 많으면 읽기가 힘들다. 특히 수열이나 숫자로 만든 표는 가독성이 나빠진다.
(4) 구미는 우리나라보다 유효 숫자에 대한 개념이 철저하다. 우리나라에서 송부된 자료에 유효 숫자가 엉망진창인 것을 보면 보고자뿐만 아니라 기업의 기술력마저 의심을 받는다.

● **유효수치를 정하는 방법**

(1) 계산 결과의 유효 단위 수는 원래의 계산 숫자의 자리수를 넘지 않는다.

$$835.2 / 24.2 = 34.5\cancel{12396}$$
4자리　　3자리　　유효3자리

$$35.4 \times 56.28 = 1,992.\cancel{312}$$
3자리　　4자리　　유효3자리*

(2) 측정치는 측정기의 정밀도로 자리수가 결정된다.

> **예제** 다음의 계기 표시 수치에 대해 엔진의 공연비*를 계산하시오.

> 흡입공기량 = 29.5632g/s
> 공급 연료유량 = 2.1583g/s
> 단, 흡입공기량과 공급연료유량의 측정 정밀도는 모두 0.5%로 한다.

》 알고가자

유효3자리 : 답은 네 자리로 보이지만 최대 자리수가 1인 경우는 자리수가 하나 적은 세 자리로 읽는다.
공연비 : 공연비 = 흡입 공기량(질량) / 공급 연료유량(질량)

- 흡입 공기량(계기표시 수치) = 29.5632g/s라고 하면 그 0.5%, 즉,

  $29.5632 \times 0.005 = 0.147816 ≒ 0.15$

가 신뢰할 수 있는 최소 디지트(유효 수치)이다.

그러므로 소수점 이하 첫째 자리까지가 신뢰할 수 있는 숫자이고, 소수점 이하 둘째 자리는 반올림하지 말고 버린다.

∴ **유효 흡입 공기량 측정치 = 29.5g/s**

- 공급연료유량(계기표시 수치) = 2.1583g/s라고 했을 때 마찬가지로 계산을 하면 유효 공급연료유량 = 2.15g/s가 된다.

- 공연비 계산 수치 = 29.5/2.15 = 13.72093

  단, 공연비의 정밀도 = $\sqrt{0.5^2 + 0.5^2} ≒ 0.7\%$ 이므로

  신뢰할 수 있는 수치 = $13.72093 \times 0.007 ≒ 0.096$ → **소수점 이하 첫째 자리**

  ∴ **공연비의 유효 수치 = 13.72093**

10 범위를 정확하게 표현한다

● '~이상', '~이하'와 '~부터', '~까지'

　　기준 수치를 포함해서 그 보다 많은 범위·작은 범위를 나타낸다. '~부터' '~까지'는 크기뿐만 아니라 기간도 표현할 수 있으므로 크기를 나타낼 때에는 '한 단어·한 의미' 원칙에 따라 '~이상', '~이하'를 사용하는 경우가 많다.

● '~을 넘어', '~미만'

　　기준이 되는 숫자를 포함하지 않고 그 보다 큰 범위·작은 범위를 나타낸다.

　　다음 그림에 이 범위들의 표현 개념을 설명해 두었다.

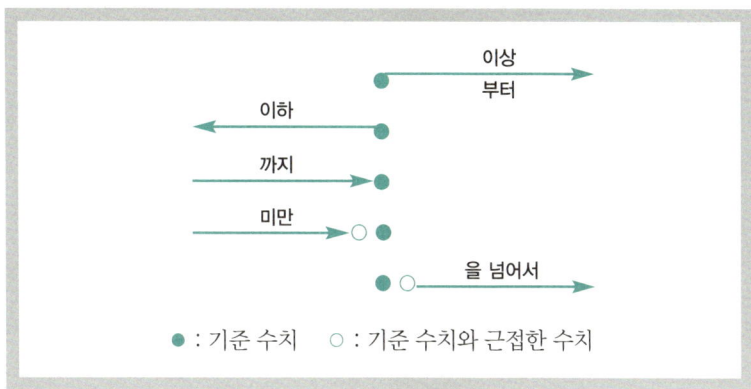

▲ 범위의 표현 개념도

▼ 절삭 가공의 허용차(JIS B 0405)

측정	등급	정밀 고급	정밀 중급	정밀 하급
을 넘어	이하	측정 허용차		
0.5	3	±0.05	±0.1	
3	6	±0.05	±0.1	±0.2
6	30	±0.1	±0.2	±0.5
30	120	±0.15	±0.3	±0.8
120	315	±0.2	±0.5	±1.2
315	1000	±0.3	±0.8	±2
1000	2000	±0.5	±1.2	±3

위의 표는 측정 공차의 예다. 기준 수치를 포함하지 않는 '~을 넘어'와 기준 수치를 포함하는 '~이하'를 조합해서 연속되는 범위를 표현하고 있다.

예제 다음 문장에 포함된 범위의 표현을 정정하시오.

(a) 이 한정 수치는 $6^{+0.05}$mm 이하의 막대기는 통과시킬 수 있지만 지름이 그 이상인 막대기는 통과시킬 수 없다.

(b) 이 해저 산맥의 정상은 깊이 3천 미터 이상입니다.

(a) 이 표현으로는 지름이 $6^{+0.05}$mm인 막대기가 통과할 수 있는지 없는지 여부를 판단할 수가 없다.

> 개선 예
>
> '이 한정 수치는 $6^{+0.05}$mm 이하의 막대기는 통과시킬 수 있지만 이보다 지름이 굵은 막대기는 통과시킬 수 없다.'

(b) '~이상'이 방향을 가리키는 깊이를 말하는 것인지 방향을 가리키지 않는 절대치로서 거리를 나타낸 것인지에 따라 결과는 반대가 된다. 혼동되는 표현은 피하는 것이 좋다.

> 개선 예 A
>
> '이 해저 산맥의 정상은 3천 미터보다 깊은 곳에 있습니다.'

이 표현에서는 3천 5백 미터의 깊이인지 5천 미터 깊이인지에 대한 언급이 없다. 좀 더 자세히 조사해서 다음과 같이 명확하게 표현했으면 한다.

> 개선 예 A
>
> '이 해저 산맥의 정상은 깊이 약 3천 5백 미터입니다'

● 애매한 범위 표현

'비롯하여', '외', '그 외'라는 범위의 표현도 있으나 기준의 포함 여부가 애매하기 때문에 다음과 같이 표현한다.

(a) 사장을 비롯한 4명의 임원은 …… (기준을 포함)
　→ '사장을 포함한 4명의 임원은' 또는 '사장과 3명의 임원은'

(b) 사장 외 4명의 임원은 …… (기준을 포함하지 않는다)
　→ '사장을 포함한 5명의 임원은' 또는 '사장과 4명의 임원은'

(c) 사장 이외 4명의 임원은 …… (기준을 포함하지 않는다)
　→ '사장을 포함한 5명의 임원은' 또는 '사장과 4명의 임원은'

| 맺음말 |

　자, 이제 '보고서를 작성하는 일이 지금까지의 생각보다 재미있어질 것 같다!'라고 실감할 수 있었는가?

　이 책이 키워드로 삼았던 '이해하기 쉽고', '명백하고', '필요 충분 조건에 맞는' 보고서를 작성하기 위해서는 어떤 의미에서는 작성자의 의식 개혁이 필요하다. 이는 작성하는 것 자체를 즐기고, 그것을 읽은 상대방이 이해해 주는 것에 대해 기쁘게 생각하는 것이다.

　업무 중에 '계획하는 기쁨', '실행하는 기쁨'을 표현해 온 독자들이 그 결과 '정보를 교환하는 기쁨'을 더하면 세 가지의 기쁨이 된다.

　이것을 즐길 수 있게 되는 것이 의식 개혁에서 나타난다. 이 세 가지의 기쁨은 업무를 추진하는 것에 있어서 서로 깊게 연관되어 있다. '정보를 교환하는 기쁨'은 데이터를 갈고 닦아 성과를 높이는 효과로서 나타나며, 분명 다음 업무의 '계획'이나 '실행'을 보다 더 즐겁게 해 줄 것이다.

　한국의 기술을 지탱해 온 업무의 달인들도 국제적인 정보화의 파도에 휩쓸려 일종의 컬처 쇼크를 느끼고 있는 시대이다. 하지만 '정보를 교환하는 기쁨'을 즐기는 습관을 익히기만 하면 당당하게 성난 파도를 헤쳐 나갈 수 있게 될 것이다. 컴퓨터는 그 자신을 목적으로 하면 심오하고 어려운 것이지만, 정보 활동의 도구로 생각한다면 편하게 활용할 수 있게 될 것이다.

　이 책에 나오는 인용문들은 유명한 저작에서 따온 것이다. 이것을 계기로 독자들도 이들 인용 문헌에도 관심을 가져주었으면 한다. 이들 문헌은 저자별로 특징이 있으며, 비슷한 종류의 것은 단 한 가지도 없다.

　테크니컬 라이팅은 완성된 분야가 아니라 아직 업무 중에서 높여가야 할 신선한 실질적인 학문인 것이다. 독자 여러분들의 창의와 연구를 도입하여 더욱더 개선해 나가기를 바란다.

노무라 토시오

**엔지니어를 위한
보고서 작성기술!**

지은이 • 노무라 토시오　　옮긴이 • 양영철
펴낸곳 • **(주)삼양미디어**　　펴낸이 • 신재석

등　록 • 제 10-2285
주　소 • 서울시 마포구 양화로 6길 9-28
전　화 • 02) 335-3030　　팩　스 • 02) 335-2070
홈페이지 • www.samyangm.com
이 메 일 • book@samyangm.com

**1판 1쇄 발행　2007년　3월 15일
1판 6쇄 발행　2020년　5월 15일**
ISBN • 978-89-5897-071-2

책 값은 뒤표지에 있습니다.
잘못 만들어진 책은 구입하신 서점에서 바꾸어 드립니다.